Virtuelle Teams

Schriften zum

Managementwissen

Herausgegeben von
Joachim Hentze
und Andreas Kammel

Band 3

PETER LANG
Frankfurt am Main · Berlin · Bern · Bruxelles · New York · Oxford · Wien

Oliver Keiser

Virtuelle Teams

Konzeptionelle Annäherung,
theoretische Grundlagen
und kritische Reflexion

PETER LANG
Europäischer Verlag der Wissenschaften

Die Deutsche Bibliothek - CIP-Einheitsaufnahme

Keiser, Oliver:

Virtuelle Teams : konzeptionelle Annäherung, theoretische Grundlagen und kritische Reflexion / Oliver Keiser. - Frankfurt am Main ; Berlin ; Bern ; Bruxelles ; New York ; Oxford ; Wien : Lang, 2002
(Schriften zum Managementwissen ; Bd. 3)
Zugl.: Braunschweig, Techn. Univ., Diss., 2002
ISBN 3-631-50191-9

D 84
ISSN 1618-453X
ISBN 3-631-50191-9

www.peterlang.de

Vorwort

Die vorliegende Schrift ist an der Abteilung Unternehmensführung, Institut für Wirtschaftswissenschaften, der TU Braunschweig entstanden und vom Fachbereich für Wirtschafts- und Sozialwissenschaften als Dissertation angenommen worden. Mein Dank gilt allen Personen, die auf die ein oder andere Art Anteil am Gelingen der Arbeit tragen:

Ich bedanke mich bei meinem akademischen Lehrer, Herrn Prof. Dr. Dr. h.c. Joachim Hentze für die vielfältige Unterstützung, für die notwendigen Freiräume und für die stetige Motivation, „am Ball“ zu bleiben. Herrn Prof. Dr. Burkhard Huch gebührt Dank für die Übernahme des Korreferats und Herrn Prof. Dr. Ulrich Heyder für die Übernahme des Vorsitzes der Promotionskommission. Bei Herrn Prof. Dr. Albert Heinecke bedanke ich mich dafür, daß er meine Begeisterung für eine Tätigkeit als wissenschaftlicher Mitarbeiter geweckt hat, womit eine wesentliche Voraussetzung für das Entstehen dieser Arbeit geschaffen war.

Bei den Mitgliedern und Ex-Mitgliedern des keineswegs virtuellen Abteilungs-Teams bedanke ich mich für die kollegiale Arbeitsatmosphäre während der gesamten Zeit.

Frau Wiebke Otto hat insbesondere auch in der turbulenten Schlußphase die große Last des Korrekturlesens übernommen und dabei zugleich einen eindrucksvollen Beitrag wider unschöner Wort- und Satzungetüme geleistet, wofür ich ihr herzlich danke. Für etwaige noch im Text verbliebene „Unschönheiten“ dieser Art, die an Frau Otto quasi vorbeigeschmuggelt worden sind, zeichnet ausschließlich der Autor verantwortlich.

Die notwendige Unterstützung und den für das Gelingen der Arbeit wesentlichen Rückhalt fern aller Virtualität hat mir Heike Otto auch während der Phasen promotionsbedingter Ausnahmezustände gegeben. Für „geschwisterlichen Support“ geht Dank an Dr. Claudia Keiser.

Letztlich wäre diese Arbeit jedoch ohne meine Eltern – im doppelten Sinne - nicht entstanden, und so ist sie meiner Mutter und dem Andenken an meinen Vater gewidmet.

Braunschweig, im August 2002 Oliver Keiser

Inhaltsverzeichnis

Darstellungsverzeichnis

1 Einleitung

Das Objekt der wissenschaftlichen Auseinandersetzung in der vorliegenden Arbeit sind „virtuelle Teams“. Diese werden aktuell zum einen in praxisorientierten Beiträgen mit gelegentlich nahezu euphorischer Konnotation als eine durch die revolutionäre Entwicklung und Verbreitung der Informations- und Kommunikationstechnik ermöglichte neuartige Form betrieblicher Teamarbeit, die als unabhängig von räumlichen, zeitlichen und auch organisatorischen Grenzen beschrieben wird, propagiert, wobei aus wissenschaftlicher Perspektive ein tendenzieller Mangel unter anderem an terminologisch-konzeptioneller Präzision und an Fundiertheit von Aussagen zu diagnostizieren ist, zum anderen werden virtuelle Teams gegenwärtig auch im Rahmen wissenschaftlicher Beiträge und Diskussionen verschiedener Disziplinen mit deutlich zunehmender Frequenz thematisiert. Hierbei handelt es sich mehrheitlich entweder um Partialanalysen oder aber um Arbeiten, bei denen virtuelle Teams quasi beiläufig im Zusammenhang mit anderen virtuellen Erscheinungsformen wie insbesondere den vielfach behandelten virtuellen Unternehmen mehr erwähnt als erörtert werden.

Vor diesem Hintergrund wird festgestellt, daß einerseits gegenwärtig besonders in der Betriebswirtschaftslehre ein Forschungsdefizit hinsichtlich virtueller Teams besteht und daß andererseits schon allein die Anzahl an Veröffentlichungen und das sich hierin ausdrückende Interesse aus Wissenschaft und Praxis eine weitergehende wissenschaftliche Auseinandersetzung mit virtuellen Teams indiziert. Diesem Bedarf zumindest ein Stück weit zu begegnen, ist Ziel dieser Arbeit, die den Anspruch erhebt, der Fundierung des Konzeptes virtueller Teams im Kontext einer betriebswirtschaftlichen Betrachtung beizutragen.

In den folgenden Abschnitten werden aufbauend auf einführenden Vorbemerkungen zur Problemsituation der Gegenstand, die Zielsetzung und die wissenchaftliche Vorgehensweise der Arbeit konkretisiert. Hieran schließt sich eine Beschreibung ihres Aufbaus an.

1.1 Vorbemerkungen zur Problemsituation

In wissenschaftlichen und praxisorientierten Beiträgen werden regelmäßig starke Veränderungen der Umwelt- beziehungsweise Wettbewerbssituation diagnostiziert, die als Auslöser für einen tiefgreifenden Wandel der Organisationsstrukturen von Unternehmen, die auf die sich hieraus ergebenden Herausforderungen reagieren, gesehen werden. So werden in der Literatur unter anderem die zunehmende Globalisierung, die zunehmende Innovationsdynamik bei Produkten und Prozessen, das zunehmende Potential der Informations- und Kommunikationstechnik und eine Entwicklung hin zur Informations- oder auch Wissensgesellschaft neben weiteren Veränderungen im sozio-kulturellen, binnen- und außenwirtschaftlichen, technologischen, ökologischen und politisch-rechtlichen Umfeld als Aspekte identifiziert, aus denen sich wichtige, zum Teil neuartige Herausforderungen für Unternehmen ergeben [vgl. u.a. von der Oelsnitz 1994, S. 1f.; Krystek/Redel/Reppegather 1997, S. 19f.; Picot/Reichwald/Wigand 1998, S. 2ff.; van Marwyk 1999, S. 2; Wagner 1999, S. 3ff.]. Derzeitig ist keine dominierende Tendenz der Annpassungsreaktionen feststellbar [vgl. Bühner/Tuschke 1999, S. 449f.], es existiert eine Vielzahl verschiedener Konzepte, zu deren aktuell diskutierten Vertretern unter anderem das Business Process Re-Engeneering [Hammer/Champy 1993], das Kaizen [Imai 1986], das Lean-Management [Womack/Jones/Roos 1990], die Lernende Organisation [Probst/Büchel 1994] oder auch die Netzwerk-Organisation [vgl. Sydow 1993] zu rechnen sind. Die einzelnen Konzepte werden hierbei nicht als exklusiv zueinander stehend betrachtet, sondern als - zumindest partiell - wechselseitig ergänzungsfähig und -kompatibel [vgl. Huber/McDaniel 1986, S. 573]. Zwei weiteren der gegenwärtig vermehrt thematisierten Konzepten kommt im Kontext der vorliegenden Arbeit besondere Bedeutung zu: (1) dem der virtuellen Organisation und (2) dem der teamorientierten Organisation.

Zu (1) Virtuelle Organisationen

Virtuelle Organisationen werden zumeist in engem Zusammenhang mit der zur Verfügung stehenden Informations- und Kommunikationstechnik diskutiert. Die Wechselwirkungen zwischen Informations- und Kommunikationstechnik einerseits und Organisationsstruktur andererseits werden bereits seit etwa den 50er Jahren unter anderem aus Perspektive der betriebswirtschaftlichen Organisationstheorie untersucht [vgl. u.a. Kubicek 1992, Sp. 937; van Marwyk 1999, S. 1], gegenwärtig ist dieser Themenkomplex angesichts drastisch zunehmender Leistungspotentiale sowie ebenso deutlich angestiegener Verfügbarkeit und Verbreitung von Informations- und Kommunikationstechnik jedoch Gegenstand intensivierter Auseinandersetzung, da der derzeitige Entwicklungs- und Ausbaustand die Möglichkeit und den Impuls der Schaffung neuartiger Organisationsformen gibt [vgl. u.a. Krystek/Redel/Reppegather 1997; Picot/Reichwald/Wigand 1998; Jackson 1999, S. 313]. Die virtuelle Organisation stellt eine derartige „neue Organisationsform" dar, die vorerst unter Verweis auf die intensive diesbezügliche Diskussion in den nachfolgenden Kapiteln dadurch charakterisiert wird, daß hier Beziehungen zwischen einzelnen Akteuren, die ansonsten physikalische Nähe erfordern, informations- und kommunikationstechnisch mediiert sind, so daß sie über raum-zeitliche Distanzen hinweg etabliert und gepflegt werden können und daß diese Beziehungsstrukturen a priori darauf angelegt sind, flexibel an sich ändernde Situationsbedingungen angepaßt zu werden. Erhöhte Flexibilität stellt ein wesentliches mittelbares Ziel virtueller Organisationen dar [vgl. u.a. Mowshowitz

1994, S. 268; Fischer 1997, S. 16; Fritz/Manheim 1998, S. 123; Drumm 1998, S. 196].

Werden virtuelle Organisationen zu Beginn ihrer mit dem Erscheinen des Werkes „The Virtual Corporation“ von Davidow/Malone (1992) ausgelösten verstärkten Diskussion vorwiegend in „praxisorientierter Ratgeberliteratur“ thematisiert, so findet aktuell eine zunehmende „Verwissenschaftlichung“ der Diskussion - auch im Sinne einer kritischen Auseinandersetzung – statt, was sich exemplarisch für den deutschsprachigen Raum darin widerspiegelt, daß diesem Thema von zwei hinsichtlich der wissenschaftlichen Relevanz für die Betriebswirtschaftslehre führenden Zeitschriften [vgl. Matzler et al. 2001, insbes. S. 167f.] breiter Raum eingeräumt wird: Zum einen greift die Zeitschrift „DBW – Die Betriebswirtschaft“ das Thema virtuelle Organisationen im Rahmen eines wissenschaftlichen Dialoges auf [DBW Band 56 (1996), Heft 1 und folgende], zum anderen widmet die „ZfB- Die Zeitschrift für Betriebswirtschaft“ dem gleichen Thema ein Ergänzungsheft [ZfB-Ergänzungsheft 2/2000] [vgl. zur „Verwissenschaftlichung“ u.a. auch Sieber 1998, S. 7f.; Scholz 2000, S. 32 sowie zur zunehmenden Notwendigkeit wissenschaftlicher Auseinandersetzung mit dem „Phänomen der Virtualität“ gerade im Anbetracht fehlender theoretischer Fundierung und der zuweilen euphorischen Darstellung in Teilen der „Ratgeber-Literatur“ vor dem Hintergrund des Anwendungsbezuges betriebswirtschaftlicher Forschung Scherm/Süß 2000, S. 80]. Gegenwärtig dominiert jedoch eine Konzentration auf virtuelle Unternehmen, wobei häufig eine synonyme Begriffsverwendung der Termini virtuelle Organisationen beziehungsweise virtuelle Unternehmen festzustellen ist, während der Themenkomplex virtuelle Teams von jener Diskussion zumindest partiell überschattet erscheint. So werden virtuelle Unternehmen zwar unter anderem auch als teamorientiert charakterisiert und das Auftreten virtueller Teams als quasi zwangsläufige Konsequenz der Schaffung virtueller Unternehmen betrachtet [vgl. Krystek/Redel/Reppegather 1997, insbes. S. 361ff. oder S. 46ff.; Picot/Reichwald/Wigand 1998; Scherm/Süß 1999, S. 4; Schräder 1996, S. 92f.], jedoch bleibt es zumeist bei einer Fokussierung der Analyseebene „Unternehmen“. In den einzelnen Fachdisziplinen bilden sich im Rahmen der Virtualitätsdiskussion allerdings derzeitig Forschungsschwerpunkte aus, die jeweils auf bestimmte Aspekte von verschiedensten virtuellen Phänomenen zugeschnitten sind, so daß Brill/de Vries (1998) die *„virtuelle Wirtschaft“* als Nachfolgemodell der klassischen Industriegesellschaft sehen, und es werden hier neben virtuellen Märkten, virtuellen Gemeinschaften, virtuellen Produkten, virtuellem Geld, virtueller Kommunikation, virtuellen Arbeitsplätzen oder auch virtuellen Staaten und virtuellen Parteien und eben virtuellen Unternehmen [vgl. u.a. Kocian 1999, insbes. S. 48ff.; Bühl 2000] auch virtuelle Teams thematisiert. Die Auseinandersetzung mit virtuellen Teams ist bis hierher unter anderem als „Spezialdiskussion“ innerhalb der breiteren Virtualitätsdiskussion aufzufassen. Es wird hier davon ausgegangen, daß die Berücksichtigung der bisherigen Erörterungen von Virtualitätskonzepten und virtuellen Organisationen in einem weiteren Begriffsverständnis eine wichtige Bereicherung der Auseinandersetzung mit virtuellen Teams darstellt, letztlich jedoch auch eine spezifische, die Teamebene betreffende Analyse vonnöten ist.

Zu (2) Teamorientierte Organisationen

Die Auseinandersetzung mit teamorientierten Organisationsformen und den Vor- und Nachteilen verschiedener Formen von Teamarbeit gehört zu dem etablierten Themenrepertoire auch betriebswirtschaftlicher Forschung [vgl. Greenbaum 1988, S. 102; Staehle 1999, 265ff.]. Sie wird zum einen als eine stärker den Ansprüchen der Mitarbeiter entsprechende „humanere" Form der Arbeitsgestaltung betrachtet, die dem gesellschaftlichen Wertewandel, der mit seinen Demokratisierungs- und Humanisierungstendenzen zu einer Legitimationskrise hierachisch-direktiver Strukturen führt, Rechnung trägt und die die Bedürfnisse der Mitarbeiter unter anderem nach sozialen Kontakten, Nähe, Geborgenheit, Sicherheit, Anerkennung oder Schutz erfüllt. Zum anderen wird Teamarbeit - was im Kontext einer betriebswirtschaftlichen Betrachtung von größerer Bedeutung ist - eine situative Überlegenheit hinsichtlich ökonomisch relevanter Faktoren gegenüber Einzelarbeit zugesprochen, da bestimmte Aufgaben nicht oder nur unwirtschaftlich von einzelnen Menschen bewältigt werden können und wachsende Aufgabenkomplexität die Zusammenführung von Einzelwissen erfordert [vgl. u.a. Wiendieck 1992, Sp. 2377f.; Hertog/Tolner 1996, S. 1704f.; Staehle 1999, S. 284ff.].
Nachdem Teamarbeit zunächst primär in bezug auf Produktionsteams diskutiert wurde, ist nunmehr einhergehend mit den technologischen, organisatorischen und gesellschaftlichen Veränderungen eine Zunahme von teamorientierten Organisationsformen in nahezu allen Funktions- und Aufgabenbereichen zahlreicher Unternehmen festzustellen [vgl. u.a. Wölm/Rolf 1991, S. 142ff.; Mohrman/Cohen/Mohrman 1995; Hopfenbeck 1997, S. 231; Bühner/Tuschke 1999, S. 459f.; Staehle 1999; 265ff.], und potentielle Vorteile von Teamarbeit werden hinsichtlich verschiedener Zieldimensionen wie Kostenreduktion, Bearbeitungszeitverkürzung, verbesserte Selbstmotivation oder verbesserte fachbereichsübergreifende Kommunikation und insbesondere auch hinsichtlich erhöhter Flexibilität gesehen [vgl. Pawar/Sharifi 1997, S. 285]. Teamarbeit ist charakteristischer Bestandteil verschiedener aktueller Organisationsansätze [vgl. u.a. Eberhardt 1998, S. 39f.; Kock/McQueen 1998, S. 184; Dombrowski 2000, S. 74ff.], und im Kontext der Entwicklung hin zu einer Wissensgesellschaft werden Teams als Basiseinheiten zur Ausführung von Wissensarbeit betrachtet [vgl. Ferrán-Urdaneta 1999, S. 128], weshalb verschiedene Autoren in diesem Zusammenhang von einer generelleren Entwicklung hin zum „*Zeitalter der Teams und der Teamarbeit*" ausgehen [vgl. u.a. Savage 1996, S. 98ff.; Jackson 1999, S. 316].

Unabhängig von dem jeweiligen Hintergrund, vor dem Teams thematisiert werden, wird mit Teamarbeit bisher zumeist implizit oder explizit das Vorhandensein unmittelbarer Kommunikation zwischen den Teammitgliedern - sogenannte „face-to-face Kommunikation" - assoziiert. Die wissenschaftliche Auseinandersetzung mit den Möglichkeiten und Grenzen elektronisch vermittelter Kommunikation erfolgt zwar spätestens seit Anfang der 70er Jahre im US-amerikanischen und seit Beginn der 80er Jahre auch im deutschsprachigen Raum im Rahmen der Telearbeits-Diskussion, diese ist jedoch primär auf die räumliche Anordnung und Ausgestaltung einzelner Arbeitsplätze fokussiert, teamarbeitsbezogene Aspekte werden zumeist nur randständig thematisiert [vgl. Erben/Däfler 1998; Reichwald/Englberger/Möslein 1998, S. 206]. Erst mit der gegenwärtigen Verbreitung von leistungsfähiger Informations- und Kommunikationstechnik ist die technische Voraussetzung für die Ermöglichung und Unterstützung komplexerer Kommunikationsprozesse mit mehreren Akteuren, wie sie für Teams charakteristisch und notwendig sind, zunehmend gegeben und so werden aktuell Personenmehrheiten, deren Mitglieder über räumliche Distanzen hinweg miteinander computergestützt kommunizieren, unter der Bezeichnung „virtuelle Teams" insbesondere in Beiträgen der praxisorientierten Management-Ratgeberliteratur vorwiegend aus dem US-amerikanischen Raum propagiert [vgl. u.a. Lipnack/Stamps 1997; Kostner 1998; Henry/Hartzler 1998; Duarte/Snyder 1999 oder exemplarisch für den deutschsprachigen Raum Bartsch-Beuerlein/Klee 2001], während auf wissenschaftlicher Seite die Notwendigkeit einer kritischen wissenschaftlichen Auseinandersetzung mit virtuellen Teams als mögliche „Spezialisierungsform" erkannt ist und diese sich zunehmend etabliert [vgl. exemplarisch Scholz 2002]. Insbesondere für den deutschsprachigen Raum gilt, daß die frühen als themenbezogen zu betrachtenden umfangreicheren Beiträge primär (sozial-)psychologischen oder soziologischen Domänen zuzurechnen sind [vgl. u.a. Höflich 1996; Döring 1999 sowie die Herausgeberwerke von Thiedeke 2000 bzw. Boos/Jonas/Sassenberg 2000] oder aber das sie dem die Unterstützungsmöglichkeiten von Teams durch den Einsatz von Informations- und Kommunikationstechnik zum Inhalt habenden Forschungsgebiet „Computer Supported Cooperative Work" (CSCW) entstammen [vgl. exemplarisch die Beiträge bei Schiestl/Schelle 1996].

Es wird festgestellt, daß die Auseinandersetzung mit virtuellen Teams im Rahmen einer betriebswirtschaftlichen Betrachtung von möglichen Formen der Teamarbeit auf dem derzeitigen Stand tendenziell als defizitär zu bezeichnen ist. Sie ist analog zum Verhältnis der allgemeineren Virtualitätsdiskussion zu der spezifischeren Diskussion virtueller Teams somit auch als „Spezialdiskussion" innerhalb der breiteren „Teamarbeitsdiskussion" zu betrachten, und im folgenden werden von einer Berücksichtigung ausgewählter Erkenntnisse benachbarter Forschungsgebiete wertvolle Impulse für die weitere Auseinandersetzung mit dem Untersuchungsgegenstand erwartet.

Die Darstellung 1 illustriert abschließend die Zusammenhänge dieser einleitenden Ausführungen: Aus den oben aufgezeigten Veränderungstendenzen, die mit Picot/Reichwald/Wigand (1998, S. 3) analytisch in die drei Einflußgruppen „*Verän-*

derungen der Wettbewerbssituation", „*Veränderungen des arbeitsweltlichen und allgemeinen gesellschaftlichen Wertesystems*" und „*Veränderungen der zur Verfügung stehenden Informations- und Kommunikationstechnik*" zusammengefaßt werden, resultieren verschiedene Herausforderungen für Unternehmen, auf die diese mit Veränderungen in den Unternehmensstrukturen reagieren. Es existieren zahlreiche verschiedene Entwicklungslinien, von denen hier die der Teamorientierung und die der Virtualisierung hervorgehoben werden: In der Konsequenz ihres Zusammenwirkens sind „virtuelle teambasierte Organisationsformen" und somit „virtuelle Teams" zu diskutieren, wobei diese einerseits zwar in verschiedenen Disziplinen bereits wissenschaftlich behandelt werden, andererseits jedoch für die Betriebswirtschaftslehre festgestellt wird, daß die bisherige Auseinandersetzung tendenziell defizitär ist.

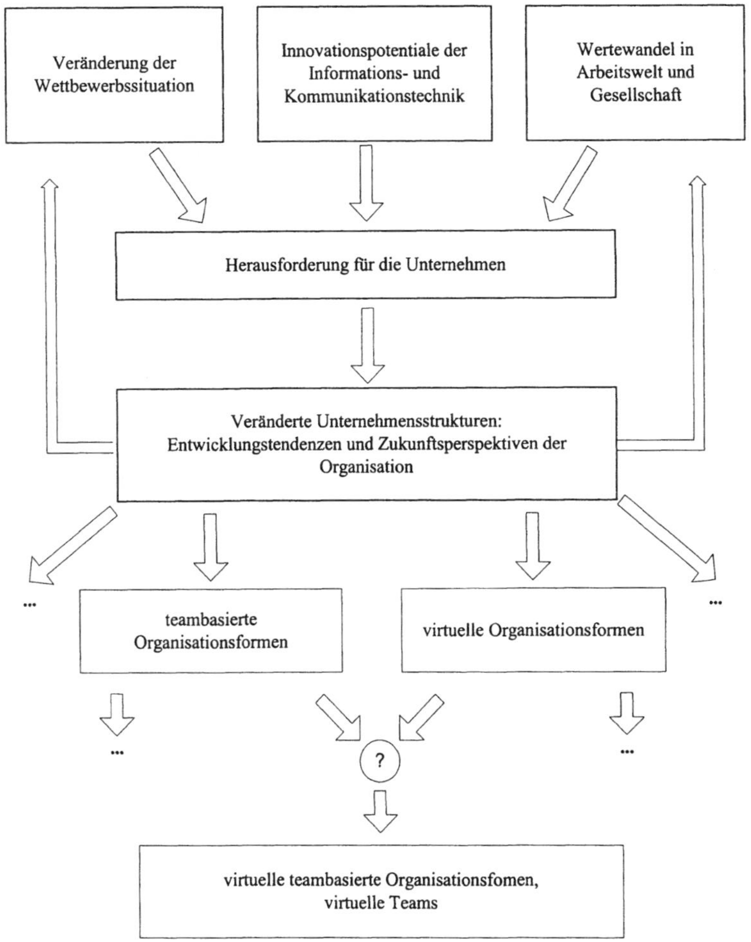

Darstellung 1: Virtuelle Teams als Konsequenz organisatorischer Umweltanpassung
Eigene Darstellung, in Teilen in Anlehnung an Picot/Reichwald/Wigand (1998, S. 3)

1.2 Ziel und Vorgehensweise

Ziel der vorliegenden Arbeit ist es, einen Beitrag zur Behebung des oben aufgezeigten Forschungsdefizits hinsichtlich virtueller Teams im Rahmen einer betriebswirtschaftlichen Betrachtung mittels einer konzeptionellen Annäherung zu leisten, die auf theoretische Fundierungsansätze verweist und einer kritischen Diskussion als Grundlage dient. Ausgehend von dem herrschenden Grundver-

ständnis, daß die Betriebswirtschaftslehre eine angewandte Wissenschaft darstellt, die der Praxis Problemlösungshilfen liefern soll [vgl. u.a. Nienhüser 1988, S. 3; Raffée 1995, S. 13ff. u. S. 64ff.; Schanz 1988, S. 33ff.], ist es Aufgabe der betriebswirtschaftlichen Forschung, einzelwirtschaftliche Phänomene hinsichtlich des Erfahrungsobjektes *„die realen Betriebe mit all ihren vorkommenden Erscheinungen“* [Hentze/Heinecke/Kammel 2001, S. 3] mittels wissenschaftlicher Methoden zu beschreiben, zu erklären und zu prognostizieren sowie Konsequenzen für das praktische Handeln aufzuzeigen.
Mit Raffée (1995, S. 16f.) sind die fundierende, die kritische und die utopische Funktion wissenschaftlichen Arbeitens zu unterscheiden, wobei ersterer die Aufgabe zukommt, Grundlagen für Objektaussagen und deren Begründung zu schaffen, während die zweitere darauf abzielt, Fehler und Mißstände in den Aussagen der Wissenschaft oder aber auch in den Zuständen der Praxis aufzuzeigen und gegebenenfalls zu deren Revision beizutragen, und schließlich die dritte, die utopische Funktion, die Aufgabe erfüllt, neue Ziele, Werte und Modelle zu erarbeiten. Vor diesem Hintergrund findet die weitere Auseinandersetzung mit virtuellen Teams als Teilbereich der Betriebe und somit als Teil des Objektbereichs der Betriebswirtschaftslehre statt [vgl. auch Schanz 1988, S. 138ff. insbesondere zur utopischen Funktion, der verdeutlicht, daß sich betriebswirtschaftliche Forschung nicht auf beobachtbare Phänomene der kontextuellen Realität beschränkt, sondern auch auf *„mögliche Phänomene“* im Sinne von Alternativentwürfen und Zukunftsszenarien beziehen kann und muß].

Aufgrund der Neuartigkeit und dem geringen Grad der wissenschaftlichen Durchdringung der Thematik virtuelle Teams in Kontext betriebswirtschaftlicher Betrachtung wird forschungsmethodisch dieser Arbeit eine bezugsrahmenorientierte Vorgehensweise zugrunde gelegt. Bezugsrahmen kommt in der angewandten betriebswirtschaftlichen Forschung die Aufgabe zu, der Gewinnung eines - häufig nur vorläufigen - Verständnisses über interessierende Zusammenhänge durch heuristische Erklärungsskizzen beizutragen, wenn wohlformulierte Theorien fehlen. Bezugsrahmen bestehen aus einem vagen und inkonsistenten Begriffsapparat, von dem angenommen wird, daß er zumindest partiell einmal Komponente von Modellen und Theorien werden kann, und aus Vermutungen über tendenzielle Zusammenhänge grundlegender Variablen, wobei eine Formalisierung des Aussagesystems nicht möglich ist [vgl. Kirsch 1977, S. 115; Porter 1991, S. 98]. Auch im Hinblick darauf, daß Teile der Diskussion virtueller Teams sich im Sinne der utopischen Wissenschaftsfunktion auf mögliche zukünftige Sachverhalte beziehen (s.o.), ist ein bezugsrahmenorientierte Vorgehen indiziert.

Bei einer vertikalen Unterscheidung von verschiedenen Ebenen der Theoriebildung in der Betriebswirtschaftslehre stehen Bezugsrahmen zwischen wohlformulierten Theorien in Form von Modellen oder formalen Systemen auf einem theoretisch höherem Niveau und im wesentlichen induktiv aus Alltagserfahrungen gewonnenen Konzepten oder unsystematischen Generalisierungen in Form von Ad-Hoc-Erklärungen auf einem theoretisch niedrigerem Niveau [vgl. Osterloh/Grand 1994; insbes. S. 278ff.; siehe ähnlich auch Kirsch 1997, S. 581ff., der entsprechend die drei Ebenen Modelle, Bezugsrahmen und generative Sprachspiele unterscheidet]. Im wesentlichen erfüllen sie zunächst die beiden Funktionen, erstens den sprachlichen Bezug zu komplexen Phänomenen herzustellen, so daß sie als „Redeinstrumente“ dienen, und zweitens stellen sie eine treibende Kraft für die Forschung dar, indem sie das Denken über komplexe Phänomene ordnen und diese so gegebenenfalls explorativen Beobachtungen zugänglich machen, so daß sie letztlich eine Basis für die Ermittlung von Beobachtungsaussagen und damit die Möglichkeit der Formulierung und Überprüfung konkreter Gesetzeshypothesen bilden. Weiterhin erleichtern sie unter Umständen auch die Entdeckung bisher vernachlässigter Aspekte, wodurch sich dann gegebenenfalls neue Untersuchungsschwerpunkte ergeben können. Insofern stellen Bezugsrahmen eine Vorstufe wohl-formulierter Theorien dar, auch wenn viele Bezugsrahmen niemals so weit entwickelt werden, daß sie tatsächlich diesen Status annehmen [vgl. Kirsch 1977, S. 116f.]. Die pragmatische Funktion von Bezugsrahmen liegt in der Komplexitätsreduktion, die dem Praktiker bei der Gestaltung und Strukturierung komplexer betrieblicher Tatbestände Hilfestellung liefert, indem sie ihm ermöglicht, für ihn akzeptable Problemdefinitionen zu formulieren, Teilprobleme gedanklich zu isolieren und Lösungshypothesen zu generieren, wobei hierbei der von Theorien verfolgte Wahrheitsanspruch zugunsten einer an Zweckmäßigkeits- und Nützlichkeitsüberlegungen orientierten Vorgehensweise zurücktritt [vgl. Kirsch 1997, S. 225f.].

Bezugsrahmen entstehen aus dem Zusammenwirken deduktiver Modelle und induktivem einzelfallbasierten Erfahrungswissen, wobei sie wegen ihrer tendenziell pluralistischen und eklektischen Ausgestaltung eine Integrationsfunktion hinsichtlich verschiedener, als relevant erachteter Aspekte und theoretischer Überlegungen haben [vgl. Osterloh/Grand 1994, S. 279]. Durch die bewußte Beibehaltung verschiedener Perspektiven wird die Reichhaltigkeit der Interpretationen sichergestellt und der Gefahr von Integrationsversuchen zueinander inkompatibler Theorieansätze begegnet [vgl. u.a. Sydow 1993, S. 6ff.; Zerbe 2000, S. 101]: Was von einem Standpunkt aus als Analysefehler oder auch als „Unsinn" erscheint, kann von einem anderen aus wichtige Hinweise liefern. Die Auseinandersetzung mit komplexen sozialen Phänomenen bedarf einer Betrachtung aus verschiedenen Perspektiven, um über eine eindimensionale Vorgehensweise, wie sie noch heute in Teilen der Betriebswirtschaftslehre verbreitet ist, hinauszugehen [vgl. Hentze 1996, S. 112 oder mit direktem Bezug auf virtuelle Organisationen Klüber 1998, S. 93], und so können virtuelle Teams innerhalb betriebswirtschaftlich ausgerichteter Bezugsrahmen interdisziplinären Betrachtungen unterzogen werden, die unter anderem ökonomischen, sozialwissenschaftlichen und kommunikationswissenschaftlichen Erkenntnissen ebenso geöffnet sind wie denen der Wirtschaftsinformatik. Ergeben sich aus der Berücksichtigung von sich einander ergänzenden Perspektiven und Aussagen widersprechende Interpretationen, so dient dieses der Erzeugung neuer Fragen, der Weiterentwicklung des Bezugsrahmens und somit insgesamt der Inganghaltung des Forschungsprozesses [vgl. Kirsch 1997].

Bei einer bezugsrahmenorientierten Vorgehensweise, wie sie hier gewählt wird, resultiert der Erkenntnisgewinn nicht aus der Erhebung neuer Fakten im Sinne einer empirischen Exploration, sondern aus der Verknüpfung und kritischen Diskussion von in der Literatur verfügbaren theoretischen und empirischen Wissens unter neuen Gesichtspunkten auch unter Einbeziehung einzelfallbasierten Erfahrungswissens, so daß mit Chmielewicz (1994, S. 129) als ein Ziel formuliert werden kann, „psychologisch Neues und Revolutionäres" aus der „schöpferischen Synthese" von Bekanntem zu schaffen. Insgesamt wird die Zielsetzung der Arbeit somit dahingehend weiter konkretisiert, daß diese vor dem Hintergrund des oben aufgezeigten Forschungsdefizites den Anspruch erhebt, mittels einer bezugsrahmenorientierten Betrachtung erstens virtuelle Teams entsprechend der wesentlichen Funktionen von Bezugsrahmen als komplexe Phänomene begrifflich faßbar und gedanklich manipulierbar zu machen und mögliche Ansatzpunkte weitergehender Forschung insbesondere im Rahmen der betriebswirtschaftlichen Diskussion zu liefern, womit der fundierenden Funktion wissenschaftlichen Arbeitens entsprochen wird, wobei zweitens durch die Diskussion und In-Bezug-Setzung von Erkenntnissen, die aus verschiedenen theoretischen Perspektiven heraus gewonnen werden, einzelne vorgefundene Patialaussagen über virtuelle Teams gegebenenfalls zumindest in Frage gestellt werden, womit der kritischen Funktion wissenschaftlichen Arbeitens entsprochen wird, und drittens werden im Sinne der utopischen Funktion wissenschaftlichen Arbeitens mögliche Hinweise und Inspirationen für zukünftige, derzeitig gegebenenfalls wegen verschiedener Restriktionen nicht realisierter oder nicht realisierbarer Gestaltungsoptionen virtueller Teams erwartet, wobei Bezugsrahmen zwar keine Basis für sichere Prognosen sind, jedoch Vorhersagen über die Zukunft erlauben, die, so Kirsch (1977, S. 118f.), eine größere Chance auf Bewährung haben als Aussagen ohne Einfluß von Bezugsrahmen.

Im Anschluß an die einleitenden Ausführungen zur Problemstellung, Zielsetzung und Vorgehensweise der vorliegenden Arbeit werden in Kapitel 2 zunächst die terminologischen und konzeptionellen Grundlagen der für die Auseinandersetzung mit virtuellen Teams zentralen Begriffe „Virtualität" und „Team" erörtert. Anschließend wird das Auftreten virtueller Teams in Zusammenhang des Aufeinandertreffens zweier unterschiedlicher Tendenzen der Veränderungen von Organisationsstrukturen, nämlich der Teamorientierung und der Virtualisierung von Organisationen, gestellt. Ziel ist hierbei ein Aufzeigen des entsprechenden pluralistischen Ideenkosmos, in dem Verankerungspunkte der „Idee der virtuellen

Teams“ und damit Anknüpfungspunkte für die weitere Auseinandersetzung erwartet werden.

Kapitel 3 diskutiert zunächst mittels einer Gegenüberstellung ausgewählter Definitionsvorschläge für virtuelle Teams Unterschiede und Gemeinsamkeiten unterschiedlicher Betrachtungsperspektiven, hierauf baut eine eigene *„begriffliche Empfehlung*“ (Sydow 1992, S. 61) auf. Anschließend werden verschiedene theoretische Ansätze als „mögliche Bausteine einer entsprechenden Theorie“ [vgl. Zimmermann 1999, S. 118] hinsichtlich ihrer Eignung zur theoretischen Fundierung der Auseinandersetzung mit virtuellen Teams diskutiert und exemplarisch auf Partialaspekte angewendet.

Kapitel 4 trägt der zentralen Bedeutung, der dem Aspekt der Informations- und Kommunikationstechnik im Rahmen der Diskussion virtueller Erscheinungsformen zugesprochen wird, Rechnung, indem Groupware als informations- und kommunikationstechnische Komponente virtueller Teams zunächst im Kontext des Forschungsfeldes „*Computer Supported Cooperative Work*“ (CSCW) dargestellt wird, woraufhin dann ausgewählte Aspekte virtueller Teams unter besonderer Berücksichtigung des Einflußpotentials von Groupware und mit Rückgriff auf die Darlegungen der vorhergehenden Kapitel und weiterer Literaturbefunde diskutiert werden.

Abschließend erfolgt in Kapitel 5 eine Zusammenfassung der wichtigsten Ergebnisse der Arbeit, eine kritische Reflexion sowie ein Ausblick auf mögliche Entwicklungstrends und weiterer Anknüpfungspunkte der Auseinandersetzung mit virtuellen Teams.

2 Virtualisierung und Teamorientierung

Im folgenden Kapitel werden zunächst terminologische und konzeptionelle Grundlagen der für die Auseinandersetzung mit virtuellen Teams zentralen Begriffe „Virtualität“ und „Team“ erörtert, im Anschluß hieran wird das Auftreten virtueller Teams in Zusammenhang des Aufeinandertreffens zweier unterschiedlicher Tendenzen der Veränderungen von Organisationsstrukturen, nämlich der Teamorientierung beziehungsweise der Virtualisierung von Organisationen, gestellt.

2.1 Terminologische und konzeptionelle Grundlagen

Da für jegliche wissenschaftliche Auseinandersetzung eine präzise Begriffsbildung und -verwendung von hoher Bedeutung ist und das Bemühen um eine Definition von Begriffen keinen wortspielerischen Selbstzweck darstellt, sondern der sach- und zweckgerichteten Abgrenzung bestimmter Objekte dient und ermöglichen soll, exakt festzustellen, ob und welche Dinge, Eigenschaften und Relationen unter einen bestimmten Begriff fallen [vgl. u.a. Chmielewicz 1994, S. 10f.; Raffée 1995, S. 26ff.], setzt somit auch die wissenschaftliche Auseinandersetzung mit virtuellen Teams Klarheit über das mit dem Begriff assoziierte Phänomen voraus, wobei es jedoch im Anbetracht der gegenwärtigen Forschungssituation (s.o.) nicht überrascht, daß bisher keine auf breiterer Ebene als etabliert zu betrachtende Definition existiert, wie im weiteren Verlauf dargelegt wird. In bezug auf die hier verfolgte Zielsetzung ist es darüber hinaus auch zweckmäßig, den Gang der Arbeit nicht bereits hier durch eine klare, jedoch unter Umständen zu enge und damit ungeeignete, weil gegebenenfalls wichtige Aspekte ausblendende, Definition frühzeitig auf eine bestimmte Perspektive festzulegen [vgl. Sydow 1992, S. 60ff.], weshalb hier eine erste Annäherung zunächst über die terminologischen und konzeptionellen Grundlagen der Partialtermini „Virtuell“ beziehungsweise „Virtualität“ einerseits und „Team“ andererseits vorgenommen wird. Da auch diese mitnichten eindeutig definiert sind und die Diskussion über die assoziierten Konzepte jeweils kontrovers ist, soll insgesamt zunächst keine exakte Festlegung darüber, was unter einem virtuellen Team zu verstehen ist, als Ergebnis intendiert werden, sondern vielmehr ein Aufzeigen des entsprechenden pluralistischen Ideenkosmos, in dem Verankerungspunkte der „Idee der virtuellen Teams“ erwartet werden [vgl. zur semantischen Annäherung auch Schräder 1996, S. 20ff.]. Aus der oben geschilderten Problemsituation heraus ergibt sich also, daß der Untersuchungsgegenstand der Arbeit nicht zu deren Beginn definiert wird, wie dies „dem Normalfall“ wissenschaftlicher Abhandlungen entspräche [vgl. Chmielewicz 1994, S. 59], sondern daß eine verschiedene Einflüsse berücksichtigende Darstellung von in der Literatur vorzufindenden Beiträge im Sinne der heuristischen Funktion wissenschaftlichen Arbeiten vorgenommen wird, auf die in der weiteren Auseinandersetzung zurückgegriffen wird.

2.1.1 Terminologische und konzeptionelle Grundlagen der Virtualität

Untersuchungsgegenstand der vorliegenden Arbeit sind „virtuelle Teams" - also Teams, die eine spezielle Charakteristik, nämlich die des „virtuell Seins", aufweisen. Es ist das Anliegen dieses Abschnitts, darzulegen, inwiefern sich hinter dem Begriff der Virtualität ein originäres Konzept verbirgt und demzufolge die Termini „virtuelles Team" beziehungsweise „virtuelle Organisation" eigenständige Begriffsdimensionen apostrophieren, oder ob es sich lediglich um ein Mode- oder Schlagwort handelt, das mittlerweile auch die Betriebswirtschaftslehre erreicht hat, wie Kritiker mutmaßen [vgl. u.a. Drumm 1996 beziehungsweise Kieser 1996 sowie den sich hieran anschließenden DBW-Dialog; Jägers/Jansen/Steenbakkers 1998, S. 65: *„Virtual is 'in'"*; Kieser/Hegele/Klimmer 1998, S. 69ff.; Weibler/Deeg 1998, S. 107f. oder auch die Beiträge des Ergänzungsheftes 2/2000, „Virtuelle Unternehmen", der Zeitschrift für Betriebswirtschaft]. Es ist zu diskutieren, inwieweit sich Virtualität als „trennscharfes" und damit als wissenschaftlich seriöses Konzept erweist, das sich in sinnvolle Beziehung zu etablierten Theorieansätzen setzen läßt, und das sich dann weitergehenden Analysen öffnet [vgl. Scholz 1994, S. 4].

Der Beginn der verstärkten Auseinandersetzung mit dem Begriff der Virtualität und den damit assoziierten Konzepten wird für die Betriebswirtschaftslehre mit großer Übereinstimmung auf die Jahre 1992 und 1993 datiert und mit den Veröffentlichungen von Davidow/Malone (1992) beziehungsweise Byrne/Brandt/Port (1993) in Zusammenhang gebracht [vgl. u.a. Sieber 1998, S. 7ff; Weibler/Deeg 1998, S. 107; Scholz 2000b, S. 323f.]. Beiden Publikationen werden jedoch eher publizistische denn wissenschaftliche Qualitäten zugesprochen, weshalb im folgenden von einer weitergehenden Betrachtung abgesehen und für eine kritische Auseinandersetzung insbesondere mit Davidow/Malone (1992) exemplarisch auf Arnold/Härtling (1995, S. 11ff.), Schräder (1996, S. 26ff. und S. 31ff.) oder Sieber (1998, S. 7ff.) verwiesen wird.

Für eine erste Auseinandersetzung mit den Begriffen „Virtualität" beziehungsweise „virtuell" bietet sich eine Betrachtung etymologischer Hinweise an [vgl. entsprechend u.a. Scholz 1994; Krystek/Redel/Reppegather 1996, S. 3; Lipnack/Stamps 1997, S. 5f.]. Auch wenn wissenschaftliche Begriffe so nicht definiert werden können, so kann Fachwissenschaftlern ein Weg gewiesen werden, der die Deutung erleichtert und gegebenenfalls der Erkenntnissuche zuträglich ist [vgl. Becker 1992, S. 13]. Zunächst wird auf die aktuelle Sprachpraxis verwiesen, der zufolge „virtuell" bedeutet, daß ein Bezugsobjekt a) fähig ist, etwas zu bewir-

ken, b) der Möglichkeit beziehungsweise der Anlage nach vorhanden ist und c) nicht wirklich, sondern scheinbar existiert.
Mit Rückgriff auf den englischen Sprachgebrauch und demn entsprechenden Wortstamm setzt Sieber (1997, S. 12f.) eine „virtuelle Unternehmung" begrifflich einer „exzellenten Unternehmung" gleich und drückt damit die positive Konnotation, die dem Begriff vielfach anhaftet, aus. Es erscheint wissenschaftlich unseriös, analog ein „virtuelles Team" als „exzellentes Team" zu bezeichnen und damit bereits durch die Begriffswahl ein Werturteil zu fällen. In diesem Sinne ist auf der Suche nach einer möglichst wertneutralen Konzeptionalisierung der ebenfalls unter Bezugnahme auf die Wortstämme von Chesbrough/Teece (1996, S. 65) formulierten Frage *„When is virtual virtuous?"* nachzugehen, die auch den Titel ihres die zuweilen euphorisierte Darstellung virtueller Organisationen in Frage stellenden Artikel bildet [vgl. hierzu u.a. auch Müller-Stewens 1997, S. 25: *„Virtualität zieht auch nicht automatisch Virtuosität nach sich"*], denn letztlich können Virtualität und Virtuosität auch als konträr zueinander stehend betrachtet werden: *„[the] vision was the virtual organization; an alternative could be labeled the 'virtuous organization'"* (Walsham 1994, S. 291).
Als ein Ergebnis der Fachdiskussion ergänzen Bultje/van Wijk (1998, S. 8) die obige Kriterienliste um die Unterstützung durch Informations- und Kommunikationstechnik und um die „Möglichkeit des permanenten Wandels" als eigenständige Aspekte: *„Virtual means 'immaterial, supported by ICT'"* [ibd., ICT= information and communication technology - Anm. d. Verf.)] und *„Virtual means 'existing, but changing'. Something exists [...], but the composition is temporary and is possibly changing every day"* [ibd.].

Bei der Betrachtung der chronologischen Aspekte der betriebswirtschaftlichen Auseinandersetzung mit virtuellen Organisationsformen erscheint der Hinweis darauf interessant, daß frühere - insbesondere disziplinfremde - Arbeiten nach Kenntnislage des Verfassers in der dann folgenden Diskussion weitestgehend unberücksichtigt oder zumindest unerwähnt bleiben, obwohl sich dort zahlreiche Anknüpfungspunkte für die aktuelle Diskussion finden lassen.

So bezeichnet Norton (1972) im Kontext einer philosophischen Arbeit Virtualität als eigenständiges Konzept, das sich unter anderem aus den Arbeiten von Langer (1942, 1953) herausarbeiten läßt. Bereits hier wird konstatiert, daß es an einer exakten Definition dessen, was Virtualität sei, fehle und zunächst, ähnlich wie in der gegenwärtigen Diskussion, Rückgriff auf ein Wörterbuch genommen [id., S. 499]. Den konstruktivistischen Positionen dieses Entwurfs wird im folgenden nicht nachgegangen, es wird jedoch bereits hier auf Parallelen beispielsweise zu der später dargestellten Position von Scholz (z.B. 1994) im Kontext einer betriebswirtschaftlichen Betrachtung oder auch auf die Ausführungen von Scherm/Süß (1993) verwiesen. Von Bedeutung ist an dieser Stelle vielmehr die Hauptfragestellung, die darauf abzielt, zu klären, inwiefern Virtualität „real" ist, und wie „virtuell Reales“ sich von dem „Realem“ im Sinne eines „etablierten“ Verständnis von Wirklichkeit unterscheidet [vgl. Norton 1972, S. 499]. Zentrale Aussagen finden sich analog in den späteren betriebswirtschaftlichen Arbeiten wieder, so etwa: *„Virtually means that something is not totally in effect“* [ibd.] oder *„[...] a virtual thing comes to is effectiveness only because an actual thing was established before it as a point of comparison, because the actual thing is not in effect, and because the virtual reality is working in place of the actual“* [ibd.]. Weiterhin wird die größere Flexibilität betont [id., S. 500]. Virtualität ist nicht als Alternative zur Realität, sondern als eine in Relation zu dieser stehenden Erweiterung zu verstehen: *„All virtual events are then actual events in terms of themselves but virtual events in terms of the actual realities for which they are the alternatives“* [ibd.; Hervorhebung im Original, Anm. d. Verf.].

Eine Auseinandersetzung mit den Implikationen eines mathematischen Virtualitätskonzeptes findet sich bei Martin (1964): Es wird dort festgestellt, daß die menschliche Sprache und damit das menschliche Vorstellungsvermögen zwar nicht für eine adäquate Auseinandersetzung mit virtuellen Klassen, wie sie beispielsweise die mathematische Logik kennt, konzipiert sei, nichtsdestotrotz beliebig exakte Diskurse auf Grundlage eben dieser präziser, logischer Gesetze möglich seien [id., S. 377]. Die weiteren dortigen Ausführungen vernachlässigend, sei an dieser Stelle lediglich festgehalten, daß bereits Martin (1964, S. 382f.) feststellt, daß sich virtuelle Objekte nur durch ihre potentiellen Wirkeffekte auf „reale Objekte“ beziehungsweise auf „die Realität“ beschreiben lassen und dieses in präziser Notation möglich ist. Virtualität ist demnach mitnichten ein Begriff, mit dem Diffuses bezeichnet wird, um einer notwendigen Konkretisierung zu entgehen.

Diesen quasi transdisziplinären Exkurs abschließend, sei vor dem Hintergrund der folgenden Ausführungen, die nun wieder primär aktuelle, dem Kontext der Betriebswirtschaftslehre zuzurechnende Quellen berücksichtigen, daran erinnert, daß sowohl in der Arbeit von Martin (1964) als auch in der von Norton (1972) Informations- und Kommunikationstechnik keinerlei Erwähnung findet. Dieses ist zum einen sicherlich darin begründet zu sehen, daß selbige zum Zeitpunkt der jeweiligen Publikation nicht annähernd in dem heutigen Ausmaße zur Verfügung stand, zum anderen, und das erscheint hier von größerer Bedeutung zu sein, wird deutlich, daß eine Auseinandersetzung mit Virtualität beziehungsweise virtuellen Objekten keineswegs zwangsläufig technik-determiniert ist. Zahlreiche Aussageanalogien zu diesen beiden exemplarisch ausgewählten Arbeiten finden sich in aktuellen Publikationen, wie im Rahmen dieser Arbeit in Anbetracht der Gesamtkomplexität leider nur andeutungsweise gezeigt werden kann.

Insgesamt wird die Substitution „physikalischer Präsenz“ durch „virtuelle Präsenz“ als kennzeichnend für einen Prozeß der objektbezogenen Virtualisierung betrachtet, wobei Skyrme (1998, S. 25f.) diesen Prozeß entlang der Dimensionen Raum, Zeit und Struktur beschreibt. Insbesondere im Kontext betriebswirtschaftlicher Analysen werden Handlungen in bezug auf virtuelle Objekte unter anderem durch den Einsatz von Informations- und Kommunikationstechnik und grundlegende Veränderungen der Arbeitsorganisation charakterisiert, wobei effektives Arbeiten in virtuellen Umgebungen noch zu eruierende technische und organisationale beziehungsweise personale Infrastrukturen bedingt [vgl. Skyrme 1998, S. 28], Virtualität wird in engen Zusammenhang mit der zunehmenden Ausprägung der Wissensgesellschaft betrachtet (s.o.).

Im folgenden wird zunächst das Konzept des virtuellen Speicher dargestellt, das als wichtiger Impulsgeber für die betriebswirtschaftliche Virtualitäts-Diskussion gilt. Anschließend folgt eine kritische Darstellung der wegen ihres hohen Ausarbeitungsstandes ausgewählten Virtualitäts-Konzeptionen von Mowshowitz (z.B. 1994) beziehungsweise Scholz (z.B. 1984), und abschließend werden hieraus unter Berücksichtigung ergänzender Beiträge Konsequenzen für das weitere Vorgehen gezogen.

2.1.1.1 Virtualität in der Informatik: Virtuelle Speicher

Das Informatik-Konzept des virtuellen Speichers wird als wichtige Inspirationsquelle für die Diskussion in der Betriebswirtschaftslehre betrachtet [vgl. u.a. Byrne 1993, S. 41; Mowshowitz 1994b; Schräder 1996, S. 34f.; Scholz 2000b, S. 321. Für einen Überblick aus Informatik-Perspektive siehe z.B. Tanenbaum 2001, S. 202ff.]:
Computer benötigen zum permanenten oder temporären Ablegen von Daten und zur Aufbewahrung des auszuführenden Programmcodes Speicher. Dieser läßt sich grundsätzlich in den Primär- und den Sekundärspeicher unterscheiden. Der Primär- oder auch Hauptspeicher ist zum einen teurer als Sekundärspeicher, der auf Festplatten, Magnetbändern oder ähnlichen rechnerexternen Medien liegt, zum anderen ist es auch technisch bedingt nicht möglich, ihn beliebig zu erweitern, woraus insgesamt abzuleiten ist, daß Primärspeicher begrenzt ist. „Virtueller Speicher“ bezeichnet nun ein Konzept, den verfügbaren Primärspeicher unter Verwendung von Kapazitäten des Sekundärspeichers so zu vergrößern, daß dieser (möglichst) funktionsäquivalent zu einem „real“ vergrößerten Primärspeicher arbeitet.

Die Funktionsweise besteht prinzipiell darin, Speicherabschnitte zwischen dem (physikalisch implementierten) Primär- und dem Sekundärspeicher so zu übertragen, daß dies für den Nutzer unbemerkt bleibt. In diesem Zusammenhang wird von Speicherintransparenz gesprochen, wenn die Funktionsweise unabhängig von der konkreten Umsetzung der verschiedenen Speicherkomponenten ist: Für den

Nutzer, dieses kann ein Mensch, aber auch ein anderes Programm sein, bleibt die konkrete Realisierung der Speicherkonfiguration intransparent, Konfigurationswechsel und gegebenenfalls auch partielle Speicherausfälle bleiben vor ihm verborgen. Dieses wird durch das zum Betriebssystem gehörende Speichermanagementsystem erreicht, für dessen Ein- und Auslagerungsalgorithmen es keine allgemeingültige optimale Wahl gibt. Auf diese Weise sind zum einen theoretisch beliebig große (virtuelle) Primärspeicher realisierbar, zum anderen kann bei vorgegebener Speichergröße der Einsatz virtueller Speicher eine kostengünstigere Alternative darstellen als eine physikalische Speichererweiterung. Bei der Realisierung eines aus primären und sekundären Speichern sowie aus dem Speichermanagementsystem bestehenden Speichers finden unter anderem die minimal erforderliche Größe des realen Primärspeichers, die Größe des durchschnittlich und die des maximal benötigten Primärspeichers sowie die Zeit, die das Ein- und Auslagern von Speicherabschnitten benötigt, Berücksichtigung.

Analoge Ansätze zu dem Konzept der virtuellen Speicher finden sich in der Informatik unter anderem auch in den Bereichen „Betriebssysteme“ beziehungsweise „Rechnernetze“, wobei jeweils spezifische Problemverschiebungen und -erweiterungen auftreten.

2.1.1.2 Konzeptionalisierung nach Mowshowitz

Von der Idee der virtuellen Computerspeicher beeinflußt [vgl. Mowshowitz 1994b, S. 273] entwickelt Mowshowitz seit den frühen 80er Jahren ein ausführliches Konzept der Virtualität, als dessen umfangreichste Ausarbeitung er selbst eine Publikation aus dem Jahre 1994 bezeichnet, die demgemäß die wesentliche Grundlage der weiteren Ausführungen darstellt [id., 1997a, S. 373]. Der Ansatz hat seine intellektuellen Ursprünge primär in der Informatik sowie in der Mathematik und der internationalen Wirtschaft [id., 1994b, S. 268], wobei der Anspruch einer Anwendbarkeit der Prinzipien auch auf biologische, technische und soziale Systeme erhoben wird [id., 1997a, S. 374]. Es spiegelt die sehr breite Auffassung des Organisationsbegriffs wider, daß unter anderem virtuelle Speicher, virtuelle Teams und virtuelle Realitäten als Instanzen virtueller Organisationen dargestellt werden [id., 1997b, S. 34f.]. Mowshowitz (1994b, S. 268) resümiert das in der (englischsprachigen) Literatur vermittelte Verständnis von Virtualität dahingehend, daß sie zunehmend als Eigenschaft *„unkonventioneller sozialer Konfigurationen“* [ibd.] betrachtet wird, deren Strukturen und Funktionen im hohen Grad abhängig sind von der Unterstützung beziehungsweise Ermöglichung durch Information- und Kommunikationstechnik, wodurch ihnen ermöglicht wird, räumlich-zeitliche und organisatorische Begrenzungen zu überwinden und einen hohen Grad an Flexibilität zu erlangen. Die Essenz dieses Entwurfs einer Theorie der Virtualität ist demnach die systematisch verankerte Fähigkeit einer Organisation, eine konkrete Arbeitskonfiguration flexibel ziel- und aufgabenorientiert in einer Situation begrenzter Entscheidungsrationalität umzustellen, dieser Vorgang wird als „Switching" bezeichnet [id., 1997b, S. 32].

Mowshowitz (1997a, S. 374f.) definiert virtuelle Organisationen mittels einer dreigliedrigen Definitionskette, die aus den Elementen „virtuelle Aktivitäten", „Metamanagement" und schließlich „virtuelle Organisation" besteht. Diese wird hier in Form einer Übersetzung des Autors wiedergegeben, um Bezüge hierauf in den weiteren Ausführungen zu erleichtern:

> *(1) „Eine virtuell organisierte Aktivität ist eine zielgerichtete Aktivität, die durch die geeignete Zuordnung von konkreten Leistungslieferanten („Satisfiers") zu den abstrakten Anforderungen einer Aufgabe implementiert wird.*
>
> *(2) Das Management virtuell organisierter Aufgaben wird als Metamanagement bezeichnet und beinhaltet die vier wesentlichen Schritte*
>
> - *Formulierung abstrakter Bedürfnisse,*
> - *Ermittlung und Analyse konkreter Leistungslieferanten,*
> - *dynamischen Zuordnung konkreter Leistungslieferanten zu den abstrakten Anforderungen auf Grundlage expliziter Kriterien und*
> - *Auswertung und Analyse der Zuordnungskriterien anhand der organisationalen Ziele.*
>
> *(3) Eine virtuelle Organisation ist ein Unternehmen unter Metamanagement"*
>
> *[Mowshowitz 1997a, S. 374f., eigene Übersetzung].*

Der Terminus „Unternehmen" - im engl. Original „enterprise" - wird hier explizit in einem breiteren Verständnis verwendet, das eine Anwendung auf verschiedene Objekte erlaubt: „*Note that 'enterprise' is not synonymous with company or business - it may refer to a unit or function within a company*" [Mowshowitz 1999, S. 8]. Insofern werden virtuelle Teams als virtuelle Organisationen gemäß der Konzeption von Mowshowitz faßbar. Die Anlehnung an das informatiknahe Vitualitätskonzept wird vor allem an der Funktionsweise des „Metamanagements" deutlich, die in hohem Maße der des „Speichermanagements" (s.o.) entspricht.

Als wesentlichen Aspekt stellt Mowshowitz heraus, daß „Switching-Prozesse", also der Wechsel der Konfiguration „Anforderungen zu Leistungslieferanten", systematisch in das Konzept integriert und von hoher Bedeutung sind. Derartige

Wechsel sind zwar auch in konventionell gemanagten Organisationen feststellbar, dort haben sie jedoch tendenziell einen Ausnahmecharakter und werden eher zufällig ausgelöst, als das sie konzeptionell im Design vorgesehen sind [id., 1997b, S. 35]. Das Vorhandensein einer leistungsfähigen informations- und kommunikationstechnischen Infrastruktur ist eine substantielle Voraussetzung dafür, daß das Switching-Prinzip effizient umgesetzt werden kann: *„Virtual organization is practicable because computers make it possible to minimize the cost of switching"* [id., 1997b, S. 35f.].

Mowshowitz (1994b, S. 269) bezeichnet seine Ausarbeitungen als Theorieentwürfe für einen explanativen Ansatz einer Theorie der Virtualität und virtueller Organisationen, der zunächst keine Gestaltungsanweisungen enthält. Neben der notwendigen technischen Dimension unterscheidet er drei Bereiche sozio-technischer Innovationen, die „Säulen der virtuellen Organisation", die diese ermöglichen und die zumindest partiell gestaltbar erscheinen:

(1) Standardisierung von Interaktionen (*„Standardization of interaction"* [id., 1994b, S. 279]),
(2) Interpretation von Informationen als Ware (*„Commoditization of information"* [id., 1994b, S. 280]) und
(3) Abstraktion von Eigentum (*„abstractification of property"* [id., 1994b, S. 282] oder *„abstractification of wealth"* [id., 1997b, S. 380]).

Zu (1) Standardisierung von Interaktionen

Die Vielzahl der bestehenden und potentiellen Beziehungen zwischen Akteuren und Tätigkeiten erfordert ein effizientes Management der Schnittstellen. Um die Vorteile des Konzepts des „Metamanagements" nutzen zu können, sind diese Schnittstellen - ebenso wie die Interaktionsprozesse - zu standardisieren, um eine Koppelung zu ermöglichen. Ein kritischer Aspekt der Ausgestaltung von Interaktionsstandards ist die Notwendigkeit detaillierten Wissens über die Spezifikationserfordernisse. Weiterhin ist zu berücksichtigen, daß jeder Konfigurationswechsel - jedes Switching - Kosten verursacht, die stark abhängig von dem Standardisierungsgrad der Schnittstellen sind, und die bei der Kostenanalyse eines Wechsels unter anderem als Transaktions- und Managementkosten in diese einzubeziehen sind [id., 1994b, S. 279]. Standardisierung bezieht sich explizit auch auf individuelles Verhalten: *„virtual organization also calls for standardization of individual behavior"* [id., 1997a, S. 382]. Unter anderem Sprache, Kultur und Rituale exemplarisch als Standards sozialer Interaktionen aufführend, wird aufgezeigt, daß diese die im Zusammenhang mit einem Konfigurationswechsel der (virtuellen) Umgebung auftretenden Kosten, die beispielsweise durch das Erlernen neuer Verhaltensstandards verursacht werden, zu minimieren helfen. Standardisierung ist idealtypisch auf zwei verschiedene Arten zu erreichen: Entweder kann ein universeller Standard etabliert werden, der von allen potentiellen Interaktionpartnern akzeptiert wird, oder es werden - insbesondere auf technischer Ebene - verschiedene Standards etabliert, die gegebenenfalls ineinander überführbar sind. Die Ansätze werden als zueinander kompatibel betrachtet.

Zu (2) Interpretation von Informationen als Ware

Um eine objektive Basis für Entscheidungen des Metamanagements hinsichtlich etwaiger Konfigurationswechsel zu erhalten, sind Informationen als Waren zu interpretieren, die einen bestimmten Wert aufweisen und besessen werden können [id., 1997a, S. 380f.]. Vorgestellt wird ein idealtypisches Drei-Phasen-Schema, wie Wissen und Erfahrung von Individuen in Waren transformiert werden soll: Zunächst soll dieses analysiert und modelliert, dann in ein Artefakt - beispielsweise ein Computerprogramm - eingebunden und schließlich in Form dieses Artefakts als kommerzielles Produkt oder Dienstleistung vermarktet werden [id., 1997a, S. 381]. Es wird betont, daß die explizite Zielsetzung darin besteht, Unabhängigkeit von menschlichen Akteuren zu erreichen:

> *„By reducing dependency on the human being as the bearer of knowledge and skill, it is possibly to increase the flexibility of decision making and control to unprecedented levels [id., 1994b, S. 279].*

Mowshowitz (1994b, S. 286f.) bezeichnet den postulierten Verzicht subjektiver Werte und Beurteilungen als den Preis, der in Form der aufgezeigten sozialen Adaption im Rahmen des Wandels hin zu einer virtuellen Organisation zu zahlen sei. Relativierend fügt er an, daß sein Entwurf virtueller Organisationen zwar in der Tradition der rationalen Systeme stehe, Managemententscheidungen und -handlungen – als nicht-rationale Aspekte sozialen Handelns - gleichwohl nicht gänzlich ausgeschlossen werden: Das Prinzip des Metamanagements zwingt dazu, möglichst umfassend entscheidungsrelevante Faktoren zu bestimmen und in Relation zu setzen, über die jeweilig relevanten Relationen ist jedoch situationsabhängig zu entscheiden. Weiterhin räumt Mowshowitz (1994a, S. 293) in einer Replik auf eine Kritik von Walsham (1994) ein, daß Wechselentscheidungen auch auf Grundlage der Ahnungen, der Kreativität oder der Einblicke von Managern beruhen können und insofern der Faktor Mensch nicht gänzlich negiert wird, das Konzept zwinge jedoch dazu, Entscheidungskriterien oder auch die Wahl zwischen den Alternativen formale versus informale Methoden zu explizieren.

Zu (3) Zunehmende Abstraktion von Besitz

Als dritte Säule der sozio-technischen Innovationen, die virtuelle Organisationen ermöglichen, wird in diesem Konzept die zunehmende Abstraktion von Besitz betrachtet: Der Transport, die Manipulation und letztlich der Besitz verteilter Ressourcen setzen voraus, daß Besitzstände oder Kapitalvermögen ungehindert transferiert werden können [id., 1997a, S. 382f.]. Anders als physische Besitzstände wie Land, Gebäude und Maschinen sind Geld oder Aktien als Beispiele etablierter abstrakter Besitzformen von deutlich höherer Transferabilität, sie sind essentiell für alle Formen modernen Wirtschaftens. Wissen und Informationen als Handlungsressourcen stellen eine weitergehende Form von abstrahierten Besitz dar. Virtuelle Organisationen erfordern insbesondere dann eine Forcierung der Besitzstandsabstraktion, wenn deren nicht-ausreichende Transferierbarkeit zum kritisch-limitationalen Faktor der Switching-Prozesse wird. Mowshowitz betrachtet primär Eigentumsübertragungsprozesse, die weitestgehend einer Analyse der Unternehmensebene zuzurechnen sind, und insofern wird den vorderst vorgestellten Aspekten eine höhere Relevanz hinsichtlich von Ansatzpunkten zu dem Untersuchungsziel dieser Arbeit zugeschrieben.

Zusammengefaßt zielt der Entwurf von Mowshowitz darauf ab, organisationale Effizienz und Effektivität mittels systematisch angelegter Flexibilität zu erhöhen. Essentiell ist das Metamanagement zielgerichteter Aktivitäten in Unabhängigkeit von der konkreten Realisation, was mittels einer logisch-abstrakten Separation der Planung beziehungsweise Vorbereitung der Aktivitäten von deren Ausführung erreicht wird. Die Zuordnung von Leistungslieferanten zu Bedarfen erfolgt dynamisch mittels systematischer Swichting-Prozesse. Ermöglicht wird Virtualität zum einen durch leistungsfähige Informations- und Kommunikationstechnik, zum anderen durch sozio-technische Innovationen, die primär die Objektivierung von Entscheidungsgrundlagen beinhalten. Der konzeptionelle Rahmen des Entwurfs wird in der Darstellung 2 wiedergegeben.

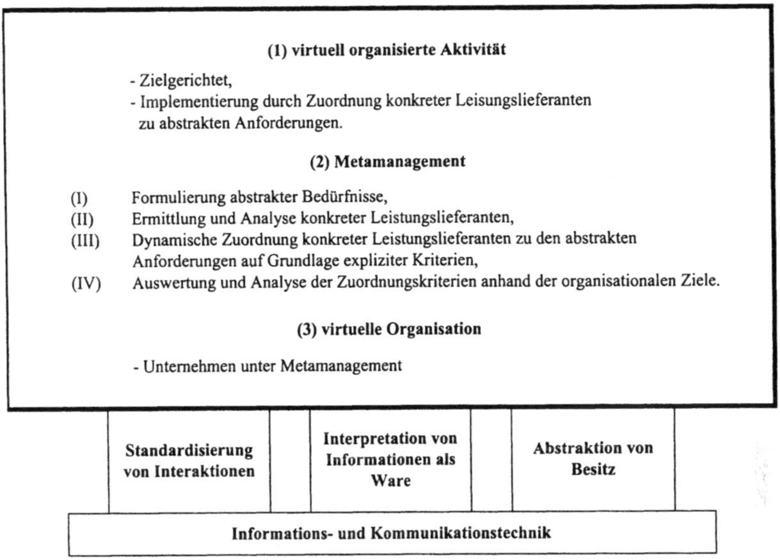

Darstellung 2: Definition und Säulen der Virtualität nach Mowshowitz
Eigene Darstellung

Walsham (1994) sieht unter anderem an dem Annahmenapparat bezüglich der grundsätzlichen Natur des Managements und des Entscheidens Ansatzpunkte für Kritik. Besonders die Frage, wer letztendlich entscheide, welche Faktoren als relevant für einen Entscheidungsprozeß angenommen werden, beantworte Mowshowitz nicht überzeugend. Die unterschiedlichen Interpretationen, die verschiedene Interessensträger von einer Situation hätten, seien nicht zu einem objektiven Bild zusammenzufügen, da das, was für relevant angenommen wird, beispielsweise von Machtasymmetrien beeinflußt werde [vgl. Walsham, 1994, S. 290]. Es wird an selber Stelle weiterhin kritisiert, daß Mowshowitz dem Mythos des rationalen, objektiven Managers, der agiere und dabei seine eigenen Vorurteile und Eigeninteressen vor anderen und auch vor sich selbst unter dem Deckmantel der Objektivität verbrigt, erlegen sei. In diesem Sinne äußert sich auch Faucheux (1997, S. 50), der für eine managementwissenschaftliche Betrachtungsperspektive eine stärkere Betonung des Aspektes der menschlichen Selbstbestimmung, die über die positivistischen Annahmen Mowshowitz hinausgehen, einfordert. Das Prinzip der virtuellen Organisation wird dann als Werkzeug der kritischen Selbstreflexion und der Konstruktion sozialer Realitäten, die in weitgehender Unabhängigkeit einer externen physikalischen Realität stehen, interpretierbar [vgl. Faucheux 1997, S. 51f. und S. 55; Turoff 1997, S. 41].

2.1.1.3 Konzeptionalisierung nach Scholz

Ebenfalls von der Funktionsweise des virtuellen Speichers inspiriert, entwickelt Scholz (1994; 1997; 1999; 2000) ein Konzept der Virtualität, das als generelles Konzept [Scholz 2000, S. 328] angelegt ist. Virtualität besteht demgemäß nicht per se, sondern ist grundsätzlich in bezug auf ein konkretes Objekt zu betrachten [vgl. Scholz 2000b, S. 328ff.; vgl. entsprechend auch die exkursorischen Anmerkungen am Kapitelanfang]. Unterschieden werden hier vier Gruppen definitorischer Charakteristika, mittels derer ein virtuelles Objekt zu identifizieren und zu beschreiben ist. Ein virtuelles Objekt definiert sich demzufolge

(1) über konstituierende Charakteristika, die es sowohl selbst aufweist als auch das ursprüngliche reale (im Sinne von nicht-virtuellen) Objekt und die somit als Konstituens eben dieses zu verstehen sind,
(2) über den Wegfall von physikalischen Attributen, die mit dem realen Objekt üblicherweise assoziiert werden, die das entsprechende virtuelle Objekt jedoch nicht mehr aufweist und die somit nicht-konstituierenden Charakters sind,
(3) über Charakteristika, die die virtuelle Realisierung ermöglichen und die Zusatzspezifikationen darstellen und
(4) über Nutzeneffekte, die sich aus der Virtualisierung ergeben und die daher komparativ zu dem physikalischen „Ausgangsobjekt" zu betrachten sind [id., 1994, S. 5].

Wesentliche Bedeutung kommt hier entsprechend der obigen Annahmen über die komparativen Eigenschaften von virtuellen Objekten zu ihren nicht-virtuellen Pendants der zweiten Gruppe von Charakteristika zu: „*Entscheidend für die Idee der Virtualisierung ist immer das Fehlen von bestimmten physikalischen Attributen des ursprünglichen Objektes [...]*" [id. 1997, S. 321f.].

In Darstellung 3 werden Beispiele für verschiedene Typen virtueller Objekte gezeigt. Das oben wiedergegebene „Vier-Merkmals-Schema der Virtualität" ist Scholz (1994) zufolge grundsätzlich für eine Beschreibung aller Arten verschiedener virtueller Objekte anwendbar, wird jedoch primär in bezug auf virtuelle beziehungsweise zu virtualisierende Organisationen genutzt.

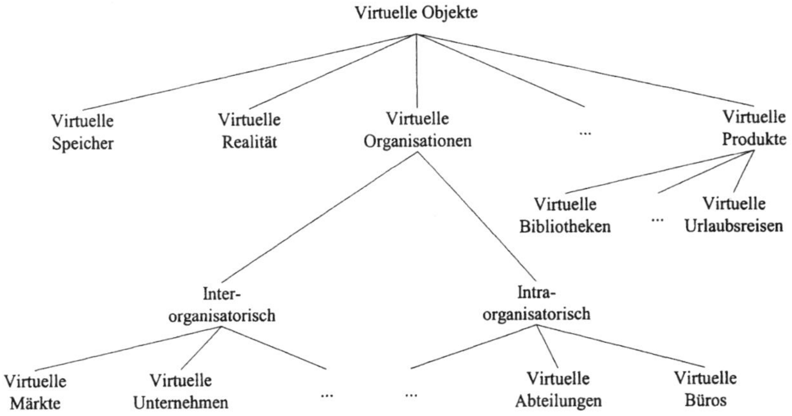

Darstellung 3: Virtuelle Objekte nach Scholz modifiziert nach Scholz (1999, S. 236)

Scholz (2000b, S. 321ff.) beschreibt eine Entwicklung des Konzepts der Virtualität, die sich ausgehend vom Konzept des virtuellen Speichers, wie es oben dargestellt wird, über Konzepte virtueller Realität, also auf dem Computer simulierter Wirklichkeit, und Konzepte virtueller Erzeugnisse, also spezieller Konzepte zur Erfüllung individueller Kundenwünsche auf dem Markt, schließlich hin zum Konzept der virtuellen Organisation, bei dem besonders Aspekte der Integration des Faktors Mensch im organisationalen Kontext Berücksichtigung finden, erstreckt. Hinsichtlich der Analyse virtueller Organisationen identifiziert Scholz (2000b, S. 323ff.) wiederum vier verschiedene Phasen: Einer Phase unbewußter Vorläufer folgt eine Phase übertriebener Euphorie, als deren Auslöser die oben erwähnten Publikationen von Davidow/Malone (1992) beziehungsweise Byrne/Brandt/Port (1993) bezeichnet werden. Der sich anschließenden Phase der Konzeptionalisierung, deren Beginn auf das Jahr 1994 datiert wird, folgt mit Scholz (2000b, S. 326f.) seitdem eine Phase der Ernüchterung und der theoretischen Fundierung und Versachlichung.
Die einzelnen Phasen stehen nicht sequentiell zueinander, sondern überlappen und ergänzen sich. Bei der Evolution eines wissenschaftlichen Konzepts, die von Scholz (1997, S. 329) selbst als langwierig bezeichnet wird, erscheint eine Phasenunterscheidung in Längen von nur einem Jahr als sehr engmaschig. Hilfreich ist diese Unterscheidung von unterschiedlichen Positionen (statt „Phasen") jedoch, um die verschiedenartigen Intentionen einzelner Autoren beziehungsweise Beiträge voneinander abgrenzen zu können und so gegebenenfalls systematische Vergleiche zu ermöglichen.

Virtualität ist Scholz (1999, S. 235ff.) zufolge nicht als binärer Zustand zu verstehen, sondern als eine Bewegung entlang dreier Dimensionen, die als

(1) Zergliederung in Kernkompetenzen,
(2) weiche Integration und
(3) virtuelle Realisation

bezeichnet werden und die in ihrer Gesamtheit den *„virtuellen Möglichkeitsraum“* [ibd., S. 237] aufspannen. Aus dem Zusammenspiel der drei Dimensionen in Hinblick auf ein Bezugsobjekt ergibt sich dessen virtuelle Ausprägung, also die Positionierung innerhalb dieses Raumes:

Zu (1) Zergliederung in Kernkompetenzen

Ein virtuelles Objekt wird anhand des Wertschöpfungsbeitrages gemessen; es erfolgt eine Konzentration auf dessen Kernkompetenzen. Virtualisierung wird als zunehmende Konzentration auf diese, als zunehmende Professionalisierung eines Gesamtobjektes und dessen einzelner Elemente beschrieben.

Zu (2) Weiche Integration

Scholz (1999, S. 236) sieht insbesondere in der Reduktion auf Kernkompetenzen (s.o.) und den damit einhergehenden Strukturveränderungen die Ursache für individuelle Probleme wie beispielsweise Motivations- und Identifikationsprobleme. Um dem entgegenzutreten, plädiert er für die Schaffung von gemeinsamen Visionen und Vertrauenskulturen auf Grundlage von *„Fairneß, Offenheit und Ehrlichkeit im gegenseitigen Umgang“* [ibd.].

Zu (3) virtuelle Realisation

Die Realisierung virtueller Objekte erfolgt durch den Einsatz von Informations- und Kommunikationstechniken - von Scholz (1999, S. 237) als „TIME-Technologien“ für „Telekommunikation, Information, Medien und Entertainment“ stehend bezeichnet - mittels derer die anderen beiden Dimensionen ermöglicht werden, und die die treibende Kraft der weiteren Ausprägung darstellen. Durch die informations- und kommunikationstechnisch gestützte Nachbildung von virtuellen Objekten beziehungsweise Organisationen und den dadurch bedingten Wegfall von Nachteilen und Restriktionen, die aus einer physikalischen Realisierung resultieren, ergibt sich diesem Konzept zufolge eine *„größere Flexibilität und Anpassungsfähigkeit“*[ibd.] und die Möglichkeit für eine *„effizientere und effektivere Ressourcenverteilung durch eine Verbesserung der Abstimmung“* [ibd.], wobei jedoch durchgängig soziale und psychologische Aspekte mit zu berücksichtigen sind [vgl. Scholz 1997, S. 399],

Das „*Vier-Merkmals-Schema der Virtualität*“ soll dazu dienen, die Unterschiede zwischen virtuellen und realen Objekten systematisch analysieren zu können, wobei dem Charakteristikum des Wegfalls physikalischer Attribute eine Schlüsselposition zukommt. Die Verlagerung „erfahrbarer Realität“ in innovative, nichtphysikalische Wirklichkeitskonstruktionen wird bei konsequenter Umsetzung als Eigenständigkeit des Virtualitätskonzeptes interpretierbar. Argumentativ entsprechend begegnet Scholz (2000b, S. 334) den dieses Kapitel einleitend angeführten Kritikern, die die Diskussion um virtuelle Organisationen als Modeerscheinung bezeichnen. In diesem Zusammenhang erscheint dem Autor zwar die Zweckmäßigkeit einiger von Scholz (2000b) aufgeführter Beispiele, anhand derer virtuelle Erscheinungsformen vorgestellt werden, fraglich. Ein physikalisches Attribut beziehungsweise dessen Wegfall muß sich per definitionem dem analytischen Zugriff von Methoden der Physik - der Naturwissenschaft, die sich primär der Erforschung von Naturgesetzen, der Struktur und der Bewegung unbelebter Materie widmet - öffnen. Unklar ist, ob und wie dieses nun beispielsweise für den Wegfall des Attributs „*exklusive Zuordnung der Mitglieder der Abteilung zu einem einzigen Vorgesetzten*“ [id. 2000b, S. 353f.] in bezug auf virtuelle Abteilungen oder der Wegfall der Attribute „*gemeinsames juristisches Dach*“ und „*gemeinsam geteilte Verwaltung*“ [id. 2000b, S. 357ff.] in bezug auf virtuelle Verbundunternehmen gelten kann. Ingesamt wird in diesem Schema dennoch ein geeignetes Instrument zur strukturierten Darstellung virtueller Objekte insbesondere im Vergleich zu ihren nicht-virtuellen Pendants gesehen, da ein Großteil der gegenwärtig als atypisch wahrgenommenen Charakteristika virtueller Objekte mittelbar oder unmittelbar auf die Substitution physikalischer Realität durch virtuelle Realität zurückgeführt werden kann.

2.1.1.4 Resümee

Wie sich zeigt, werden virtuelle Erscheinungsformen zwar aktuell in verschiedenen Zusammenhängen diskutiert, es existiert jedoch bislang kein auf breiterer Basis allgemein akzeptierter Konzeptentwurf, auf den hier quasi im Sinne einer methodologischem Vorentscheidung bezüglich des eigenen Standpunktes zurückgegriffen werden kann. Diese Feststellung gilt auch für den engeren Kontext des für eine betriebswirtschaftliche Betrachtung als relevant erachteten Umfeldes, wobei jedoch mit den Beiträgen von Scholz (z.B. 1994) beziehungsweise Mowshowitz (z.B. 1994) zwei Entwürfe dargestellt werden können, in denen zahlreiche Anknüpfungspunkte für eine weitergehende Auseinandersetzung gesehen werden. Zeichnen sich in beiden Entwürfen zunächst Tendenzen einer Objektivierungsorientierung ab, was eventuell auf das ursprüngliche Leitbild des virtuellen Speichers zurückzuführen ist, so wird dann jeweils den Begrenzungen eines objektiv-rationalistischen Konzeptes durch Einbeziehung sozialer Dimensionen begegnet, womit eine prinzipielle Eignung für die Auseinandersetzung den virtuellen Teams als soziale Phänomene gegeben als soziale Phänomene gegeben ist. Wenn Mowshowitz in diesem Zusammenhang für eine so weitestgehend wie mögliche Objektivierung des Sozialen plädiert, während Scholz die Notwendigkeit einer „weichen Integration" virtueller Erscheinungen betont (s.o.), so spiegelt sich hier die Auffassung wider, daß die Beiträge jeweils unterschiedliche, letztlich aber sich ergänzende Betrachtungen motivieren.

Als gemeinsames, bedingt auch transdisziplinäres Grundverständnis gilt offenbar, daß Virtualität erst im Zusammenhang mit zu konkretisierenden Bezugsobjekten faßbar ist: Virtualität wird in dem Moment real, in dem sie in der wahrgenommenen Realität Wirksamkeit entfaltet. Insofern stellt sie trotz zunächst vordergründig Gegenteiliges suggerierender Begriffsbedeutungen keinen Gegensatz zur Realität dar, sondern einen erweiterten Möglichkeitsraum. Hierbei wird Virtualität insgesamt mit großer Übereinstimmung in engem Zusammenhang mit dem Einsatz von Informations- und Kommunikationstechnik gestellt. Durch deren breite Verfügbarkeit bei zunehmender Leistungsfähigkeit und Akzeptanz beziehungsweise Gewöhnung seitens der Anwender wird Virtualität erst auf breiter Basis ermöglicht und forciert, und so wird als weiterer wesentlicher Aspekt der Virtualität die informations- und kommunikationstechnisch gestützte Substitution physikalischer Attribute betrachtet. Darüber hinaus resultiert aus dem Wegfall von sich aus einer physikalischen Realisierung ergebenden Restriktionen weiter die Möglichkeit der Existenz „unkonventioneller sozialer Arrangements" (s.o.), wobei sich „Konventionalität" darauf bezieht, daß in der bisherigen Erfahrungswelt soziale Kommunikation in der Regel face-to-face-Situationen voraussetzt und sich entsprechend soziale Konfigurationen unter Berücksichtigung der Möglichkeit dieser bilden beziehungsweise gebildet werden. Reichwald et al. (1998, S. 244) fassen entsprechend zusammen, daß sich konzeptionell zwei verschiedene Ansätze unterscheiden lassen, von denen der eine auf die Schaffung von „virtuellen Realitäten" als Handlungsräume beziehungsweise als Ersatz für physisch Greifbares zielt, während der andere sich auf die Veränderung von Formen sozialer Organisiertheit bezieht, wobei aus betriebswirtschaftlicher Perspektive an zentraler Stelle jeweils die Dynamisierung von Organisationsstrukturen mit dem Ziel der erhöhten organisatorischen Flexibilität betrachtet wird, wie auch Mowshowitz (z.B. 1997) und Scholz (z.B. 1994) feststellen [s.o., vgl. u.a. auch Wagner 1999, S. 190ff.]. Diese Sichtweisen werden als gegensätzlich, dennoch aber als sich wechselseitig ergänzend beschrieben. Insgesamt, so Kocian (1999, S. 53), dominiert in der Betriebswirtschaftslehre der Gedanke der „virtuellen Leistungsfähigkeit", und es ist zweitrangig, ob diese durch die Nachbildung von Objekten und Organisationen unter Wegfall von physikalischen Attributen durch den Einsatz von Informations- und Kommunikationstechnik erzielt wird oder durch die Neugestaltung von Organisationsformen. Die sich hieraus ergebende Betrachtung weitergehender Aspekte der Virtualisierung von Organisationen erfolgt im Anschluß an das nachfolgende Kapitel, in dem begrifflich-konzeptionelle Grundlagen des Teambegriffs dargelegt und hinsichtlich ihrer Bedeutung für das Untersuchungsziel der Arbeit reflektiert werden.

2.1.2 Eine sukzessive Spezialisierung: Gruppen, Arbeitsgruppen, Teams und virtuelle Teams

Zu Beginn einer Auseinandersetzung mit dem Team- beziehungsweise dem hier zunächst synonym verwendeten Gruppenbegriff ist festzustellen, daß eine Vielzahl von Definitionen dieser Begriffe existiert [vgl. Wetzel 1995, S. 10ff.], und angesichts dessen konstatiert Crott (1979, S. 213), daß Einigkeit lediglich darüber herrscht, daß „*eine Person alleine noch keine Gruppe konstituiert*“ [ibd.]. Insofern überrascht es nicht, daß auch hinsichtlich der inhaltlichen Ausgestaltung der mit den Begriffen assoziierten Konzepte keinesfalls Klarheit besteht, was Titscher (1992, Sp. 1009) unter Bezugnahme auf Untersuchungen aus den Jahren 1962 und 1975, denen zufolge zum Thema Kleingruppenforschung bis 1962 ca. 1400 Publikationen bibliographiert worden sind und dann im Zeitraum von 1967 bis 1972 jährlich 566 allein in den „*Psychological Abstracts*“ zitierte Publikationen erschienen sind, resümieren läßt: „*Dank jahrzehntelanger Untersuchungen wird der Gegenstand so differenziert gesehen, daß immer mehr Erklärungen erklärungsbedürftig werden*“ [ibd.]. Ziel dieses Kapitels ist es daher, die Auseinandersetzung mit virtuellen Teams in bezug zu Teilen der Kleingruppenforschung zu setzen, wobei hier angesichts der skizzierten Forschungssituation keinesfalls eine abschließende Klärung von Begriff und inhaltlicher Ausgestaltung erhofft werden kann.
In den folgenden Abschnitten wird eine terminologische Annäherung an den Begriff des virtuellen Teams vorgenommen, wobei mit jedem einzelnen Spezialisierungsschritt definitorische Eingrenzungen verbunden sind. Ausgehend von einem allgemeinen Gruppenbegriff wird zunächst als „Spezialisierungsform I“ der Begriff der Arbeitsgruppe und anschließend als weitergehende „Spezialisierungsform II“ der Begriff des Teams eingeführt. Virtuelle Teams werden dann entsprechend als „Spezialisierungsform III“ betrachtet.

2.1.2.1 Terminologische und konzeptionelle Grundlagen des Gruppen-Begriffs

Mit Gebert/von Rosenstiel (1992, S. 122f.) wird unter einer Gruppe zunächst allgemein eine Mehrzahl von in unmittelbarer Interaktion stehender Personen verstanden, die über einen gewissen Zeitraum hinweg durch ein Wir-Gefühl verbunden sind und die ein System von Rollendifferenzierungen und gemeinsamen Normen aufweisen [vgl. u.a. auch Hentze/Kammel/Lindert 1997, S. 441f.; Staehle 1999, S. 270ff.], wobei die einzelnen Definitionsbestandteile nachfolgend weiter behandelt werden.

Diese noch relativ weit gehaltene Definition der „sozialen Gruppe“ [Wiswede 1992, Sp. 736] schließt eine Vielzahl unterschiedlicher sozialer Aggregationen wie zum Beispiel Familien, Freundeskreise oder Diskussions- und Arbeitsgruppen ein [vgl. McGrath 1984], wobei zu betonen ist, daß soziale Einheiten nicht per se als Gruppen zu bezeichnen sind, da ansonsten der Begriff weitgehend *„unbrauchbar oder überflüssig“* [Schwabe 1995, S. 126f.] ist. König (1983, S. 36f.) konstatiert in diesem Zusammenhang eine *„ungewöhnlich schnelle Trivialisierung“* des Gruppenbegriffs und fordert, daß die Bedeutungen des Gruppenbegriffs (wieder) zu Bewußtsein gebracht werden müssen, um den inflationären Begriffsgebrauch einzudämmen. Das von König (1983) aufgezeigte Trivialisierungs-Phänomen erscheint vor dem Hintergrund der zunehmend verbreiteten Verwendung des Terminus „virtuelles Team“ für unterschiedlichste soziale Erscheinungen auch im für diese Arbeit relevanten Kontext beobachtbar zu sein.

Zur genaueren Bestimmung der Eigenschaften von Gruppen grenzt Crott (1979, S. 214f.) Gruppen von anderen Personenmehrheiten gemäß des in der Darstellung 4 wiedergegebenen Schemas ab. Andere Autoren beziehen unter anderem Familien in die Gruppenforschung mit ein (s.o.), im Hinblick auf die hier vorliegende Untersuchung erscheint eine diesbezügliche Diskussion jedoch irrelevant und wird daher nicht aufgegriffen. Existieren weitere, zumeist differenziertere Kategorisierungsversuche sozialer Gebilde, so genügt dieses relativ einfache Schema dazu, (Klein)Gruppenforschung im hiesigen Zusammenhang ausreichend genau zu positionieren [vgl. Crott 1979, S. 215].

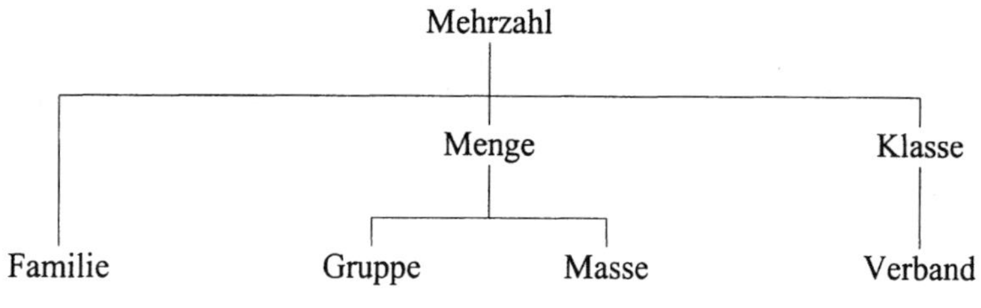

Darstellung 4: Formen der Vergesellschaftung
modifiziert nach Crott (1979, S. 214)

Crott (1979, S. 214f.) folgend ist unter einer Klasse eine abstrakte Gemeinschaft zu verstehen, deren Gemeinsamkeit auf der Ebene von Definitionsmerkmalen existiert, wie beispielsweise die „Klasse der Aktienbesitzer“. Eine Menge ist dem entgegen eine konkrete Gemeinschaft von Personen, die sich an einem Ort aufhalten, ohne jedoch in einem „konkreten Mit- und Zueinander" zu stehen. Verhält sich eine Klasse dynamisch, so wird sie zu einem Verband, dem obigen Beispiel folgend also zu einem „Aktionärsclub" etc. Dynamisierte Mengen können situativ bedingt entweder als Masse wechselseitig anonymer Menschen ohne feste Sozialstruktur agieren, wie dieses beispielsweise Stadien zu beobachten ist, oder als Gruppe, die unter anderem die oben genannten Definitionseigenschaften erfüllt und deren weiteren Charakteristika Gegenstand dieser Untersuchung sind [vgl. auch Deutsch 1976, S. 53 oder Wiswede 1991, S. 165, der anstelle von Klasse den Begriff der Kategorie nutzt und auch darauf hinweist, daß der Verband „*Gestalt einer überschaubaren Gruppe annehmen kann*" (ibd.)]. Die Unterscheidung in Gruppen und Massen ist der in Klein- und Großgruppen partiell verwandt. Großgruppen tendieren zu einer Minderung der Ausprägung von noch im einzelnen aufzuzeigenden Gruppenmerkmalen beziehungsweise zu interner Fragmentierung in Teilgruppen; es wird offenbar, daß der Übergang von der Gruppe zur Masse fließend ist. In diesem Zusammenhang ist die Einführung der Unterscheidung von Klein- und Großgruppen zu verstehen, die König (1983, S. 45) als so „uralt" bezeichnet, daß sie im Grunde bis auf Platon zurückzuführen ist, und daß die Entscheidung, ob eine Gruppe eine Klein- oder eine Großgruppe ist, im konkreten Einzelfall eine Gradfrage ist [ibd., S. 57].

Virtuelle Teams werden hier unter der Annahme betrachtet, daß sie eine Spezialisierungsform der Kleingruppe darstellen und somit auch Gegenstand der Kleingruppenforschung sind. Diese beschäftigt sich mit Gruppen unterschiedlichster Natur, und eine generelle Übertragbarkeit der Ergebnisse von Untersuchungen spezieller Gruppenformen auf andere ist a priori nicht gegeben, wie bereits eine intuitive Gegenüberstellung der beiden möglichen vorstellbaren Gruppen „Skatrunde" und „Arbeitsgruppe" verdeutlicht. Levine/Moreland (1990, S. 586) weisen jedoch auf das Vorhandensein von partiellen Gemeinsamkeiten in den Merkmalskategorien der meisten Gruppenarten hin, insbesondere wenn sehr spezielle Gruppenformen wie Therapiegruppen, Kindergruppen und auch Familien ausgeschlossen werden. Tyrell (1993, S. 78) beispielsweise führt in diesem Zusammenhang zur Veranschaulichung die Gruppentypen Wohngemeinschaften, Freundschaftsbünde, Literatenzirkel, Gangs, Rockergruppen, Kaffeekränzchen, Kollegencliquen und Stammtische auf, deren Mitgliedschaft „freiwillig" ist, stellt Formen erzwungener Gruppenbildung wie beispielsweise in Gefängnissen und Internaten entgegen und ergänzt weiterhin Formen der Gruppenbildung, wie sie in Betrieben und Behörden zwischen Mitarbeitern gleicher Abteilungen oder Unterabteilungen zu finden sind. Eine Möglichkeit für eine theoretisch homogene Behandlung einer Vielzahl unterschiedlicher Gruppen bietet ein „systemtheoretisch zugeschnittener Gruppenbegriff" im Sinne von Neidhardt (1979, S. 642ff.), wie er weiter unten dargestellt und in Anwendung auf virtuelle Teams diskutiert wird.

2.1.2.2 Spezialisierung I: Arbeitsgruppe

Ein spezielle Form der Gruppe stellen Arbeitsgruppen dar, die hier als „Spezialisierungsform I“ bezeichnet werden (s.o.). Diese lassen sich zunächst dadurch charakterisieren, daß sie ihre Aktivitäten als Teil einer übergreifenden Organisation entfalten und in die entsprechenden Rahmenbedingungen eingebettet sind [vgl. u.a. Bartölke 1992, Sp. 2386f.; Gebert/von Rostenstiel 1992, S. 122; Titscher 1992, Sp. 1017; Schwabe 1995, S. 129], wodurch sie sich von anderen Gruppenarten, wie sie die soziologische oder psychologische Gruppenforschung kennt (s.o.), unterscheiden.
Weiterhin haben Arbeitsgruppen von der übergreifenden Organisation vorgegebene Aufgaben zu erfüllen, sie sind also auf die Erreichung von zumindest partiell fremdbestimmten Zielen hin ausgerichtet und leistungsorientiert [vgl. u.a. Wölm/Rolf 1991, S. 130; Gebert 1992, Sp. 121; Hill/Fehlbaum/Ulrich 1994, S. 86f.; Wetzel 1995, S. 15], wobei einzelne Gruppenmitglieder gegebenenfalls rechtlich und wirtschaftlich selbständig sein können und häufig Mitglieder verschiedener Organisationen zusammenarbeiten, so daß die Annahme der Existenz einer einzigen (gemeinsamen) übergreifenden Organisation (s.o.) zu relativieren ist.

Finden sich in der Literatur unterschiedliche Positionen zu der Frage, ob die Existenz eines konkreten gemeinsamen Ziels der Gruppenmitglieder konstituierendes Merkmal einer Gruppe im weiteren Sinne ist [vgl. bspw. Antoni 1996, S. 8 für eine verstärkende, und Teufel et al. 1995, S. 52 für eine relativierende Position], so ist sie für Arbeitsgruppen mit Hinblick auf die Gruppenaufgabe eindeutig zu bejahen.

Arbeitsgruppen sind zunächst geplanter, also formeller Natur [vgl. Comelli/von Rosenstiel 1995, S. 147] und instrumental interpretierbar [vgl. Wiswede 1992, Sp. 738]. Sie werden aus managementorientierter Sicht primär als „Leistungs-“ und nicht als „Erlebnisgemeinschaften“ verstanden, wobei die Existenz und die untersuchungszielbezogene Relevanz sozialer Aspekte keineswegs negiert, sondern vielmehr deutlich betont wird [vgl. Wiendieck 1992, Sp. 2376].

König (1983) merkt kritisch an, daß Arbeitsgruppen in der Form, wie sie beispielsweise die betriebswirtschaftlichen Organisationslehre oder auch die unternehmerische Praxis kennt, nicht per se auf nicht-triviale Weise als „echte Gruppen“ im Sinne eines sozialwissenschaftlichen Grundverständnisses bezeichnet werden können, da das alleinige Erfüllen des Kriteriums - quasi erzwungener - unmittelbarer Interaktion von Personenmehrheiten nicht ausreicht, um eine „echte Gruppe“ zu konstituieren. Es ist jedoch unstrittig, daß Arbeitsgruppen durchaus auch „echte Gruppen“ sein können; „Arbeitsgruppe“ wird hier somit analog zu der in der managementorientierten Literatur etablierten Vorgehensweise [vgl. Staehle 1999, S. 265] als eine Spezialisierungsform der sozialen Gruppe, wie sie oben definiert worden ist, angenommen.

2.1.2.3 Spezialisierung II: Teams

Den aus den Sportwissenschaften entliehenen [vgl. Comelli/von Rosenstiel 1995, S. 143] und heute auch insbesondere in der Managementliteratur verbreiteten Begriff des Teams, das als solches von der Arbeitsgruppe unterschieden wird, bezeichnet Antoni (1996, S. 9) zwar als einen Modebegriff und stellt damit die Zweckmäßigkeit dieser Unterscheidung zumindest als fragwürdig dar, er räumt jedoch ein, daß die Eigenständigkeit einiger analytischer Charakteristika von Teams beziehungsweise deren Ausprägungsformen im Vergleich zu Gruppen situativ nicht in Abrede zu stellen ist. Teams werden hier daher als „Spezialisierungsform II" der Kleingruppe betrachtet.

So wird zur Charakterisierung von Teams in Abgrenzung zu Arbeitsgruppen häufig eine höhere Zielidentifikation der einzelnen Mitglieder herausgestellt, sowie die Nicht-Zurechenbarkeit von Einzelleistungen [vgl. u.a. Bair 1989, S. 210; Wiendieck 1992, Sp. 2379ff.; Katzenbach/Smith 1993, S. 112; Antoni 1996, S. 9]. Erfolg oder Mißerfolg in bezug auf die Zielsetzung wird dem Team, das als *„mehr als die Summe seiner Bestandteile"* [vgl. Wilmes 1995, S. 51] betrachtet wird, als ganzes zugerechnet, während in Gruppen Leistungsbeurteilung und Verantwortungszuschreibung primär auf der Individualebene stattfinden [vgl. zu dieser Unterscheidung auch Furst/Blackburn/Rosen 1999, S. 250]. Dementsprechend herrscht in Teams im Vergleich zu Gruppen ein „Mannschaftsgeist", woraus ein überlegenes Leistungspotential resultiert [vgl. Antoni 1992, S. 9]. In der Darstellung 5 werden die analytischen Unterscheidungsmöglichkeiten zwischen Teams und Arbeitsgruppen nach Katzenbach/Smith (1993, S. 113) wiedergegeben:

WORKING GROUP	TEAM
Strong, clearly focused leader	Shared leadership roles
Individual accountability	Individual and mutual accountability
The group's purpose is the same as the broader organization mission	Specific team purpose that the team itself delivers
Individual work-products	Collective work-products
Run efficient meetings	Encourage open-ended discussion and active problem-solving meetings
Measures its effectiveness indirectly by its influence on others (e.g., financial performance of the business)	Measures performance directly by assessing collective work-products
Discusses, decides, and delegates	Discusses, decides, and does real work together

Darstellung 5: Unterscheidungsmerkmale zwischen Arbeitsgruppen und Teams modifiziert nach Katzenbach/Smith (1993, S. 113)

Insgesamt zeigt sich, daß der Teambegriff mit einem der soziologischen beziehungsweise psychologischen Kleingruppenforschung nahestehendem Begriffsverständnis konvergiert und in der Managementlehre zunehmend als Substitut für den Gruppenbegriff steht [vgl. Staehle 1999, S. 265]. Folgende Definition greift die als relevant erachteten Aspekte auf:

> *„A team is a group of individuals who work together to produce products or deliver services for which they are mutually accountable. Team members share goals and are mutually held accountable for meeting them, they are interdependent in their accomplishment, and they affect the results through their interactions with one another. Because the team is held collectively accountable, the work of integrating with one another is included among the responsibilities of each member" [Mohrman/Cohen/Mohrman 1995, S. 39].*

Teams stellen somit eine Spezialisierungsform von Arbeitsgruppen dar, und diese wiederum sind eine Spezialisierungsform von Gruppen im allgemeineren Sinne [vgl. u.a. Guzzo/Shea 1990, S. 272; Petrovic 1993, S. 4f.; Karduck 1994, S. 778; Antoni 1996, S. 9; Gemünden/Gögel 1998, S. 282; Vogt Baatiche 1998, S. 34]: Jedes Team ist eine Gruppe, nicht jede Gruppe aber ein Team [vgl. u.a. Katzenbach/Smith 1993, S. 112; Hertog/Tolner 1996, S. 1709], wobei diese Unterscheidung konzeptioneller Art ist und der Übergang von der Gruppe zum Team in realiter fließend ist [vgl. u.a. Salas et. al. 1992, S. 4; Gemünden/Gögel 1998, S. 282]. In der Literatur werden die Begriffe Gruppe, Arbeitsgruppe und Team ebenso wie in der Praxis wegen der fließenden Unterschiede häufig synonym verwendet, so daß nur in Kenntnis des jeweiligen Kontextes feststellbar ist, ob und gegebenenfalls welche Spezialisierungsform Gegenstand der Betrachtung ist. Im folgenden finden bei der Auseinandersetzung mit verschiedenen Quellen im Interesse einer möglichst originalgetreuen Wiedergabe weitgehend die jeweiligen Originaltermini Verwendung, nur dann wird eine entsprechende begriffliche Unterscheidung vorgenommen wird, wenn dieses als themenrelevant erachtet und explizit hervorgehoben wird, andernfalls wird grundsätzlich von Teams als Betrachtungsgegenstand ausgegangen.

2.1.2.4 Spezialisierung III: Virtuelles Team - Schaffung einer begrifflichen Arbeitsgrundlage

Der bisherigen Vorgehensweise folgend, den Betrachtungsgegenstand ausgehend von der „Gruppe" über die „Arbeitsgruppe" hin zum „Team" durch Erweiterung des Merkmalsapparates sukzessiv zu konkretisieren, stellt ein „virtuelles Team" eine Spezialisierungsform des Teams dar, die das Definitionsmerkmal „ist virtuell" erfüllt, wobei die diesbezüglichen begrifflich-konzeptionellen Grundlagen im vorhergehenden Abschnitt dargestellt und diskutiert werden.
Entsprechend des Schemas von Scholz (1994, S. 5) gilt für virtuelle Teams, daß sie die konstituierenden Eigenschaften des ursprünglichen Bezugsobjekttypen „Team" aufweisen (s.o.), während einerseits hiermit üblicherweise assoziierte - häufig physikalische - Charakteristika wegfallen, und andererseits neuartige, die virtuelle Realisierung ermöglichende Charakteristika hinzukommen, wobei insgesamt auf einen sich aus der Virtualisierung ergebenden Nutzeneffekt gezielt wird. Die Übertragung des Virtualitätskonzeptes auf Teams ist jedoch keineswegs unproblematisch, wie im folgenden verdeutlicht wird, und so kann an dieser Stelle keine abschließende Klärung über Begriffsintension und -extension erfolgen, sondern es wird angesichts der einleitend dargestellten Problemlage anstelle dessen die Grundlage eines - gegebenenfalls auch nur vorläufigen - vagen Begriffsverständnisses geschaffen, das als begriffliche Ausgangsbasis für den weiteren Zugriff auf einen Bezugsrahmen virtueller Teams dient.

Der Gedanke der Spezialisierung unter Beibehaltung charakteristischer Eigenschaften wird exemplarisch von Lipnack/Stamps (1997, S. 6) an zentraler Stelle betont: *„A virtual team, like every team, is a group of people who interact through interdependent tasks guided by common purpose" [eine differenzierende Auseinandersetzung mit verschiedenen weiteren Definitionsvorschlägen wird in Kapitel 3 vorgenommen].*
Als wesentliches differenzierendes Merkmal zwischen virtuellen und nichtvirtuellen Teams wird die Substitution unmittelbarerer Interaktionsbeziehungen durch mittelbare bezeichnet, wodurch eine räumlich-zeitliche Dezentralisierung

ermöglicht wird: „*Unlike conventional teams, a virtual team works across space, time, and organizational boundaries with links strengthened by webs of communication technologies*“ [Lipnack/Stamps 1997, S. 7].
Es entspricht den obigen Darlegungen, der Informations- und Kommunikationsechnik als Voraussetzung für die Existenz virtueller Teams eine hohe, keinesfalls jedoch eine ausschließliche Bedeutung beizumessen, denn letztere entstehen nicht einfach durch räumliches Auseinanderziehen und durch die Einführung von „faszinierend-schillernder EDV-Technologie“, wie Scholz (1994, S. 42) mahnt. Vielmehr liegt hier ein hauptsächliches Spannungsfeld zwischen Team- und Virtualitätskonzept, da einerseits Unmittelbarkeit und somit räumliche Nähe und Kontakte von Angesicht zu Angesicht (im folgenden auch „face-to-face-Kommunikation“) als Voraussetzung für das Entstehen und die Existenz von Teams und auch anderen Gruppenarten betrachtet werden (s.o.), und andererseits genau diese Voraussetzungen bei virtuellen Teams nicht gegeben sind. Virtuelle Teams sind in ihrer Sozialität daher nur schwierig als Teams zu begreifen: „*Virtual teams are counterintuitive*“ [Melymuka 1997, S. 70]. So ist - zunächst unabhängig von mit ihnen assoziierten Zielsetzungen oder möglichen komparativen Vorteilen gegenüber nicht-virtuellen, im folgenden als face-to-face bezeichneten Teams - zu erörtern, ob es sich bei virtuellen Teams tatsächlich um eine Spezialisierungsform der Kleingruppe handelt, die sich dann zumindest partiell dem Zugriff der entsprechenden Forschungsmethoden und -erkenntnissen öffnet, oder ob mit dem Terminus ein inhaltlicher Widerspruch verbunden ist.

Die von Protagonisten virtueller Teams aufgestellte Vermutung, daß durch die Zunahme der Leistungsfähigkeit und des Verbreitungsgrads von Informations- und Kommunikationstechnik sowie insbesondere durch die nutzerseitige Gewöhnung an deren Gebrauch die Notwendigkeit von physischer Präsenz der Partner „bedeutungsvoller Interaktion“ zunehmend obsolet wird [vgl. Townsend/DeMarie/Hendrickson 1996, S. 123] und dementsprechend Interaktion von Angesicht zu Angesicht ältere Teamarbeitsmodelle typisiert - „*The image of face-to-face interactions among people from the same organization typifies our older models of teamwork*“ [Lipnack/Stamps 1997, S. 7] - ist daher im folgenden zu hinterfragen. Es zielt jedoch zu kurz, Unterschiede zwischen virtuellen und nicht-virtuellen Teams ausschließlich in den Kommunikationsbedingungen festzumachen, wie an den Konzepten von Mowshowitz (s.o.) beziehungsweise Scholz (s.o.) deutlich wird, da die Virtualität eines sozialen Phänomens auch Veränderungen der sozialen Realität bedingen, die über Aspekte der Kommunikation hinausgehen. Es ist auch zu berücksichtigen, ob und inwiefern beispielsweise technische oder - was im Zusammenhang einer betriebswirtschaftlich motivierten Fragestellung als genuiner Bestandteil zu erwarten ist - ökonomische Sachverhalte die Realisierungsmöglichkeiten virtueller Teams beeinflussen [vgl. Englberger 2000, S. 144ff.].

Zunächst wird an einem wie oben wiedergegebenen minimalistisch und tautologisch anmutenden Begriffsverständnis der Art *„ein virtuelles Team ist ein Team, das virtuell ist"* festgehalten. Hierin drückt sich trotz der unbestrittenen Begrenztheit eines derartigen Begriffsverständnisses die keineswegs triviale Positionierung aus, virtuelle Teams im folgenden als existent oder zumindest als konzeptionell möglich zu betrachten. Ausgehend von dieser Existenz- oder Possibilitätshypothese gilt es dann, weiteren Spezifika virtueller Teams sowohl hinsichtlich ihrer Eigenschaft als Spezialisierungsform des Teams als auch solche hinsichtlich ihrer Eigenschaft als spezielle Form einer virtuellen Erscheinung nachzugehen.

2.1.2.5 Teamcharakteristika

Unabhängig von der Vielzahl an Definitionen des Team- beziehungsweise Gruppenbegriffs werden einige Charakteristika, mittels derer sie beschrieben werden, mit einer gewissen Übereinstimmung genannt [vgl. bspw. Crott 1979, S. 213ff.; Wölm/Rolf 1991, S. 130; Worchel/Coutant-Sassic/Grossman 1991, S. 182; Gebert/von Rosenstiel 1992, S. 122; Karduck 1994, S. 778; Comelli/von Rosenstiel 1995, S. 145; Dyer 1995, S. 24f.; Hertog/Tolner 1996, S. 1705f.; Gemünden/Högl 1998, S. 281; Staehle 1999, S. 267ff.]. In den nächsten Kapiteln werden die in der Darstellung 6 wiedergegebenen, dementsprechend selektierten Charakteristika weitergehend erläutert, wobei die isolierte Darstellung primär der analytischen Auseinandersetzung dient, da die einzelnen Charakteristika nicht unabhängig voneinander sind, sondern eng miteinander zusammenhängen und in Wechselbeziehung zueinander stehen.

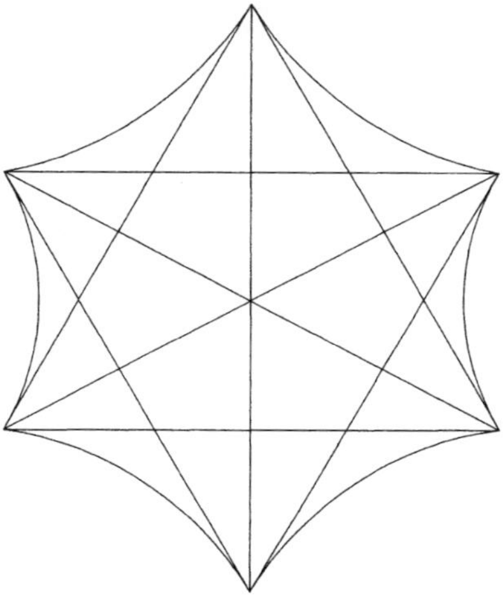

Darstellung 6: Ausgewählte Teamcharakteristika
Eigene Darstellung

Zu (1) Interaktion und Kommunikation

Zwischen allen Mitgliedern eines Teams bestehen per definitionem (s.o.) Interaktionsbeziehungen, die in ihrer Gesamtheit das intragruppale Interaktionssystem darstellen. Kommunikation, verkürzt als „Datenaustausch“ [vgl. Seiwert 1992, Sp. 1126] verstanden, und Interaktion, dementsprechend also „soziales Handeln“ und wechselseitige Einflußnahme [vgl. Wollnik 1992, Sp. 1783], werden hier als bedeutungsgleich angenommen, da Kommunikationsbeziehungen zwischen den Mitgliedern betrachtet werden und nicht etwa Aspekte der Massenkommunikation, bei der die Wechselseitigkeit der Beeinflussung nicht als gegeben angenommen werden kann [vgl. hierzu Hahne 1998, S. 33 unter Bezugnahme auf Wahren 1987, S. 32 und Delhees 1994, S. 12; Seiwert 1992, Sp. 1126; Hill/Fehlbaum/Ulrich 1994, S. 90f.]. Die Bedeutung des Interaktionssystems für die Charakteristika eines Teams verdeutlicht das folgende Zitat:

> *„The central feature, the 'essence' of a group lies in the interaction of its members- the behaving together, in some recognized relation to one another of to or more people who also have same past/or future relation to each other" [McGrath 1984, S. 14].*

Unterstrichen wird diese Aussage durch die Feststellungen, daß sich andere Teamstrukturen im Interaktionssystem weitgehend widerspiegeln [vgl. Comelli/von Rosenstiel 1995, S. 145 und 161ff.] und daß der Tatbestand sozialer Interaktion ein entscheidendes Definitionskriterium für Gruppen im allgemeinen ist [vgl. Gebert/von Rosenstiel 1992, S. 129]. Seiwert (1992, Sp. 1126) betont die grundlegende Bedeutung sowohl für das zwischenmenschliche Miteinander im Betrieb als auch für das wirtschaftliche Handeln. Mit Hinweis auf Kapitel 3 sei an dieser Stelle auch auf Morasch (1999) hingewiesen, der die Bedeutung der Kommunikation und insbesondere der Kommunikationskosten für die Beantwortung ökonomischer Fragestellungen thematisiert und hier Anknüpfungspunkte an den dort behandelten transaktionskostentheoretischen Zugang zur Thematik aufzeigt.

Zu (2) Gemeinsame Normen

Teamspezifische Normen als quasi verbindliche Regelungen des menschlichen Zusammenlebens im Teamkontext beschreiben die wechselseitigen Verhaltenserwartungen der Mitglieder, die von Verhaltenskonformitäten, wie beispielsweise ähnlicher Kleidung oder ähnlicher Wortwahl und Ausdrucksweise, reflektiert werden [vgl. u.a. Gebert/von Rosenstiel 1992, S. 97; Cohen 1994, S. 85; Comelli/von Rosenstiel 1995, S. 157; Wageman 1995, S. 150; Hentze/Kammel/Lindert 1997, S. 463]. Charakteristisch ist, daß sie in Teamsituationen *„unabdingbar"* [Comelli/von Rosenstiel 1995, S. 158] und häufig ohne bewußte Planung entstehen [vgl. Yeatts/Hyten 1994, S. 84]. Normen wirken identitätsstiftend, bieten den Teammitgliedern Orientierungshilfe und dienen über ihre Eigenschaft der Erhöhung der Kalkulierbarkeit des Verhaltens und der Verhaltenserwartungen anderer Mitglieder teamintern der verhaltensbezogenen Komplexitätsreduzierung.

Unterschieden werden methodisch unter anderem formale, extern determinierte und somit quasi „offizielle" Normen von informalen Normen, die von dem Team selbst entwickelt werden; weiterhin lassen sich in Abhängigkeit von der jeweiligen Verbindlichkeit für die Teammitglieder Kann-, Soll- und Muß-Normen unterscheiden, wobei die Vielzahl der Betrachtungsmöglichkeiten immens ist: *„Es gibt so viele Arten unterschiedlicher Gruppennormen wie es Arten von menschlichen Verhaltens gibt"* [Comelli/von Rosenstiel 1995, S. 158].

Zu (3) Rollendifferenzierung

Die Mitglieder von Teams weisen neben Verhaltensähnlichkeiten (s.o.) auch Bereiche von Verhaltensunähnlichkeiten auf: Sie machen nicht alles ähnlich oder gleich. Als Rolle wird in diesem Zusammenhang ein Set von Verhaltensweisen bezeichnet, dessen Einhaltung die Gruppe von einzelnen, nicht jedoch von allen Mitgliedern erwartet [vgl. Comelli/von Rosenstiel 1995, S. 159]. Insofern dienen Rollen ebenso wie Normen der Standardisierung von Verhaltensweisen. Rollen und Mitglieder beziehen sich nicht bijektiv aufeinander, eine Person kann mehrere Rollen ausfüllen, mehrere Personen können identische oder ähnliche Rollen einnehmen [vgl. Neuberger 1995].

In Kleingruppen sind Rollen tendenziell informaler Natur, während in größeren Organisationen formale Konkretisierungen, manifestiert durch Titel, Aufgabenbeschreibungen oder Vertragsbeziehungen, zunehmen und bedingen, daß Verhaltenserwartungen durch die repräsentierte Position determiniert werden [vgl. Lipnack/Stamps 1997, S. 116f.; zum Verhältnis Position- Rolle siehe u.a. auch Olgen/Hollenbeck 1990; Neuberger 1994, S. 83ff.; Hentze/Kammel/Lindert 1997, S. 367]. Titscher (1992, Sp. 1017) betont, daß Teams in ihren Attributionen stark abhängig sind von der jeweiligen konkreten Zugehörigkeit einzelner Personen, die nicht beliebig austauschbar sind. Demzufolge liefert die Rollentheorie zunächst insgesamt keinen sehr hohen Erklärungsbeitrag für die Analyse von (sozialen) Gruppen, wobei Teams im Sinne von Arbeitsgruppen als Mischform aufzufassen sind, deren Analyse sowohl die partielle Fremdbestimmtheit als auch das Vorhandensein aller (ggf. modifizierten) Momente der Teamdynamik zu berücksichtigen hat.

Zu (4) Teambewußtsein und Wir-Gefühl

Die Mitglieder eines Teams erleben sich bewußt als zusammengehörig und bilden ein Wir-Gefühl aus [vgl. Gebert/von Rosenstiel 1992, S. 122]. Dieses manifestiert sich unter anderem darin, daß sie ein gemeinsames Ziel verfolgen, das nicht ein einfaches Aggregat der jeweiligen Individualziele darstellt, sondern bedingt eigenständig ist und sich auf einen angestrebten Zustand des Teams als Einheit bezieht [vgl. Elgass 1996, S. 101]. Das Wir-Gefühl spiegelt sich in dem vielschichtigen Phänomenen der Teamkohäsion wider [vgl. Holling/Lammers 1995, Sp. 132f.], das abstrahiert die durchschnittliche Teamattraktivität darstellt [vgl. u.a. Crott 1979, S. 229f.; Gebert/von Rosenstiel 1992, S. 122ff.].
Ein Wir-Gefühl ist insbesondere bei Arbeitsgruppen wegen der in der Regel zumindest partiell fremdbestimmten Mitgliedschaften nicht ab ovo existent: Stellen neu zusammengestellte Arbeitsgruppen im Sinne einer formalen Gruppe zunächst eine Sammlung von gemeinsam arbeitenden und miteinander interagierenden Individuen dar, so bezieht sich das sich gegebenenfalls herausbildende Wir-Gefühl

auf ein gemeinsames kognitives Schema der Individuen, die sich dementsprechend einem Team zugehörig fühlen [vgl. Worchel/Coutant-Sassic/Grossman 1991, S. 183].

Zu (5) Teamgröße

Eine Charakterisierung von Teams über das Kriterium ihrer Größe ist zunächst naheliegend [vgl. Crott 1975, S. 213]. Guzzo/Shea (1990, S. 273) betrachten die Teamgröße als kritischen Faktor, der unter anderem signifikanten Einfluß auf die intragruppalen Interaktionsbeziehungen hat [vgl. auch Yukl 1994, S. 409]. Der umfassendere allgemeine Gruppenbegriff der Soziologie bezieht sich auch auf relativ großzahlige soziale Aggregate, sofern innerhalb dieser das Kriterium „Interaktion(smöglichkeit)“ erfüllt ist. Teams im Sinne dieser Arbeit sind - kompatibel zu dem expliziten oder impliziten Begriffsverständnis des Großteils der Literatur zur Gruppenarbeit - tendenziell als „Kleingruppe“ zu bezeichnen [vgl. Bartölke 1992, Sp. 2387f.].

Darüber, wie klein eine Kleingruppe sein kann, herrscht Unklarheit. Die eingangs wiedergegebene Definition legt nahe, jede Personenmehrheit und damit auch Dyaden als solche zu verstehen [entsprechend äußern sich u.a. Crott 1979, S. 213; McGrath 1984, S. 6]. Demgegenüber ist einzuwenden, daß komplexere gruppendynamische Strukturen und Prozesse die Gruppenzugehörigkeit von mindestens drei Personen voraussetzen und Dyaden somit nicht als Gruppen zu bezeichnen sind [vgl. Levine/Moreland 1990, S. 586; Gemünden/Högl 1998, S. 281; König 1983 betrachtet die diesbezügliche Diskussion als gänzlich „*unselig*“]. Da bereits die gemeinsame Arbeit von zwei Personen einen gewissen Aufwand an interpersoneller Koordination erfordert, bezieht sich der Gruppenbegriff im folgenden auch auf Dyaden, womit der Argumentation von beispielsweise Schwabe (1995, S. 127) gefolgt wird.

Ein etwaiger Versuch, eine scharfe obere Grenze für die Anzahl der Mitglieder von Gruppen festzulegen, ist augenscheinlich zum Scheitern verurteilt, weil darüber kaum ein Konsens erreicht werden kann [vgl. Crott 1979, S. 213; Bartölke 1982, Sp. 2387f.]. Anschaulich ist eine stichhaltige Argumentation dafür, daß n Personen eine (Klein)gruppe darstellen, $n+1$ Personen jedoch nicht mehr, schwerlich vorstellbar.
Katzenbach/Smith (1993, S. 114) zufolge haben die meisten „echten Teams“ eine Größe von weniger als zehn, nach Levine/Moreland (1990, S. 596) sogar weniger als sieben Mitgliedern, da größere Gruppen dazu tendieren, in „Unterteams“ zu zerfallen und als solche und nicht als Einheit zu agieren, [vgl. auch Elgass 1996, S. 103 oder Guzzu/Shea 1990, S. 273].

Die hier berücksichtigten Beiträge der (Klein)gruppenforschung beziehen sich, um eine Vorstellung über das vorliegende Gruppenverständis zu vermitteln, zumeist auf Gruppen mit zwei bis ca. 15 Personen, wobei die obere Grenze unter Umständen auch deutlich überschritten werden kann [vgl. bspw. Wiswede 1992, Sp. 744; Yukl 1994, S. 183f.; Gemünden/Högl 1998; Yeatts/Hyten 1998, S. 256ff.; Schwabe 1995 nimmt für Gruppen eine Obergrenze *„von ca. 100 Personen“* (S. 127) an, auch wenn sich der Großteil seiner empirischen Untersuchungen auf Gruppen von weniger als 15 Personen bezieht (S. 83) und die Obergrenze somit als sehr großzügig ausgelegt verstanden werden kann].

Zu (6) Existenzdauer

Ein Großteil der Gruppendefinitionen beinhaltet implizit oder, wie die oben wiedergegebene und hier stellvertretend für viele ähnliche Ansätze stehende Definition von Gebert/von Rosenstiel (1992, S. 122f.), explizit ein Existenzdauer-Kriterium [vgl. Antoni 1996, S. 7f.]. Konstituierend für Gruppen ist demzufolge, daß sie „eine gewisse Zeit lang“ miteinander interagieren [vgl. Neidhardt 1980, S. 105; Titscher 1992, Sp. 1016f.]. Der Versuch einer Konkretisierung dieses unscharfen Kriteriums führt zwangsläufig zu einer ähnlich kontroversen Diskussion wie der der Gruppengröße (s.o.). Die Zweckmäßigkeit der Charakterisierung von Gruppen über deren Existenzdauer ist jedoch deshalb gegeben, weil Gruppen mitnichten statische Gebilde sind, sondern sich über die Zeit ihres Bestehens hinweg entwickeln und verändern.

Konzeptionell lassen sich permanente und temporäre Arbeitsgruppen unterscheiden, wobei die Existenzdauer sich auf die Zeitspanne der formalen Institutionalisierung bezieht [vgl. Meyerson/Weick/Kramer 1996, S. 167; Müller/Bierhoff 1998, S. 166ff.]. Die Auflösung temporärer Arbeitsgruppen wird durch den Ablauf vorgegebener Fristen oder durch das Eintreten definierter Ereignisse wie beispielsweise die Erfüllung bestimmter Aufgaben determiniert [vgl. Picot/Dietl/Franck 1997, S. 305; Müller/Bierhoff 1998, S. 166f.]; den Mitgliedern ist der vorübergehende Charakter der Arbeitsgruppe bewußt, wobei die informalen Beziehungsstrukturen darüber hinausgehenden Bestand haben können. Demgegenüber werden für permanente Gruppen keine akut intendierten Auflösungskriterien a priori definiert. Exemplarisch für temporäre Gruppen seien Projektteams, für permanente Gruppen entsprechend Abteilungen angeführt, sofern diese den definitorischen Anforderungskriterien für Gruppen im Sinne des hier intendierten Begriffsverständisses entsprechen [vgl. Worchel/Coutant-Sassic/Grossman 1991, S. 183; Staehle 1999, S. 722ff.].

2.2 Wandel von Organisationsstrukturen I: Virtualisierung

Die eingangs aufgezeigten Veränderungen der Umwelt- und Wettbewerbsbedingungen lassen sich in Manier kontingenztheoretischer Organisationsforschung als Ursache für die derzeit vielfach diagnostizierten Veränderungen von Organisationsstrukturen verstehen, die dazu führen, daß gegenwärtig unter anderem die „virtuelle Organisation" in wissenschaftlichen und praxisorientierten Beiträgen mit einer gewissen Regelmäßigkeit als die ihnen adäquate Organisationsform diskutiert wird [s.o., vgl. ergänzend auch Picot/Reichwald/Wigand 1998, S. 10f.; Johannsen/Haake/Streitz 1998, S. 214].

Diagnostizieren Huber/McDaniel (1986, S. 572ff.) einen historischen Wandel des jeweils vorherrschenden Paradigmas organisationaler Gestaltung vom paternalistisch-politischen Paradigma über das Verantwortungs- beziehungsweise Autoritätsparadigma und das Workflowparadigma hin zum Entscheidungsparadigma, so bezeichnet Mowshowitz (1994, S. 268) aktuell Virtualität als neues Paradigma organisationaler Gestaltung [vgl. auch Müller-Stewens 1997, S. 23 zum Konzept der Virtualität als neues Gestaltungsparadigma sowie Bühner/Tuschke 1999]. Wieder Huber/McDaniel (1986, S. 573) folgend, sind einzelne Gestaltungsparadigmen nicht exklusiv zu verstehen, sondern sie verhalten sich vielmehr – zumindest partiell - synergetisch zueinander. Zur Entwicklung der Paradigmen siehe auch Darstellung 7.

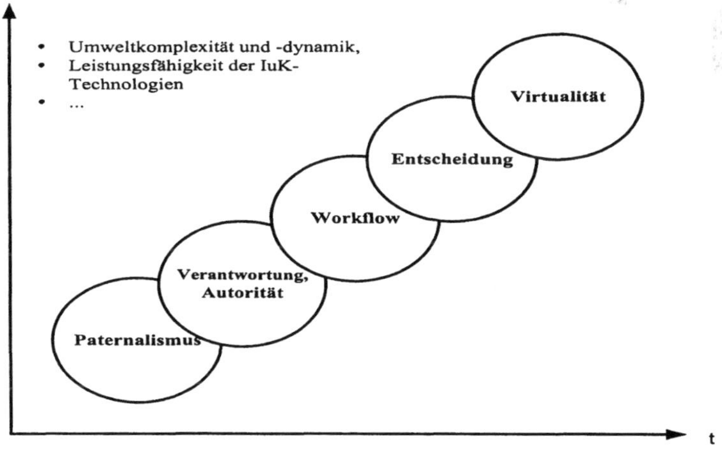

Darstellung 7: Virtualität als neues Paradigma organisationaler Gestaltung
Eigene Darstellung

Entsprechend der Verschiedenartigkeit der mit dem Virtualitätsbegriff verbundenen Konzepte (s.o.) ist die Diskussion virtueller Organisationen weit von einer einheitlichen Grundlage entfernt. Viele Autoren benutzen ihre eigenen Definitionen und entwickeln diese beständig weiter, was dazu führt, daß sich neben inhaltlichen Überschneidungen auch Widersprüche zwischen einzelnen Begriffsapparaten finden lassen [vgl. Cohen 1997, S. 30]. Die definitorische Diskussion um den Terminus „virtuelle Organisation" [vgl. insbesondere die Übersichtsarbeiten von Arnold/Härtling 1995; Schräder 1996, S. 23ff.; Straussak 1998] wird daher zunehmend um Versuche ergänzt, die einzelnen Beiträge in unterschiedliche Denkansätze zu unterteilen beziehungsweise mittels theoretischer oder empirisch festgestellter Charakteristika eine Taxonomiesierbarkeit zu erzielen [vgl. Bultje/van Wijk 1998, S. 7f.; Jägers/Jansen/Steenbakkers 1998, S. 69].
Im folgenden werden zunächst verschiedene Begründungsansätze für die Virtualisierung von Organisationen dargestellt und hierauf aufbauend grundlegende Betrachtungsperspektiven. Im Anschluß an eine Übersicht über virtuellen Organisationen zugeschriebenen Charakteristika werden dann alternative virtuelle Organisationsformen definiert und virtuelle Teams hiervon abgegrenzt

2.2.1 Begründungsansätze für die Virtualisierung von Organisationen

Aus den Ausführungen zu den Konzepten der Virtualität wird deutlich, daß ein wesentlicher Aspekt virtueller Objekte und damit auch virtueller Organisationen in deren erhöhter Flexibilität gegenüber den nicht-virtuellen Pendants gesehen und diese nahezu durchgängig positiv betrachtet wird. Durch sie soll unter anderem den Anforderungen nach schnellerer und besserer Reaktionsfähigkeit auf Kundenwünsche, nach größerer Innovationsfähigkeit und nach „Effizienzerhöhung per se" entsprochen werden [vgl. Picot/Reichwald 1994, S. 549; Gora 1996, S. 22; Gora/Meinders 1996, S. 39; Savage 1996, S. 130ff., der „Agilität" quasi als gesteigerte Flexibilitätsform benutzt; Picot/Reichwald/Wigand 1998, S. 404]. Letztlich wird erhöhte Flexibilität häufig de facto gleichbedeutend für erhöhte Anpassung an steigende Komplexitäts- und Kompliziertheitsbedingungen betrachtet, deren potentiell nachteilige Begleitumstände wie beispielsweise mögliche Kontrollverluste überkompensiert werden [vgl. Müller-Stewens 1997, S. 28]. In hoher konzeptionell verankerter Flexibilität wird also eine zentrale Begründung für die Vorteilhaftigkeit virtueller Organisationen bei hoher Komplexität, Kompliziertheit und Dynamik der Situation gesehen [vgl. Klein 1994, S. 309; Mowshowitz 1994b, S. 268; Olbrich 1994, S. 30; Picot/Reichwald 1994, S. 549; Arnold/Härtling 1995, S. 3; Drumm 1998, S. 196; Chesbrough/Teece 1996, S. 65; Fischer 1997, S. 16; Müller-Stewens 1997, S. 23ff.; Bultje/van Wijk 1998, S. 17; Fritz/Manheim 1998, S. 123; Scholz 1998, S. 5ff.; Wagner 1999, S. 12].

Als weitere Ziele der Virtualisierung von Organisationen nennt Wagner (1999, S. 11ff.) „Economies of scope", „Economies of speed" und „Economies of scale":

(1) Bei der Nutzung von Verbundeffekten, den „Economies of scope", werden aus der gemeinsamen Nutzung von Ressourcen Vorteile erzielt, auf die beispielsweise bei der interorganisationalen Wissensteilung abgezielt wird.
(2) Vorteile aus Zeitbeschleunigung, „Economies of speed", verstärken die anderen Effekte. Sie werden beispielsweise durch die Optimierung von Wertschöpfungsprozessen oder durch geeignete Ressourcenkombinationen erstrebt.
(3) An letzter Stelle wird die Realisierung von Vorteilen, die aus Größeneffekten resultieren, den „Economies of scale", im Zusammenhang mit der Zielsetzung der Virtualisierung genannt.

2.2.2 Betrachtungsperspektiven virtueller Organisation

Analog zu dem allgemeinen Organisationsbegriff findet auch der Begriff der virtuellen Organisation im institutionellen oder im instrumentellen Sinne Verwendung [vgl. zur Unterscheidung des institutionellen vom instrumentellen Organisationsbegriff u.a. Grochla 1982, S. 1; Macharzina, 1993, S. 364; Hill/Fehlbaum/Ulrich 1994; Walter-Busch 1996, S. 1; Picot/Dietl/Franck 1997, S. 28ff.; Schreyögg 1998, S. 4ff.]. Mit der instrumentellen Perspektive werden zumeist unternehmensinterne Aspekte assoziiert, während aus institutioneller Perspektive virtuelle Organisationen häufig implizit oder explizit „virtuellen Unternehmungen" gleichgesetzt werden [vgl. Klein 1994, S. 309], wobei die Betrachtung virtueller Unternehmungen die Diskussion dominiert [vgl. Olbrich 1994, S. 28; Scholz 1994, S. 14]. Da sich jedoch zum einen sowohl Unternehmungen als auch Teams unter Bezugnahme auf die institutionelle Begriffsauffassung jeweils als spezieller Organisationstyp interpretieren lassen und damit eine Plattform vorsichtiger integrativer Betrachtung gegeben ist, und da zum anderen einige konzeptionelle Überlegungen wechselseitig relevant erscheinen, wird im folgenden einerseits auch auf Beiträge zurückgegriffen, die vorwiegend virtuelle Unternehmungen betrachten, andererseits wird gerade an einer differenzierten Betrachtung auch die Notwenigkeit einer spezifischen Auseinandersetzung mit virtuellen Teams verdeutlicht.

2.2.2.1 Interorganisationale Virtualisierung - Fokus „virtuelle Unternehmungen"

Die interorganisationale Betrachtung virtueller Organisationen fokussiert zumeist virtuelle Unternehmungen als spezielle institutionelle Ausprägungsform. Eine

Mehrzahl von Organisationen bildet hier gemeinsam eine „virtuelle Organisation". Die sich zusammenschließenden Organisationen werden als wirtschaftlich und rechtlich unabhängige Unternehmungen charakterisiert und das entstehende Konstrukt als „virtuelle Unternehmung" bezeichnet:

> *„A virtual corporation is a temporary network of independent companies - suppliers, customers, and even rivals - linked by information technology to share skills, costs, and access to one another's markets" [Byrne 1993, S. 99].*

Die Analyse virtueller Unternehmungen zielt primär auf Erkenntnisse über die Kooperationsprozesse und -bedingungen zwischen den Organisationsmitgliedern, nicht jedoch über deren individuelle Aufgabenbearbeitung ab [vgl. Bultje/van Wijk 1998, S. 7f.]. In diesem Sinne sind virtuelle Unternehmungen als Koordinationsform zu verstehen, die das Alternativenset „Markt" versus „Hierarchie" ergänzen oder eine Kombination aus diesen bilden [vgl. Scholz 1998, S. 6; Wassenaar 1999, S. 10]. Virtuelle Unternehmungen als Wirtschaftseinheiten unterliegen in hohem Grade dem Einfluß der sie umgebenden Wirtschafts-, Rechts- und Sozialsysteme, deren Gesamtkomplexität beispielsweise durch internationale Kooperationen gesteigert wird. Idealtypisch agieren sie autonom auf Märkten und werden durch ihre Eigentümer beziehungsweise indirekt durch Managementinstanzen gelenkt. Die Charakterisierung virtueller Unternehmungen als Netzwerke [vgl. hierzu auch Schräder 1996, S. 35f.] verweist darauf, daß sowohl ökonomische als auch soziale Beziehungen zwischen den beteiligten Akteuren zu berücksichtigen sind [vgl. Sydow 1992, S. 78ff.]. Die Netzwerk-Perspektive eröffnet den Zugriff auf ein wichtiges Forschungskonzept, und die Auseinandersetzung mit virtuellen Organisationen kann gegebenenfalls von den bereits existierenden Forschungsarbeiten profitieren [vgl. Picot/Reichwald/Wigand 1998, S. 261ff.; Larsen 1999, S. 18ff.].

Aus interorganisationaler Perspektive werden virtuelle Organisationen zusammenfassend zumeist marktnah konzeptionalisiert, und es werden vorwiegend Beziehungen zwischen komplexen sozialen Systemen, beispielsweise eigenständige Unternehmungen beliebiger Größe, fokussiert.

2.2.2.2 Intraorganisationale Virtualisierung - Fokus „Teamorientierung"

Aus intraorganisationaler Perspektive zielt „Virtualisierung" darauf ab, der Inadäquatheit klassischer betrieblicher Organisationsformen hinsichtlich ihrer Adaptivität an neue, sich häufig und schnell ändernde Problemsituationen zu begegnen. Letztere lassen sich vereinfacht zunächst durch die Prinzipien der dauerhaften

Stellen- und Abteilungsbildung bei stabiler Abgrenzung der Aufgabenbereiche sowie der Festlegung hierarchischer Beziehungen und einer starken Betonung von Ein-Personen-Stellen charakterisieren [vgl. u.a. Scholz 1994, S. 24f.; Krystek/Redel/Reppegather 1997, S. 39ff.]. Existieren seit längerem Ansätze, mit denen neben anderen Aspekten auch eine bessere Beherrschbarkeit von dynamischen und komplexen Problemsituationen assoziiert wird [vgl. hierzu auch das nachfolgende Kapitel über die ökonomische Begründung teamorientierter Organisationsformen], so werden auch diese zumeist von der Grundannahme geprägt, daß die Herstellung physischer Nähe von individuellen Aufgabenträgern notwendig ist, um die Vorteile vielschichtiger bedeutungsvoller Interaktionen zwischen diesen nutzen zu können [vgl. Stegbauer 1995, S. 535; Alexander 1997, S. 122; Lipnack/Stamps 1997, S. 1; Ott/Nastansky 1997, S. 21]. Die Abkehr von den klassischen Strukturkonzepten überwindet die hieraus resultierenden Limitationen: Intraorganisationale Virtualisierung bezieht sich auf die Übertragung des Virtualitätskonzepts, hier insbesondere die Substitution physischer Nähe durch technisch vermittelte Verbundenheit (s.o.), auf die organisationsinternen Strukturen [vgl. Olbrich 1994, S. 33]. Im Zusammenhang mit der Diskussion intraorganisationaler Virtualisierung dominiert die Auffassung, daß diese unter anderem mit zunehmender Teamorientierung einhergeht [vgl. Olbrich 1994, S. 33f.; Appel/Behr 1996, S. 10ff.; Krystek/Redel/Reppegather 1997, S. 46ff.].

In diesen Kontext ist auch die intensive Auseinandersetzungen mit virtuellen Abteilungen von Scholz (1994, 1997, 1999, 2000b) zu setzen, da hier virtuelle Gruppen beziehungsweise Teams explizit mit einbezogen werden: *„Ob nun Gruppe, Abteilung, Hauptabteilung oder Bereich: Nachfolgend soll die Bezeichnung „Abteilung" einheitlich verwendet werden für die Zusammenfassung von Stellen zu einer organisatorischen Einheit"* [Scholz 1994, S. 30]. Die Problematik dieser bedingt indifferent erscheinenden Begriffsverwendung und die damit verbundene potentielle Trivialisierung des Gruppenbegriffs (s.o.) hier außer acht lassend wird auch in dieser Konzeption verdeutlicht, daß intraorganisationale Virtualisierung mit zunehmender Teamorientierung assoziiert wird und demzufolge informellen Beziehungen große Bedeutung eingeräumt wird [vgl. insbes. Scholz 1994, S. 31f.].

Aus intraorganisationaler Perspektive wird Virtualisierung zusammenfassend stark auf Aspekte, die der Teamebene zuzurechnen sind, bezogen. Intraorganisationale Virtualität wird als dependent von intraorganisationaler Teamorientierung beschrieben, entsprechend wird - implizit oder explizit - die Relevanz personaler Beziehungen besonders auch informeller Art betont.

2.2.2.3 Die Begrenztheit der Perspektive intra- versus interorganisationaler Virtualisierung und Konsequenzen für das weitere Vorgehen

Die Auflösung von bisher als relativ statisch anzusehenden Grenzen, insbesondere Unternehmensgrenzen aus interorganisationaler und Abteilungs- beziehungsweise Hierarchiegrenzen aus intraorganisationaler Betrachtungsperspektive, ist zentrales Strukturmerkmal virtueller Organisationen. Treffen entsprechende inter- und intraorganisationale Elemente zusammen, so entsteht „*das vollständige Modell einer virtuellen Organisation*" [Krystek/Redel/Reppegather 1997, S. 401]. Die dann konsequenter Weise anzunehmende „Grenzenlosigkeit" [vgl. Picot/Reichwald/Wigand 1998, deren im deutschsprachigen Raum vielbeachtete Publikation den programmatischen Titel „*Die grenzenlose Unternehmung*" trägt] läßt die Unterscheidung einer inter- von einer intraorganisationalen Perspektive jedoch zunehmend ungeeignet erscheinen, da diese Sichtweise per se die Existenz einer Grenze voraussetzt.
Ein Teil dieser Paradoxien, mit denen man bei der Auseinandersetzung mit virtuellen Organisationen und der diesbezüglichen Literatur konfrontiert wird [vgl. Krystek/Redel/Reppegather 1997, S. 401ff.], lassen sich darauf zurückführen, daß einerseits häufig der Ansatz einer analytischen horizontalen Organisationsdifferenzierung vorliegt, andererseits vielfältige Aspekte mit einbezogen werden, die eine vertikale Differenzierung nahelegen. So unterscheiden Appel/Behr (1996, S. 10ff.) beispielsweise zwischen virtuellen Organisationen erster und zweiter Stufe, wobei erstere aus intraorganisationaler Perspektive und zweitere aus interorganisationaler Perspektive als virtuell bezeichnet werden (siehe Darstellung 8). Virtuelle Organisationen erster Stufe zeichnen sich dieser Unterscheidung zufolge durch ihre Teamorientierung aus, während bei der Betrachtung virtueller Organisationen zweiter Stufe die Unternehmensebene fokussiert wird, womit dem obigen Unterscheidungsansatz entsprochen wird. Jedoch wird auch aus interorganisationaler Perspektive heraus der Einsatz von inter(!)organisationalen Teams als konstituierendes Merkmal bezeichnet [id., S. 11].

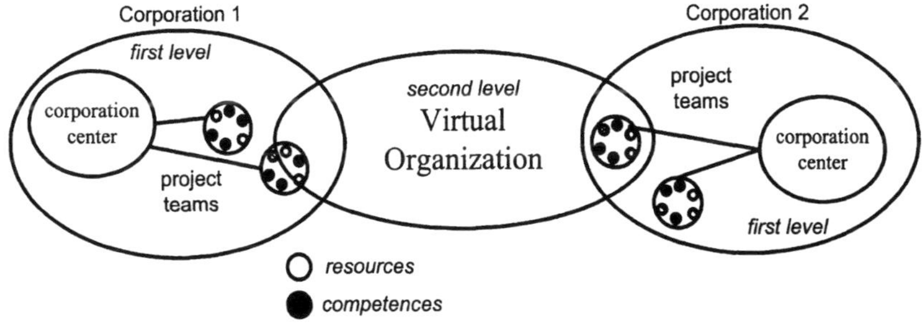

Darstellung 8: Beziehung zwischen virtuellen Organisationen erster und zweiter Stufe modifiziert nach Appel/Behr (1996, S. 12)

Ähnlich beschreiben Arnold et al. (1995, S. 10ff.) die Entwicklungsstufen zum virtuellen Unternehmen entlang von Wertschöpfungs- oder Prozeßketten mittels einer 5-stufigen Entwicklung vom klassisch organisierten, integrierten Unternehmen über Phasen der intraorganisationalen Virtualität hin zu einem interorganisationalen virtuellen Netzwerkunternehmen, wobei eine Betonung auf dem organisationsübergreifenden Integrationsbedarf liegt und somit wiederum Teams als Integratoren in die Betrachtung mit einbezogen werden [id., S. 13].

Virtuelle Unternehmungen zeichnen sich unter anderem dadurch aus, daß die Schnittstellen zwischen den beteiligten Partnerunternehmungen häufig durch interorganisationale Teams besetzt sind, die maßgeblichen Einfluß auf die tatsächlichen Koordinationsprozesse haben und deren Struktursimilarität zu intraorganisationalen Teams evident ist [vgl. auch Scholz 1994, S. 32 zur Analogie von Unternehmensebene und Team- beziehungsweise Abteilungsebene hinsichtlich virtueller Organisationsformen]. Eine rein marktliche Koordination widerspricht der grundlegenden Idee virtueller Unternehmungen, die interorganisationalen Teams selbst sind die Koordinationsinstanz [vgl. Krystek/Redel/Reppegather 1997, S. 257f.]. Betrachtet man diese, so dominieren Aspekte der Mikroebene, die zuvor der intraorganisationalen Perspektive zugeschrieben worden sind.

Inter- und intraorganisationale Virtualisierung stehen also in einem interdependenten Verhältnis zueinander und lassen sich nicht dichotom betrachten [vgl. Appel/Behr 1996, S. 11]. Die Ansätze einer zumeist impliziten Mikro-Makro-Integration können nur ansatzweise als Grundlage fruchtbarer Auseinandersetzung dienen, für eine Analyse von Detailaspekten erscheint eine Vorentscheidung über den Analyseschwerpunkt unabdingbar. Unbeschadet der Tatsache, daß auch Einzelpersonen selbständige Mitglieder virtueller Unternehmungen sein können [vgl. Arnold et al. 1995, S. 5] oder die Koordination von Teilaufgaben in virtuellen Teams unter weitgehender Vernachlässigung personaler Beziehungen marktnah geschehen kann, lassen sich die bestehenden Unterschiede einer auf Unternehmensebene angesiedelten Analyse von einer Teamaspekte betonenden Analyse nicht auf zufriedenstellende Weise in einen singulären theoretischen Rahmen integrieren, woraus die Notwendigkeit einer Vorentscheidung über die Betrachtungsperspektive resultiert [vgl. auch Sydow et al. 1995, S. 63ff., insbes. S. 66 und die dortige Unterscheidung einer von bestimmten Personen relativ unabhängigen „Geschäftsebene" von einer „personalen Ebene" zur Analyse von Netzwerkunternehmungen sowie Kristof et al. 1995, S. 246]. Dementsprechend wird hier einer vertikalen Differenzierung von virtuellen Organisationsformen der Vorzug gegeben, die Teamebene in den Fokus gestellt und die Markt- und Umweltsituation primär als Makrokontingenz des Teams [vgl. Hentze/Kammel/Lindert 1997, S. 501] betrachtet.

2.2.3 Charakteristika virtueller Organisationen

Die Charakteristika, mit denen virtuelle Organisationen beziehungsweise virtuelle Teams beschrieben werden, sind zunächst in weiten Teilen unabhängig davon, ob die Teamebene oder die Unternehmungsebene fokussiert wird, zu betrachten, was darin begründet gesehen werden kann, daß Virtualität abstrakt konzeptionalisiert wird (s.o.). So läßt sich mittels der von Scholz (1999, S. 235ff.) unterschiedenen Dimensionen der *„Zergliederung in Kernkompetenzen"*, der *„weichen Integration"* und der *„virtuellen Realisation"* der Grad organisationaler Virtualisierung sowohl auf Team- als auch auf Unternehmensebene beschreiben.
Charakterisierungen von Organisationsformen dienen unter anderem dazu, diese von anderen entweder abzugrenzen oder aber auf Gemeinsamkeiten zu anderen bekannten Organisationsformen hinzuweisen, um so gegebenenfalls Zugriff auf den Fundus von bereits vorhandenen Erkenntnissen zu ermöglichen [vgl. Olbrich 1994, S. 29; Appel/Behr 1996, S. 10; Picot/Reichwald/Wigand 1998, S. 404]. Entsprechend lassen sich auch die Beiträge, die sich mit virtuellen Organisationen auseinandersetzen, dahingehend unterscheiden, ob sie darauf abzielen, diese als eigenständige Organisationsform zu identifizieren, oder ob sie „Virtualität" als besondere Eigenschaft von Organisationen verstehen, die zunächst unabhängig von der Organisationsform ist [vgl. Sieber 1998, S. 29]. In bezug auf Überlegungen zur Eigenständigkeit des Konzeptes der Virtualität auf Kapitel 2.1.1 verweisend, dient die Darstellung von Charakterisierungen virtueller Organisationen hier primär dazu, Aspekte zu identifizieren, die im Hinblick auf die Auseinandersetzung mit virtuellen Teams relevant erscheinen und anhand derer Ähnlichkeiten und Unterschiede virtueller Organisationsformen auf Team- beziehungsweise Unternehmensebene zu erkennen sind.

Bultje/van Wijk (1998) geben einen umfangreichen, auf Literaturrecherche beruhenden, Überblick über Charakteristika, die virtuellen Organisationen zugeschrieben werden. Die 27 dort unterschiedenen Charakteristika werden in Darstellung 9 wiedergegeben, wobei die in den zugrundeliegenden Quellen als Schlüsselfaktoren (S) bezeichneten Charakteristika in den Zellen 1 – 6 stehen und die sich gegenseitig ausschließenden dadurch gekennzeichnet sind, daß sie sich innerhalb eines Tabellenfeldes befinden, jedoch separat numeriert werden:

Virtuelle Organisationen...

1. (S) bauen auf den Kernkompetenzen der Mitglieder auf.	14. teilen den Besitzstand.
2. (S) bilden ein Netzwerk unabhängiger Organisationen.	15. teilen die Führerschaft.
3. (S) haben eine gemeinsame Identität.	16. teilen sich die Loyalität der Mitarbeiter.
4. (S) basieren auf IuK-Technologie.	17. sind ein dynamisches Netzwerk.
5. (S) weisen keine Hierarchien auf.	18. sind in ihrer Existenz abhängig von Innovationen.
6. (S) unterscheiden zwischen strategischen und operativen Ebenen.	19. sind geographisch verteilt.
7. bilden sich aus „kleinen Partnern" oder 8. sind Teile größerer Organisationen.	20. haben keine Organisationscharts oder Meta-Organisation.
9. haben vage und fließenden Grenzen.	21. sind kundenorientiert und operieren „mass-customized".
10. weisen semi-stabile Beziehungen auf.	22. existieren temporär oder 23. permanent.
11. sind in ihrer Existenz abhängig von speziellen (Markt-)Gelegenheiten.	24. bestehen aus gleichberechtigten Partnern oder 25. haben „Kernpartner".
12. teilen die Risiken.	26. determinieren das Aufgabenfeld der Partner partiell oder 27. vollständig.
13. basieren auf Vertrauen.	(*) grau hinterlegt = Schlüsselfaktoren

Darstellung 9: Charakteristika virtueller Organisationen in Anlehnung an Bultje/van Wijk (1998, S. 9ff.)

Die dieser Übersicht zugrundeliegende Untersuchung fokussiert primär interorganisationale Beziehungen und ist vorwiegend als Betrachtung auf Unternehmensebene zu verstehen [vgl. Bultje/van Wijk 1998, S. 8]. Es lassen sich einige Charakteristika identifizieren, die mit einer Betrachtung der personalen Ebene nicht unmittelbar vereinbar sind, letztlich dominieren jedoch Strukturanalogien. Exemplarisch ist das Charakteristikum (7) mit der personalen Betrachtungsebene unvereinbar, wenn sich der Partnerbegriff nicht ausschließlich auf Individuen bezieht, während der Alternativvorschlag (8) zutrifft. Weiterhin entspricht das Charakteristikum (2) der von Bultje/van Wijk (1998) gewählten Betrachtungsebene Unternehmung und ist hinsichtlich der personalen Ebene zu modifizieren: Virtuelle Teams sind hier als „Netzwerke unabhängiger Personen" zu charakterisieren und der Aspekt der Unabhängigkeit ist dann entsprechend der diesbezüglichen Diskussion in der Kleingruppenforschung zu betrachten. Als weiteres Beispiel werden die auf Unternehmensebene betrachteten „Marktgelegenheiten" (11) auf Teamebene durch den Begriff der „Aufgaben" substituiert. „Vertrauen" (13) wiederum ist als Charakteristikum primär der personalen Ebene zuzurechnen, im Zusammenhang mit der Diskussion virtueller Organisationen wird es jedoch zunehmend auf die Unternehmensebene „übertragen".

Die Charakteristika, mittels derer virtuelle Organisationen beschrieben werden, ähneln denen von Teams in weiten Teilen (s.o.), doch es erscheint zuweilen unklar, ob sie auf die Eigenschaft der Virtualität zurückzuführen sind oder ob sie in ihrer Gesamtheit das Zusammenwirken der hier unterschiedenen organisationalen Entwicklungslinien „Virtualisierung" und „Teamorientierung" widerspiegeln. Unter Verweis auf die Konzeption von Mowshowitz (s.o.) erscheint es beispielsweise uneinsichtig, weshalb Virtualisierung den Wegfall hierarchischer Beziehungen bedingen soll, da zum einen die unmittelbare Ableitung dieser Aussage aus dieser und anderen vorgestellten Konzeptionen nicht überzeugend gelingt und zum anderen Hierarchieverzicht oder -abbau auch unter völliger Vernachlässigung des Virtualitätskonzepts im Zusammenhang mit dem gesellschaftlichen Wertewandel und veränderten Führungskonzepten diskutiert wird (vgl. Kapitel 1).

Eine weitergehende detaillierte Auseinandersetzung mit dem oben dargestellten extensiven Katalog erfolgt hier aus operationalen Überlegungen heraus nicht, vielmehr werden ausgewählte Charakteristika im weiteren Verlauf der Untersuchung erneut aufgegriffen, wobei insbesondere die Wechselbeziehungen zwischen den aus den definitorischen Eigenschaften der Virtualität resultierenden Charakteristika, also insbesondere elektronische Kommunikation, geographische Verteiltheit, häufige Konfigurations- und Partnerwechsel sowie wechselseitig sich ergänzende Kompetenzen neben anderen, im Hinblick auf das Untersuchungsziel der Arbeit relevanten Merkmalen virtueller Organisationen und speziell virtueller Teams analysiert werden [vgl. zu den Schlüsselcharakteristika auch die Ergebnisse der weiteren Untersuchungen von Bultje/van Wijk 1998, S. 15 sowie Appel/Behr 1996, S. 8; Jägers/Jansen/Steenbakkers 1998, S. 69; Straussak 1998].

2.2.4 Alternative virtuelle Organisationsformen

Da Virtualisierung als universelles Spezialisierungskonzept betrachtet wird, lassen sich verschiedene Formen virtueller Erscheinungen und speziell virtueller Organisationsformen unterscheiden. Neben den bisher eingeführten virtuellen Teams und virtuellen Unternehmen werden in der einschlägigen Literatur unter anderem folgende Unterscheidungen getroffen:
Skyrme (1998, S. 26f.) differenziert zwischen virtuellen Produkten beziehungsweise Diensten, virtuellen Arbeitsplätzen (Telework), virtuellen Büros, virtuellen

Teams, virtuellen Organisationen im Sinne von virtuellen Unternehmungen, virtuellen Gemeinschaften sowie speziellen Formen virtueller Organisiertheit wie beispielsweise virtuellen Konferenzen. Scholz (2000, S: 343ff.) unterscheidet im wesentlichen virtuelle Büros, virtuelle Einzelunternehmen, virtuelle Abteilungen und virtuelle Verbundunternehmen. Kocian (1999, S. 62ff.) unterscheidet virtuelle Organisationsformen in virtuelle Arbeitsplätze, virtuelle Teams, virtuelle Unternehmen, virtuelle Märkte, virtuelle Gemeinschaften und sogar virtuelle Staaten. In der Definitionsdatenbank der wissenschaftlichen Plattform des „Virtual Organization Network" werden acht virtuelle Organisationsformen unterschieden: Virtual company, Virtual corporation, Virtual Enterprise, Industrial virtual Enterprise, Virtual Factory, Virtual Organization, Virtual Team, Virtual Office [http://www.virtual-organization.net (13.09.2000)], und Igbaria/Shayo/Olfman (1999) unterscheiden nach dem Grad der Individualität beziehungsweise Gesellschaftlichkeit: Telework, virtuelle Teams, virtuelle Unternehmen, virtuelle Gemeinschaften und virtuelle Gesellschaften. Brill/de Vries (1998) betrachten allgemeiner die „virtuelle Wirtschaft" und unterscheiden hier die Bereiche virtuelle Unternehmen, virtuelle Produkte, virtuelles Geld und virtuelle Kommunikation. Insbesondere

(1) Telearbeit beziehungsweise virtuelle Arbeitsplätze,
(2) virtuelle Gemeinschaften oder auch
(3) virtuelle Märkte

und die bereits eingeführten virtuellen Unternehmen (s.o.) werden in der Diskussion virtueller Organisationsformen häufig neben virtuellen Teams erwähnt, weshalb deren nachfolgende Darstellung erfolgt, um Abgrenzungen zu virtuellen Teams zu ermöglichen:

Zu (1) Telearbeit und virtuelle Arbeitsplätze

Unter Telearbeit wird die räumliche Dezentralisierung von Einzelarbeitsplätzen oder aber auch von Arbeitsplatzgruppen verstanden, wobei der gruppale Kontext in der Diskussion zumeist unberücksichtigt bleibt [vgl. Reichwald et al. 1998, S. 69]: *"Unter Telearbeit ist die Arbeit zu verstehen, die Mitarbeiter außerhalb der Firmenräume, in der Wohnung, in Nachbarschafts- oder Satellitenbüros, unter Nutzung von öffentlichen Kommunikationsmitteln und entsprechenden technischen Geräten zur Erledigung ihres Arbeitsvertrages verrichten"*. Wird nicht der Wegfall des räumlichen Bezuges zum Arbeitsplatz in der Betriebsstätte, sondern der des räumlichen Bezuges zu den Teamkollegen hervorgehoben, so wird deutlich, daß Telearbeit einen Aspekt virtueller Teams darstellt: Mitglieder virtueller Teams sind Telearbeiter in dem Sinne, daß sie ihre Arbeit räumlich getrennt voneinander ausführen und dabei verschiedene Formen von Kommunikationsmitteln nutzen, umgekehrt bedingt Telearbeit jedoch nicht Mitgliedschaft in einem virtuellen Team. Analog zum Telearbeitsplatz findet der Begriff des virtuellen Arbeitsplatzes Verwendung; eine Nuancierung besteht jedoch nach Kocian (1999, S. 63) dahingehend, daß hier der Bedeutung des Einsatzes von Informations- und Kommunikationstechnik eine größere Bedeutung zugesprochen wird als bei der Betrachtung von Telearbeitsplätzen.

Virtuelle Arbeitsplätze können in Analogie zur Telearbeit nach räumlichen Aspekten des jeweiligen Arbeitsortes unterschieden werden, wobei in der Praxis zumeist Mischformen vorliegen. In Anlehnung an die Unterscheidung von Krystek/Redel/Repegather (1997, S. 115ff.)

- befindet sich bei Tele-Heimarbeit der individuelle Arbeitsplatz in der Wohnung des Mitarbeiters,
- bezeichnet alternierende Telearbeit eine Arbeitsform, bei der der Mitarbeiter abwechselnd an verschiedenen Arbeitsorten, beispielsweise in der Wohnung und im Betrieb, tätig ist,
- bezeichnet mobile Telearbeit das ortsunabhängige Arbeiten an einem mobilen Arbeitsplatz, und
- unter dem Begriff der Telecenter-Arbeit werden Arbeitsformen subsumiert, bei der Arbeitnehmer in Satelliten- oder Nachbarschaftsbüros zu ähnlichen Bedingungen wie in Zentralbüros beispielsweise in der Nähe ihres Wohnortes arbeiten

[vgl. zu den verschiedenen Unterscheidungsformen der Telearbeit u.a. auch Reichwald et al. 1998, S. 81f.; Erben/Däfler 1998, S. 191ff.].

Zu (2) Virtuelle Gemeinschaften

Der Begriff der virtuellen Gemeinschaft wird in der Literatur zu neuen Medien und insbesondere zur Kommunikation in Computernetzwerken wie dem Internet regelmäßig neben dem der virtuellen Gruppe benutzt, und mit Thiedeke (2000, S. 24) sei gemutmaßt, daß eine häufig auch synonyme Begriffsverwendung den Verdacht nahelegt, daß derzeitig keine ausgearbeiteten Begrifflichkeiten für die jeweiligen Phänomene existieren [vgl. auch Brill 2000, S. 94ff.; Schoberth/Schrott 2001, 517ff.]. Diese Problematik ist in bezug auf den Gruppenbegriff bereits oben aufgegriffen und durch die Spezialisierung über die Klein- und die Arbeitsgruppe beziehungsweise das Team hin zum virtuellen Team zielbezogen gelöst worden, so daß eine Abgrenzung des hiesigen Untersuchungsgegenstandes anhand weniger Merkmale erfolgen kann. Eine im Kontext der Unterscheidung von Teams und Gemeinschaften erarbeitete exemplarische Definition für Gemeinschaft lautet:

„Within a organizational context, we define a community as: A long-lasting group, composed of a large number of people with common recognized objectives that satisfy some of their individual needs, with low coordination but with many weak ties among members, where no member is critical for the survival of the group or the accomplishment of the common objectives" [Ferrán-Urdaneta 1999, S. 130].

Gemeinschaften und Kleingruppen unterscheiden sich augenfällig hinsichtlich ihrer Mitgliederzahl und - damit eng verwoben - dahingehend, welche Bedeutung einzelne Mitglieder jeweils einnehmen. So sind Gemeinschaften tendenziell großzahliger als Teams, und nicht alle Mitglieder einer Gemeinschaft weisen wechselseitige Bekanntschaftsbeziehungen auf, einzelne Mitglieder können – quasi unbemerkt – ein- und wieder austreten [vgl. u.a. Igbaria/ShayoOlfmann 1999, S. 34; Ferrán-Urdaneta 1999, S128ff.].

Eine virtuelle Gemeinschaft ist ein Zusammenschluß von Menschen mit gemeinsamen Interessen, die untereinander mit gewisser Regelmäßigkeit und Verbindlichkeit auf computervermitteltem Wege Informationen austauschen und Kontakte knüpfen, geprägt wird der Begriff von Rheingold (1993). Virtuelle Gemeinschaften werden insbesondere im Zusammenhang mit der Verbreitung des Internets diskutiert. In der betriebswirtschaftlichen Auseinandersetzung werden sie beispielsweise hinsichtlich marketingbezogener Fragestellungen thematisiert [vgl. u.a. die Beiträge in Fritz 2001] - exemplarisch verweist Kocian (1999, S. 80) auf die „*virtuelle Gemeinschaft des Dr. Oetker Backklubs*" - oder im Zusammenhang der zunehmenden Wissensorientierung unter der Bezeichnung: "*Communities of Practise*" als neuere (sekundäre) Organisationsform diskutiert, deren Mitglieder miteinander informell über eine gemeinsame Expertise verbunden sind und die ihr Wissen und ihre Erfahrungen miteinander austauschen, um für Probleme ihres jeweiligen Spezialgebietes neue Lösungen zu erarbeiten [vgl. Wenger/Snyder 2000, S. 139ff.].

Zu (3) Virtuelle Märkte

Virtuelle Märkte sind mittels informations- und kommunikationstechnischer Hilfe realisierte Märkte, an denen die Phasen der klassischen Markttransaktion beim Aufeinandertreffen von Angebot und Nachfrage - im theoretischen Grenzfall vollständig - elektronisch abgebildet werden, wobei sie sich besonders für standardisierte Transaktionen in wenig veränderlichen und gut zu beschreibenden Situationen eignen [vgl. u.a. Picot/Reichwald/Wigand 1998, S. 316ff.].
Weitgehend synonym findet auch der Begriff des elektronischen Marktes Verwendung [vgl. Schmid 1993, S. 7]. Märkte und Teams stellen hinsichtlich ihrer zugrundeliegenden Koordinationsmechanismen – den Marktmechanismen auf der

einen Seite und die Einbettung in einen hierarchischen Kontext auf der anderen Seite – zwei gegensätzliche Organisationsformen dar, die sich so hinreichend voneinander abgrenzen lassen.

2.3 Wandel von Organisationsstrukturen II: Teamorientierung

Die Auseinandersetzung mit Teamarbeit stellt sicherlich kein Novum dar: Verschiedene Formen der Teamarbeit werden „seit jeher" [vgl. Greenbaum 1988, S. 102], wenn auch mit wechselndem Fokus, betrachtet und Gruppen beziehungsweise Teams als Form industrieller Arbeitsorganisation werden spätestens seit Anfang des 20. Jahrhunderts auch wissenschaftlich thematisiert [vgl. Wölm/Rolf 1991, S. 131]. So sind mit der Schaffung teamorientierter Organisationsformen höchst unterschiedliche Zielsetzungen und Vorstellungswelten verbunden. Als gemeinsame Basis läßt sich häufig jedoch die Annahme ausmachen, daß Teamarbeit als eine Form der menschengerechteren Arbeitsorganisation angesehen wird, die im Gegensatz zum tayloristisch-mechanistischen Entwurf beziehungsweise dessen Interpretation und Umsetzung steht [vgl. Antoni 1996, S. 2ff.]. Aus betriebswirtschaftlicher Perspektive werden teamorientierte Konzepte unter Aspekten wie Wachstums-, Rationalisierungs- oder Flexibilisierungspotentialen betrachtet. Das Teamarbeit ein immer wiederkehrendes Diskussionsthema ist, ist auf die sich wandelnden wirtschaftlichen, technischen oder sozialen Einflußfaktoren zurückzuführen [vgl. Wölm/Rolf 1991, S. 130f.]. In diesem Sinne soll die Analyse virtueller Teams hier bei einer Betrachtung der Entwicklung der Teamarbeit ansetzen.

2.3.1 Begründungensansätze teamorientierter Organisationen

Auch wenn die Begründungsansätze für Teamarbeit wechselnd sind, wie beispielsweise Wölm/Rolf (1991) in einen historischen Überblick über verschiedene Formen von Gruppen- und Teamarbeit zeigen, so lassen sich doch, wie einleitend bereits angedeutet, zumindest zwei analytisch unterscheidbare Argumentationslinien erkennen: Dem Begründungsansatz der Humanisierung der Arbeitswelt durch teamorientierte Organisationsstrukturen, bei dem betriebswirtschaftliche Dimensionen weitgehend ausgeblendet werden, steht der Ansatz der Orientierung an eben diesen gegenüber, bei dem nun wiederum das Soziale entweder ausgeklammert oder instrumentalisiert als Nebeneffekt betrachtet wird. Es lassen sich weitergehende Differenzierungen finden, wie beispielsweise Bartölke (1992, Sp. 2391ff.) den betriebswirtschaftlich-ökonomisch ausgerichteten Begründungsansatz dahingehend erweitert, daß er eine Unterscheidung in produktions- oder in marktökonomische Ansätze vornimmt. Die Einführung von Teamarbeit zur Bewältigung wachsender Aufgabenkomplexität, die die Leistungsfähigkeit von auf Individualleistungen beruhenden Organisationsstrukturen übersteigt, ist dann e-

benso dem betriebswirtschaftlichen orientierten Begründungsansatz zuzurechnen wie die Argumentation, daß mit Teams einem gesteigerten Bedarf an Innovationsfähigkeit erfolgreich begegnet werden kann [vgl. Wiendieck 1992, Sp. 2377f.].
Im folgenden werden mit Teamarbeit assoziierte Zielsetzungen und angenommene Vorteile dargestellt, wobei an der analytischen Unterscheidung von Humanisierungszielen und betriebswirtschaftlichen Zielen festgehalten wird [vgl. hierzu auch Mohrman 1995, S. 6ff.; Jackson 1999, S. 316].

2.3.1.1 Humanisierung als Begründungsansatz

Die „Entdeckung" der Bedeutung menschlicher Beziehungen für Arbeitsbeziehungen wird häufig in engem Zusammenhang mit den bekannten Hawthorne-Experimenten von 1924 bis 1932 und der sich hieran anschließenden Human Relations-Bewegung dargestellt, auch wenn beide vielfältiger Kritik ausgesetzt sind [vgl. Wölm/Rolf 1991, S. 136; Wiswede 1992, Sp. 735ff.; Staehle 1999, S. 33]. Unbeschadet der Kritik ist nicht in Abrede zu stellen, daß die Human Relations-Bewegung wichtige Impulse für spätere Auseinandersetzungen in der Betriebswirtschaftslehre liefert. Eine wesentliche „Erkenntnis" der Hawthorne-Experimente besteht darin, daß Leistung nicht in ausschließlicher Abhängigkeit von „objektiven", formalen Arbeitsbedingungen steht, sondern auch von der „sozialen Realität", also vom zwischenmenschlichen Umgang der Mitarbeiter und Vorgesetzten und verschiedenen (sozialen) Aspekten der Bezugsgruppe beeinflußt wird. Neben technisch-aufgabenbezogenen Kenntnissen sind somit soziale Fähigkeiten der Mitarbeiter und Führungskräfte von wesentlicher Bedeutung für die Leistungsfähigkeit [vgl. Staehle 1999, S. 34]. Erscheint dieses zunächst trivial, so ist besonders vor dem Hintergrund der zum Zeitpunkt der Untersuchungen vorwiegend tayloristisch geprägten Organisationsstrukturen die „Wiederentdeckung des Sozialen im Unternehmen", die diesbezügliche (zumindest temporäre) wissenschaftliche Etablierung und damit letztlich die Ermöglichung von sozialwissenschaftlichen Methoden und Erkenntnissen geöffneten Diskussionen anzuerkennen.

Teams kommt in diesem Kontext eine wesentliche Bedeutung zu: Teamarbeit wird als eine Möglichkeit zur Humanisierung der Arbeitswelt betrachtet [vgl. Fröhlich 1983, S. 534; Bartölke 1992, Sp. 2391ff.]. Exemplarisch sei das in der Human Relations-Tradition verwurzelte „System der überlappenden Gruppen" von Likert (1961) angeführt, das darauf abzielt, durch eine teamorientierte Organisationsgestaltung und entsprechende Organisationsregeln die Förderung von Kommunikationsprozessen und die Identifikation der Mitarbeiter mit ihrem Unternehmen herbeizuführen [vgl. Wölm/Rolf 1991, S. 137]. Von Relevanz ist ebenfalls die Diskussion teilautonomer Arbeitsgruppen insbesondere aus den 70er und 80er Jahren, die ebenfalls auf den Human Relations-Ansatz aufbaut [vgl. Fröhlich

1983, S. 532; Bartölke 1992, Sp. 2386]: Die Grundannahme ist, daß Arbeitszufriedenheit und Produktivität positiv miteinander korreliert sind und durch Schaffung von (in realiter begrenzt) autonomen Handlungs- und Entscheidungsräumen auf Teamebene eine höhere Arbeitszufriedenheit (unter teilweisem Wegfall des Einflusses der nächsthöheren Kontrollebene) zu erreichen ist. Wird hier bereits erkennbar, daß das Streben nach Humanisierung je nach Betrachtungsperspektive entweder als Selbstzweck oder aber instrumentalistisch als Mittel zu Erreichung unternehmerischer Ziele gesehen werden kann, so wird dieser Perspektivenwechsel bei einer ökonomisch orientierten Begründung teamorientierter Organisationsstrukturen konsequent vollzogen.

2.3.1.2 Betriebswirtschaftlich orientierter Begründungsansatz

Ausgehend von der Erfahrung, daß die Leistungsfähigkeit von mechanistischen, auf einem tayloristischen Menschenbild basierenden Organisationen nicht zufriedenstellend innerhalb dieses auf Einzelstellenbildung und feinstufiger Aufgabenzerlegung abzielenden Gestaltungsparadigmas zu steigern ist, wird Teamarbeit bei einer betriebswirtschaftlich orientierten Begründung quasi als Gegenentwurf zu diesem betrachtet, durch deren Umsetzung unternehmerische Zielsetzungen, gegebenenfalls unter instrumentalistischer Einbeziehung von Humansisierungsaspekten, erreicht werden sollen: Teamarbeit wird als „Heilmittel" für die „Krankheiten" der bürokratischen Organisation betrachtet [vgl. Petrovic 1993, S. 30ff.; Hertog/Tollner 1996, S. 1076].

Die verschiedenartigen Ziele, auf die bei der Implementierung von Teamarbeit abgezielt wird, spiegeln wider, welche unterschiedlichen Konzepte und Vorstellungswelten hiermit assoziiert werden. Teamarbeit soll dazu dienen, die Motivation der Mitarbeiter zu erhöhen um so höhere Quantität, höhere Qualität oder kürzere Bearbeitungszeiten zu erlangen, durch eine breitere Informationsbasis sollen Teams effizienten Ausgleich für Individualfehler ermöglichen und schneller zu adäquaten Problemlösungen gelangen als Individuen, durch wechselseitigen Gedankenaustausch sollen kreative Beiträge provoziert werden, durch das Zusammenwirken multipersonalen Expertenwissens soll eine bessere Handhabung komplexer und dynamischer Systeme erreicht werden, oder es soll mittels teamorientierter Organisationsstrukturen flexibler auf geänderte Anforderungen reagiert werden können [vgl. u.a. Horn 1997, S. 53; Bühner/Tuschke 1999, S. 459f.]. Die zunächst vorwiegend in bezug auf den Fertigungsbereich von Industrieunternehmen diskutierten teamorientierten Organisationsformen werden zunehmend auch im Zusammenhang mit Büro- beziehungsweise Verwaltungsarbeit [vgl. Schreyyögg 1998, S. 255] und Führungstätigkeit [vgl. Katzenbach 1997] gesehen. In jüngerer Zeit werden sie auch im Kontext lernender Organisationen oder von Wissensorganisationen betrachtet [vgl. u.a. Wiendieck 1992, Sp. 2377f.; Mohrman/Cohen/ Mohrman, Jr. 1995, S. 5ff.; Hertog/Tolner 1996, S. 1704f.; Hopfenbeck 1997, S. 231ff.; Krystek/Redel/Reppegather 1997, S. 57ff.; Pastowsky 1997, S. 12f.; Schreyögg 1998, S. 217ff.].

2.3.1.3 Konsequenzen für die Analyse virtueller Teams

Der betriebswirtschaftliche Hintergrund dieser Arbeit ist inkompatibel zu einer ausschließlichen Konzentration auf die Begründung teamorientierter Organisationsformen durch Humanisierungsaspekte, letztere werden hier demzufolge nicht als Selbstzweck, sondern primär instrumentalistisch betrachtet: Die Implementierung virtueller Teams wird als eine Maßnahme verstanden, die der Erreichung eines unternehmerischen Zieles dient und die damit eine Alternative der Organisationsgestaltung darstellt, die letztendlich komparativ zu anderen Möglichkeiten betrachtet werden muß. Eine fruchtbare Analyse bedarf jedoch, wie dies die oben aufgezeigte Diskussion in Theorie und Praxis zeigt, auch eine Einbeziehung von sozialwissenschaftlichen Erkenntnissen, die außerhalb eines rein ökonomischen Beobachtungsfeldes liegen. Diese Hervorhebung erscheint angesichts der vielfältigen entsprechenden wissenschaftlichen und praxisorientierten Beiträge und den Vorbemerkungen zu dem sozialwissenschaftlichen Erkenntnissen geöffnetem Grundverständnis der Basiskonzeption dieser Arbeit (s.o.) zunächst trivial, gleichwohl legt das Vorhaben einer integrativen Betrachtung der organisationalen Entwicklungstendenzen „Teamorientierung“ und „Virtualisierung“ diese nahe, wenn der Tatsache Rechnung getragen wird, daß, wie oben gezeigt wird, Konzepte der Virtualisierung stark durch technisch geprägte Sichtweisen beeinflußt werden und soziale Aspekte zuweilen quasi ex post hinzugefügt werden, wie beispielsweise an der Darstellung der Virtualitäts-Konzeption von Mowshowitz und der entsprechenden Kritik (s.o.) zu sehen ist.

2.3.2 Konzeptionen teamorientierter Organisationsformen

Die unterschiedlichen Zielsetzungen, die mit der Einführung teamorientierter Organisationsformen verbunden werden, führen ebenso wie die lange Historie der Beschäftigung mit ihnen dazu, daß eine Vielzahl verschiedener Konzepte von Teams beziehungsweise teamorientierter Organisationsformen existiert. Die Ansätze lassen sich dahingehend unterscheiden, ob sie sich umfassend auf Gesamtorganisationen beziehen und substitutiv zu anderen Organisationsformen betrachtet werden, oder ob sie als Ausprägungen einer Parallelorganisation zu letzteren konzeptioniert sind, die zu diesen ergänzend, partiell auf einzelne Aufgaben hin ausgerichtet sind [vgl. Hentze/Brose 1985, S. 78ff.; Petrovic 1993, S. 38f.]. Relevante Aspekte der jeweiligen Teams werden durch die Ausgestaltung der Organisation, in die sie eingebettet sind, beeinflußt, wie beispielsweise mit Verweis auf die Ausführungen zu dem Ausprägungsmerkmal der Existenzdauer deutlich wird (s.o.). Voneinander unterscheidbare Teamtypen bedingen sich somit unter anderem durch verschiedenartige Organisationsformen. Im folgenden werden (1) Projektteams, (2) Gremien, (3) teilautonome Arbeitsgruppen und (4) Qualitätsgruppen sowie (5) das Teamorganisationsmodell nach Likert dargestellt.

Zu (1) Projektteams

Zur Bearbeitung von Aufgaben, die durch die Einmaligkeit der Bedingungen in ihrer Gesamtheit gekennzeichnet sind und die sich häufig durch hohe Komplexität und Neuartigkeit sowie zeitliche Begrenztheit auszeichnen, werden Projektteams gebildet. Mit Beendigung der Aufgabenbearbeitung werden sie wieder aufgelöst, sie sind temporärer Natur.
Die Zusammensetzung eines Projektteams ist häufig hierarchie-, funktions- und/oder organisationsübergreifend. Die Aufgabenvorgabe erfolgt in der Regel durch eine übergeordnete Instanz, dementsprechend wird einem Projektteam oft eine mit Kompetenz und Verantwortung ausgestattete Projektleitung zugeordnet. Idealtypisch wird unterschieden, ob die Projektleitung volle Weisungsbefugnis gegenüber den Teammitgliedern hat und das Team somit Bestandteil einer reinen Projektteam-Organisation ist oder ob Projektleitung und Linienvorgesetzte sich Entscheidungs- und Weisungsbefugnis teilen, und das Team somit Bestandteil einer Matrix-Projektorganisation ist, wobei neben diesen beiden Grundformen zahlreiche Mischformen existieren [vgl. Petrovic 1993, S. 39].

Zu (2) Gremien

Analog zu Projektteams bearbeiten Gremien (häufig auch: Komitees, Kommissionen, Ausschüsse) konkrete Aufgaben, die temporärer oder, anders als bei Projektteams, ständiger Art sein können. Beispiele für ständige Gremien sind Wirtschafts- und Finanzausschüsse oder Aufsichtsräte [vgl. Staehle 1999, S. 759f.]. Kennzeichnend für Gremien ist, daß sie wenig arbeitsteilig, hierachiefrei und nur zeitweise zusammenarbeiten [vgl. Seidel 1992, Sp. 714] und so gegen Projektteams oder Abteilungen abgrenzbar sind [vgl. Krystek/Redel/Reppegather 1997, S. 50]. Die Gremien-Mitglieder sind vorwiegend mit Aufgaben aus anderen Aufgabenfeldern befaßt, Gremien stellen ebenfalls eine Ausprägung der Sekundärorganisation dar.

Zu (3) Teilautonome Arbeitsgruppen

Die Einrichtung teilautonomer Arbeitsgruppen zielt darauf ab, den negativen Folgen hochgradiger Arbeitsteilung entgegenzuwirken, ein wesentlicher Aspekt ist die Zielsetzung der verstärkten Arbeitshumanisierung (s.o.). Das Konzept intendiert, daß die Mitglieder multifunktional qualifiziert sind und sich in den einzelnen Aufgabenbereichen wechselseitig vertreten können [vgl. Bartölke 1992, Sp.

2390], woraus letztendlich unter der idealtypischen Annahme, daß jedes Mitglied jede Partialaufgabe übernehmen kann, eine homogene Qualifikationsstruktur resultiert. Die Mitglieder sind eigenverantwortlich für die Erfüllung zusammenhängender Aufgaben und verfügen über Entscheidungs- und Kontrollkompetenzen, die vormals höherhierarchische Instanzen innehatten. Das Konzept der teilautonomen Arbeitsgruppen wird zumeist in bezug auf Produktionsteams der Industrie diskutiert, läßt sich jedoch auch auf verschiedene andere Bereiche wie Verwaltung oder aktuell auch Forschung und Entwicklung ausdehnen [vgl. u.a. Kubicek/Höller 1991, S. 159ff.; Schreyögg 1998, S. 255].

Zu (4) Qualitätsgruppen

Qualitätsgruppen stellen eine weitere Form betrieblicher Kleingruppen dar, die ihren Ursprung in den japanischen Managementkonzepten der 50er Jahre haben und deren konzeptionelle Grundlagen denen der teilautonomen Teams verwandt sind [vgl. Zink 1992, Sp. 2128]. Die Annahme zugrundelegend, daß Aufgabenträger besser die bei ihrer Tätigkeit anfallenden Probleme erkennen und Lösungsansätze entwickeln können als vorgesetzte Instanzen, werden Qualitätsgruppen als Forum des regelmäßigen und zumeist freiwilligen Gedanken- und Erfahrungsaustausches von Mitarbeitern gleicher Aufgabenfelder initiiert, wobei dieses auf jeder Hierarchieebene geschehen kann [vgl. Petrovic 1993, S. 40]. Neben fachbezogenen Fragestellungen kann bei einer breiteren Begriffsextension auch der Erwerb von sozialen Kompetenzen, insbesondere die der Teamfähigkeit, Gegenstand der qualitätsgruppeninternen Auseinandersetzung sein. Qualitätsgruppen, die sich mit übergreifenden Fragestellungen mit aktuellem Bezug auseinandersetzen, weisen analytisch bereits Ähnlichkeiten zu Projektgruppen auf, in bezug auf die Freiheit der Themenwahl sind Nahtstellen zu dem Konzept der teilautonomen Arbeitsgruppe auszumachen [vgl. Zink 1992, Sp. 2134].

Zu (5) Likerts Teamorganisationsmodell

Als Vertreter von Gesamtorganisationen betreffende Konzeptionen teamorientierter Organisationen wird exemplarisch das Modell der sich überlappenden Gruppen von Likert (1961, 1967) betrachtet, das deshalb besonders geeignet erscheint, weil hierin aktuell Anknüpfungspunkte für moderne teamorientierte Organisationsformen gesehen werden [vgl. insbes. Schreyögg 1998, S. 198ff. u. 259ff. sowie die Bezugnahme hierauf von Staehle 1999, S. 762; weiterhin Kubicek/Höller 1991, S. 152f.; Savage 1996, S. 189ff.; Picot/Reichwald/Wigand 1998, S. 230], die unter anderem auch im Kontext organisationaler Virtualisierung betrachtet werden können, woraus sich eine der Grundlagen einer integrativen Betrachtung ableiten läßt. [vgl. u.a. Hentze/Brose 1985, S. 78ff.; Schreyögg 1998, S. 248ff.; Staehle 1999, S. 757ff.].

Ein wesentliches Element dieses Modells ist, daß hier Gruppen und nicht Individuen beziehungsweise einzelne Stellen als gesamtorganisatorische Basiseinheiten betrachtet werden und dementsprechend eine Gesamtorganisation als Netzwerk miteinander interagierender Gruppen unter Beibehaltung des hierarchischen Prinzips konzeptionalisiert ist. Dadurch sollen soziale Beziehungen innerhalb der Gruppe gefördert und so gemäß der Maxime des Human Relations Ansatzes (s.o.) den individuellen Bedürfnissen und den unternehmerischen Zielen gleichermaßen entsprochen werden.

Die Verbindung verschiedener Gruppen erfolgt über Mitglieder, die mehreren Gruppen gleichzeitig angehören und als „linking pins" bezeichnet werden. Die vertikale Integration erfolgt über den einen partizipativen Führungsstil ausübenden Vorgesetzten einer Gruppe, der gleichzeitig das Verbindungsglied zu der nächsthöheren Hierarchieebene ist. Die resultierende Struktur ist zwecks einer verbesserten horizontalen Integration um eine sekundäre Horizontalstruktur ergänzbar. Einzelne Mitglieder gehören dann zum einen ihrer angestammten, zum anderen ergänzend auch einer funktionsübergreifenden Arbeitsgruppe an, innerhalb derer sie wiederum einen weiteren Vorgesetzten haben, woraus letztlich eine unter Umständen problematische Doppelunterstellung resultiert. Zur Integration verschiedener Hierarchiestufen und Funktionsbereiche dienen laterale Gruppen, mittels derer effektiv Restriktionen der konventionellen Informationswege begegnet werden soll. Den „linking pins" kommt dahingehend eine besondere Bedeutung zu, daß hier Manipulationsmöglichkeiten hinsichtlich der Weitergabe von Informationen in die Gruppe und aus der Gruppe hinaus bestehen [vgl. Hentze/Brose 1985, S. 82]. Eine auf dem Konzept der sich überlappenden Gruppen beruhende Gesamtorganisation kann nur dann funktionieren, wenn die Prinzipien der „Gruppenorientierung", unter anderem also kollektive Entscheidungsfindung und partizipative Führung, durchgängig befolgt werden [vgl. Schreyögg 1998, S. 272].

2.4 Zwischenresümee: Virtuelle Teams im Spannungsfeld zwischen Teamorientierung und Virtualität

Teamorientierung und Virtualität als zwei herausragende aktuelle Entwicklungstrends organisationaler Veränderung (s.o.) können analytisch getrennt betrachtet werden, es existieren jedoch zahlreiche dahingehende „konzeptionelle Querverbindungen", daß einerseits im Rahmen der Virtualitätsdiskussion die Bedeutung von (virtuellen oder nicht-virtuellen) Teams wenn auch seltener erörtert, so doch häufig erwähnt wird, während andererseits in der Auseinandersetzung mit aktuellen Entwicklungstrends der Gruppenarbeit insbesondere auch der Einsatz von

Informations- und Kommunikationstechnik und die sich hieraus ergebenden Möglichkeiten der Veränderung der Arbeitsorganisation diskutiert werden.
Bei einer konzeptionellen Zusammenführung der Entwicklungslinien entstehen begriffslogisch „virtuelle teamorientierte Organisationsformen“, in deren Konsequenz das Auftreten virtueller Teams zu beobachten ist. Weitgehend unklar ist bisher jedoch, inwieweit zum einen Kompatibilität zwischen den beiden „Ursprungskonzepten“ vorliegt und wie zum anderen gegebenenfalls Spannungsfelder in eine bezugsrahmenorientierte Betrachtung virtueller Teams integriert werden können. Darstellung 10 visualisiert diese Zusammenhänge.

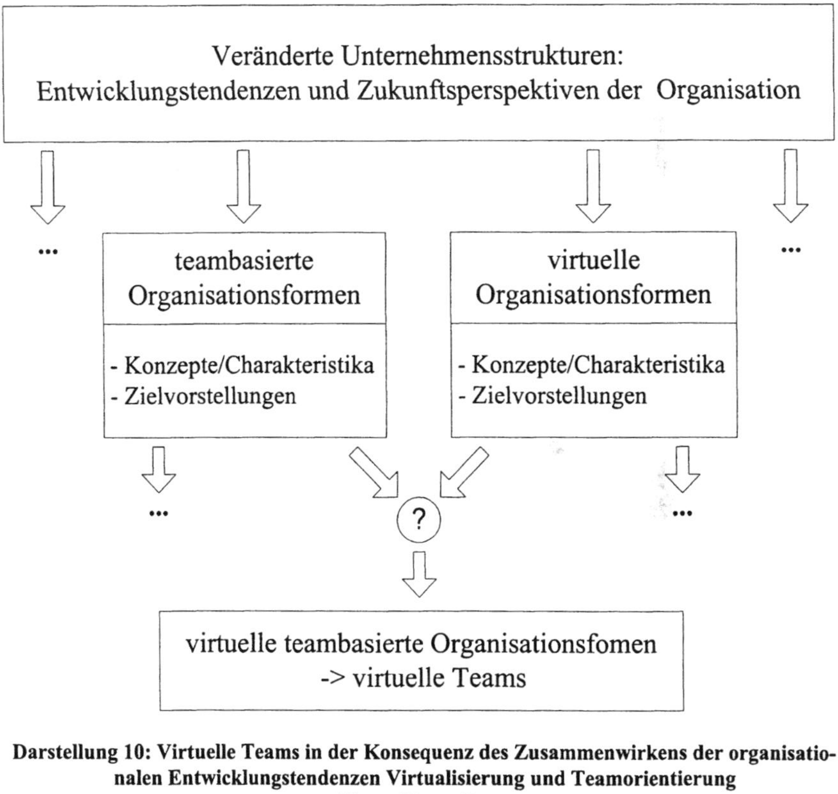

Darstellung 10: Virtuelle Teams in der Konsequenz des Zusammenwirkens der organisationalen Entwicklungstendenzen Virtualisierung und Teamorientierung
Eigene Darstellung

Die Auseinandersetzung mit virtuellen Teams kann also aus zwei verschiedenen Blickwinkeln heraus erfolgen:

- Virtuelle Teams können als Spezialisierungsform der Kleingruppe im Kontext des als „Teamorientierung“ bezeichneten Trends organisatorischen Wandels betrachtet werden.
- Virtuelle Teams können im Zusammenhang mit der Übertragung des Virtualitätskonzeptes auf unterschiedliche Organisationsformen betrachtet werden.

Von beiden Standpunkten aus werden jeweils verschiedene Betrachtungsschwerpunkte gesetzt, gleichzeitig werden entsprechende - explizite oder implizite - Annahmen über die potentiellen Eigenschaften virtueller Teams oder des jeweiligen Kontextes mit einbezogen. So wird oben gezeigt, daß in der Virtualitätsdiskussion eine Fokussierung auf die Unternehmensebene als Betrachtungsebene unter starker Konzentration auf den Aspekt der Informations- und Kommunikationstechnik existiert und daß eine tendenziell rationalistische Basiskonzeption erkennbar ist (s.o.), während sozialwissenschaftliche Aspekte in Teilen nur randständig thematisiert werden. Ferner werden im Kontext der Kleingruppenforschung unter anderem Virtualitätskonzepte, wie sie insbesondere in der betriebswirtschaftlichen Auseinandersetzung Beachtung finden, nur mit geringer Breite rezipiert.

Es lassen sich anhand der vorhergehenden Darstellung der konzeptionellen Grundlagen bereits folgende potentielle Spannungsfelder, die sich bei einer Zusammenführung der Entwicklungslinien Virtualisierung und Teamorientierung ergeben, erkennen (vgl. auch Darstellung 11):

- Am augenfälligsten ist zunächst das Spannungsfeld zwischen der dem Großteil der Arbeiten über Gruppen im allgemeinen und speziell auch über Teamarbeit zugrundeliegenden Annahme, daß die Mitglieder unmittelbar miteinander kommunizieren auf der einen Seite, während auf der anderen Seite eben die Substitution unmittelbarer Kommunikation durch mittelbare - durch Informations- und Kommunikationstechnik ermöglichte und unterstütze Kommunikationsbeziehungen - ein zentraler Themenbestandteil der Virtualitätsdiskussion ist.
- Ein weiteres Spannungsfeld ist darin zu sehen, daß virtuelle Organisationsformen konzeptionell eine hohe Flexibilität in ihrer jeweiligen Konfiguration aufweisen und beispielsweise in Abhängigkeit konkreter Aufgaben spontan erzeugt und wieder aufgelöst werden. Unberücksichtigt ist hierbei, wie schnell aus Personenmehrheiten gegebenenfalls überhaupt Teams entstehen können und ob personale Eigenschaften beispielsweise die Häufigkeit der möglichen Konfigurationswechsel determinieren. Der „gewissen Dauerhaftigkeit“ (s.o.) von Teams, die unter anderem für den Aufbau und die Pflege

sozialer Beziehungen benötigt wird, steht somit potentiell der Anspruch auf höchste Flexibilität des Virtualitätskonzeptes entgegen.

- Ein drittes potentielles Spannungsfeld läßt sich auf den Gegensatz zwischen der rationalistischen Basiskonzeption des Virtualitätskonzeptes und der Berücksichtigung sozialer Beziehungsaspekte in die Gruppenarbeitskonzeptionen zurückführen. Während aus Perspektive der Virtualitätsdiskussion auf einen hohen Grad an Aufgabenspezifikation für die einzelnen Mitglieder der jeweiligen virtuellen Konfiguration abgezielt wird und sich hieraus ergibt, daß objektive Bewertungsmaßstäbe für die jeweiligen Individualleistungen vorliegen, wird „echte Teamarbeit“ unter anderem darüber charakterisiert, daß die Leistung von Teams nicht in Gänze auf Einzelleistungen zurückführbar ist und daß zwischen den Teammitgliedern Synergieeffekte entstehen, die nicht spezifizierbar sind. Dem Anspruch nach Aufgaben- und Leistungsspezifikation steht somit eine Offenheit gegenüber gradueller Diffusität und Latenz entgegen.
- Eng verwandt mit dem sich aus dem Gegensatz zwischen unmittelbarer und technisch vermittelter Kommunikation ergebenden potentiellen Spannungsfeld ist jenes, das sich daraus ergibt, daß für Teams in der Regel analog zu den Annahmen über die Unmittelbarkeit der Kommunikation das Vorhandensein eines gemeinsamen physikalischen räumlich-zeitlichen Kontextes der Mitglieder angenommen wird, aus dem sich dann Gemeinsamkeiten beispielsweise bezüglich des kulturellen, des rechtlichen, des organisationalen oder des sozialen Umfeldes ergeben. Virtuelle Organisationen und speziell auch virtuelle Teams hingegen werden als „grenzüberschreitend“ (s.o.) beschrieben, wobei aus dem Wegfall zeitlicher, räumlicher oder organisatorischer Grenzen gegebenenfalls auch Widersprüche und Spannungen zu bisherigen Teamkonzepten resultieren.

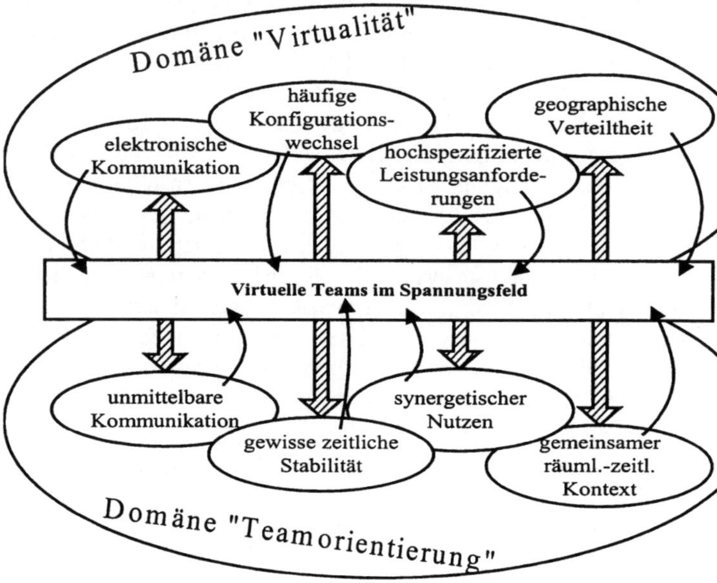

Darstellung 11: Virtuelle Teams im Spannungsfeld zwischen Virtualität und Teamorientierung
Eigene Darstellung

3 Virtuelle Teams - definitorische Annäherung und Elemente einer „Theorie der virtuellen Teams“

Vor dem Hintergrund der dargestellten Situation, daß in der Diskussion virtueller Teams weder auf eine als etabliert zu betrachtenden terminologische Basis, geschweige denn auf eine „Theorie virtueller Teams“ zurückgegriffen werden kann, ist es Gegenstand dieses Kapitels, zunächst mittels einer synoptischen Darstellung einer Auswahl von in der Literatur vorzufindenden Definitionsvorschlägen für „virtuelle Teams“ Unterschiede und Gemeinsamkeiten unterschiedlicher Betrachtungsperspektiven zu erarbeiten, um im Anschluß hieran verschiedene theoretische Ansätze quasi als mögliche *„Elemente einer Theorie virtueller Teams“* [vgl. Zimmermann 1999, S. 118; siehe zum multitheoretischen, eklektischen Standpunkt auch Kapitel 1] hinsichtlich ihrer Eignung zur theoretischen Fundierung der Auseinandersetzung virtueller Teams zu diskutieren und exemplarisch auf Partialaspekte auch anzuwenden. Diese Vorgehensweise ist dadurch indiziert, daß sich virtuelle Teams nicht hinreichend aus einer einzigen theoretischen Perspektive heraus betrachten lassen [vgl. u.a. Krystek/Redel/Reppegather 1996, S. 4f.; Sydow 1992, S. 6ff. u. 224ff.].
Entsprechend der bezugsrahmenorientierten Vorgehensweise (s.o.) werden die einzelnen theoretischen Positionen separat dargestellt und hinsichtlich ihres potentiellen Beitrages in bezug auf die Zielsetzung der Arbeit diskutiert. Ein solches Nebeneinanderstehenlassen so gefundener Erkenntnispartiale unterliegt weniger der Gefahr einer inhaltlichen Verzerrung durch den Versuch der Integration wechselseitig womöglich inkompatibler Grundpositionen und dient so gerade auch durch das Aufzeigen möglicher Widersprüche dem Ziel dieser Arbeit, denn wenn, so Walgenbach (1995, S. 773), Ideen interessant sind in dem Sinne, daß sie erhellend in bezug auf die Fragestellung wirken, dann zählt weniger ihre Herkunft und Integration in einen geschlossenen Theorierahmen als eine derartige Verwendung, daß sie sich als nützlich erweisen, sogar wenn dies innerhalb eines Rahmens geschieht, der sich gänzlich von dem unterscheidet, aus dem sie entstammen.

3.1 Synopse exemplarischer Definitionsvorschläge und begriffliche Empfehlung

Der Beginn der Diskussion virtueller Organisationsformen steht unter dem Eindruck einer starken Fokussierung auf die Unternehmensebene mit besonderer Berücksichtigung von im Einsatz von Informations- und Kommunikationstechnik vermuteten Erfolgspotentialen, so daß Sieber (1998, S. 7) diesen Themenkomplex zunächst der Domäne der Wirtschaftsinformatik zuschreibt [vgl. auch Kapitel 2].

Teams werden zwar bereits in den - auch wenn dieser Ausdruck angesichts der noch relativ kurzen Periode der wissenschaftlichen Auseinandersetzung irritierend wirkt - „frühen Arbeiten" an zentraler Stelle erwähnt, nicht jedoch weitergehend analytisch behandelt [vgl. Kapitel 2 sowie das unten einleitend aufgeführte Beispiel von Byrne 1993]. Mit Etablierung der Diskussion virtueller Organisationen im allgemeinen werden zunehmend spezielle Formen wie eben auch virtuelle Teams unterschieden (s.o.). Die unterschiedlichen wissenschaftsdisziplinären Heimaten der an der Diskussion beteiligten Forscher und die entsprechend voneinander abweichenden Erkenntnisinteressen bezüglich virtueller Teams spiegeln sich in den verschiedenen Ausrichtungen der Literaturbeiträge wider, so daß die bisher relativ geringe wissenschaftliche Durchdringung mit einem breiten Angebot an – in Teilen sehr unterschiedlichen – Definitionen einhergeht, wie dies häufig symptomatisch für eine Frühphase wissenschaftlicher Auseinandersetzung ist.

Nachdem in Kapitel 2 virtuelle Teams mittels einer vorläufigen Arbeitsdefinition eingeführt worden sind, wird diese hier weiterentwickelt. Dazu werden im folgenden Definitionen verschiedene Autoren exemplarisch in Form des direkten Zitats dargestellt, um einen originalgetreuen Eindruck der Vielfältigkeit der Begriffsauffassung zu vermitteln, der ungetrübt von subjektiven interpretativen Verzerrungen ist. Da es nicht objektiv entscheidbar ist, ob eine Definition richtig oder falsch ist, stehen die hier aufgeführten zunächst gleichberechtigt nebeneinander [vgl. Sydow 1992, S. 28], eine Beurteilung findet jedoch gegebenenfalls dahingehend statt, inwiefern sie für eine differenzierende Auseinandersetzung mit virtuellen Teams und face-to-face Teams beziehungsweise virtuellen Organisationen im allgemeineren als zweckdienlich angesehen werden. Hierbei ergibt sich die Adäquatheit einer Definition mit Carnap (1959, S. 12ff.) aus der Ähnlichkeit zwischen der Beschreibung und dem entsprechendem Sachverhalt, aus der Exaktheit, die nach Möglichkeit auch Mehrdeutigkeiten und Inkonsistenzen ausschließt, aus der Fruchtbarkeit, die es erlaubt, verschiedene Aussagen über den definierten Begriff zu formulieren, und schließlich – nachgeordnet – aus der Einfachheit, die auch als die Vermeidung unnötiger Verkomplizierungen verstanden werden kann. Der hohe Stellenwert, den eine präzise Begriffsbildung in der wissenschaftlichen Auseinandersetzung einnimmt, verdeutlicht, daß es sich hierbei keineswegs um „Wortspielereien" handelt, sondern um das Anliegen der sprachlichen Strukturierung des Untersuchungsobjektes „virtuelle Teams" und das Erzielen einer Übereinstimmung in dem semantischen Gehalt des verwendeten Begriffs [vgl. Kammel 1991, S. 25].

Die Beiträge werden in chronologischer Reihenfolge aufgeführt und stammen im Überblick von Byrne (1993), Kristof et al. (1995), Guss (1996), Oravec (1996), Townsend/DeMarie/Hendrickson (1996) bzw. (2000), Gallegos/Powell (1997), Lipnack/Stamps (1997), Mowshowitz (1997), Palmer/Speier (1997), Drumm (1998), Straussak (1998), Jarvenpaa/Knoll/Leidner (1998) bzw. Jarvenpaa/Shaw

(1998), Fritz/Mannheim (1998) und Döring/Schestag (2000). Weitere Autoren, die in ihren Beiträgen Partialaspekte unterstützen oder betonen, werden in den jeweiligen Abschnitten gegebenenfalls hinzugezogen.

Einleitend wird die Definition für virtuelle Unternehmungen von Byrne (1993) aufgeführt, um exemplarisch darzustellen, wie ein Teil der Auseinandersetzung mit virtuellen Teams auf jene mit virtuellen Unternehmungen zurückgeführt werden kann:

> *„A virtual corporation is a temporary network of independent companies - suppliers, customers, and even rivals - linked by information technology to share skills, costs, and access to one another's markets" [id., S. 37].*
>
> *„Technology plays a central role in the development of the virtual corporation [...]. Teams of people in different companies work together, concurrently rather than sequentially, via computer networks in real time" [id., S. 38].*

Charakteristisch für derartige „frühe" Begriffsverwendungen ist, daß das Hauptinteresse darin besteht, ein im Detail nicht beschriebenes technisch geprägtes Konzept der Virtualität auf soziale Organisationen zu übertragen, wobei zumeist von Unternehmungen ausgegangen wird. In der Phase der „euphorischen Virtualitätsdiskussion" (s.o.) wird eine differenzierte Auseinandersetzung mit verschiedenen Formen sozialer Organisiertheit in weiten Teilen vernachlässigt, während die technische Dimension sowie ein rationalistischer Zugang zur Aufgabenkoordination beziehungsweise Organisationsgestaltung betont wird.

In Anbetracht der Vielzahl an Veröffentlichungen, die seit Byrnes (1993) Beitrag verschiedene Aspekte virtueller Erscheinungsformen im betriebswirtschaftlichen Kontext aufgreifen, die differenzierte Betrachtung nahelegt, explizieren Kristof et al. (1995), daß Modelle virtueller Unternehmungen nicht isomorph zu denen virtueller Teams sein können, da erstere die auf Individual- und Teamebene festzustellenden Phänomene nicht vollständig erfassen und erklären können [id., S. 246] und weiterhin die Existenz virtueller Teams auch nicht zwangsläufig an die virtueller Unternehmen gebunden ist: *„A virtual team does not necessary need to exist in a virtual corporation"* (id., S. 248). Ausgehend von einer teamfokussierenden Betrachtung definieren Kristof et al. (1995) ein virtuelles Team als

„a self managed knowledge work team with distributed expertise, that forms and disbands to address specific organizational goals. A virtual team is characterized by fluid human resources in terms of membership, leadership and boundaries (functional, organizational and geographical)" [id., S. 230].

Deutlich wird hier zum einen, daß virtuelle Teams als Spezialisierungsform von Teams aufgefaßt werden, zum anderen wird damit betont, daß die charakteristischen Eigenschaften von Teams auch für virtuelle Teams gelten müssen, wobei diese im wesentlichen durch soziale und nicht durch räumlich-zeitliche Dimensionen beschrieben werden. Die Arbeiten von Kristof et al. (1995) werden von Jarvenpaa/Knoll/Leidner (1998) aufgegriffen.

Guss (1996b) vergleicht die Erfolgskriterien zwischen face-to-face und virtuellen Projektteams. Als virtuell werden Teams dann betrachtet, wenn zumindest einige Mitglieder geographisch verteilt sind und die Kommunikationsbeziehungen durch Informations- und Kommunikationstechnik ermöglicht werden [vgl. Guss 1998, S. 27]:

Virtual Teams are groups of working professionals, separated by geographical, psychological, and temporal distance. These groups use telecommunication tools for business and social communication to satisfy business requirements of working towards and reaching common goals"[Guss 1996b].

Hierbei wird die explizite Miteinbeziehung von sozialer Kommunikation in der Betrachtung hervorgehoben.

Oravec (1996) definiert:

„Virtual Groups are composed of transmissions of group interaction (technology-mediated and unmediated), records of group interaction (tape recordings, transcripts, and minutes), decisions and products associated with the group, articulated impressions and imagery associated with the group, and statistics linked with levels of group performance" [id., S. 48].

Vor dem Hintergrund der häufigen Betonung der Bedeutsamkeit von Informations- und Kommunikationstechnik im Kontext der Analyse virtueller Teams ist besonders hervorzuheben, daß diese Definition über Interaktionen beziehungsweise interaktionale Artefakte eben in Unabhängigkeit der technischen Dimension erfolgt. Es besteht hier ansatzweise eine Ähnlichkeit zu dem Gedankengut von Luhmann (1996), der soziale Systeme ähnlich über Interaktionen definiert (s.u.). Da eine Unterscheidung von virtuellen und face-to-face Teams anhand der von

Oravec (1996) vorgeschlagenen Definition jedoch nicht möglich ist, da beide gleichermaßen über mit ihnen assoziierte Interaktionen, Entscheidungen und Produkte beschreibbar sind, ist die Anwendbarkeit für eine vergleichende Auseinandersetzung eingeschränkt.

Townsend/DeMarie/Hendrickson (1996) beschreiben virtuelle Teams wiederum unter besonderer Betonung der informations- und kommunikationstechnischen Vermittlung der Interaktionsprozesse:

> *„A virtual team is characterized by the fact that its members' primary interaction is through some combination of electronic communication systems, such as telephone, fax machine, e-mail and computer-based video conferencing" [id., S. 124].*

In einer späteren Arbeit definiert das selbe Autorenteam ausführlicher:

> *„Virtual teams are groups of geographically and/or organizationally dispersed coworkers that are assembled using a combination of telecommunications an information technologies to accomplish an organizational task. Virtual teams rarely, if ever, meet in a face-to-face setting. They may be set up as temporary structures, existing only to accomplish a specific task, or may be more permanent structures, used to address ongoing issues, such as strategic planning. Further, membership is often fluid, evolving according to changing task requirements" [Townsend/DeMarie/Hendrickson 2000, S. 70].*

Auf die Arbeiten von Townsend/DeMarie/Hendrickson bezieht sich unter anderem Scholz (2000, S. 354) zur analytischen Abgrenzung von virtuellen Teams und virtuellen Abteilungen oder virtuellen Büros.

Gallegos/Powell (1997) fokussieren ähnlich wie Byrne (1993) die Unternehmensebene und beschreiben virtuelle Unternehmen als teamorientiert:

„The virtual corporation is different from the traditional 20th century company in several ways. [...] A networked, ***team oriented****, distributed-decision-making organisational approach provides the virtual corporation with the agility, flexibility and value-chain co-ordination necessary to bring a product to market quickly. The network is dynamic. At any time it synthesises the best available capabilities and resources by linking designers, producers, suppliers, distributors and customers.“*

„The virtual corporation features teams that: collaborate, regardless of their individual location and time zones, are granted significant decision-making authority, foster openness, co-operation and trust among network organisations and the people who comprise them“[id., S. 26ff.; Hervorhebung durch den Verfasser].

Wiederum werden virtuelle Teams, deren Auftreten de facto als „Begleiterscheinung“ interorganisationaler Virtualisierung betrachtet wird, darüber beschrieben, daß die Mitglieder ebenso über räumlich-zeitliche wie über organisatorische Grenzen hinweg zusammenarbeiten.

Die als Grundlage für die Entwicklung eines vorläufigen Begriffsverständnisses in Kapitel 2 herangezogene Definition für virtuelle Teams von Lipnack/Stamps (1997) wird hier im Kontext mit den Definitionsalternativen wiederholt, um eine bessere Vergleichbarkeit zu ermöglichen:

„A virtual team, like every team, is a group of people who interact through interdependent tasks guided by common purpose. Unlike conventional teams, a virtual team works across space, time, and organizational boundaries with links strengthened by webs of communication technologies“[id., S. 6f.].

Neben dem Überschreiten räumlich-zeitlicher Grenzen wird auch hier die organisatorische Konsequenz der Virtualisierung, nämlich die Veränderung der Grenzstrukturen, an zentraler Stelle mit einbezogen. Lipnack/Stamps (1997, S. 14) bezeichnen die Verschiedenartigkeit der Kommunikationsverbindungen als den größten Unterschied zwischen face-to-face Teams und virtuellen Teams.

Mowshowitz (1997b) bezeichnet virtuelle Teams als eine Spezialisierungsform sozialer Organisationen:

„The virtual team is an instance of social organization. 'Virtual team' designates an abstract requirement for a group of individuals that collectively possesses certain skills" [id., S. 34].

In Kapitel 2.1.1.2 findet eine ausführliche Auseinandersetzung mit dem von Mowshowitz vertretenen Virtualitätsverständnis statt. Hier soll hervorgehoben werden, daß scheinbar konträr zu der dortigen rationalistischen Grundposition die Dimension des Sozialen im Team von Mowshowitz (1997b) betont wird, wobei hinsichtlich der kritischen Diskussion der von Mowshowitz geforderten „Rationalisierung des Sozialen" wiederum auf das Kapitel 2 verwiesen wird.

Palmer/Speier (1997) unterscheiden aufbauend auf einer empirischen Erhebung vier verschiedene Varianten virtueller Organisationsformen. Neben virtuellen Teams werden virtuelle Projekte und permanente beziehungsweise temporäre virtuelle Organisationen (unter Verwendung eines implizit institutionellen Organisationsverständnisses) als idealtypische Ausprägungsformen beschrieben, wie in Darstellung 12 wiedergegeben wird [vgl. ähnlich auch Bultje/van Wijk 1998, S. 17ff. sowie Kapitel 2].

	VIRTUAL TEAMS	VIRTUAL PROJECTS	TEMPORARY VIRTUAL ORGANIZ-ATIONS	PERMANENT VIRTUAL ORGANIZ-ATIONS
Range of In-volvement:	Internal to an organizational function or de-partmental unit	Across functions and organizations	Across organiza-tions	Across organiza-tions
Membership:	Small, local	Indeterminate	Typically larger	Typically smaller, but scaleable
Mission:	Teams on specific, ongoing tasks	Multiple organiza-tional representa-tives working on specific projects	Multiple functions responding to a market opportu-nity	All functions and full functionality as a working or-ganization
Length of pro-ject	Membership var-ies, but form is permanent	Temporary	Temporary	Permanent
Uses of IT:	connectivity, sharing embedded knowledge (e-mail, groupware)	Repository of shared data (data-bases, groupware)	shared infrastruc-ture (groupware, WANs, remote computing)	channel for mar-keting and distri-bution, replacing physical infra-structure (Web, Intranet)

Darstellung 12: Multidimensionaler Vergleich der vier Typen virtueller Organisationen modifiziert nach Palmer/Speier (1997)

Ausgehend hiervon beschreiben Palmer/Speier (1997) virtuelle Teams wie folgt:

> *„Internal organizational use of the virtual concept has generated virtual teams in a variety of organizations. In most cases these teams come from a specific functional, process or strategic business unit within a larger organization. The organizational use of the virtual concept in this instance is in virtual tasks and virtual teams"* [ibd.].

Virtuelle Teams werden hier als Erscheinungen der intraorganisationalen Betrachtung behandelt.

Drumm (1998) versteht unter virtuellen Teams „*Ausprägungen der Mikrostruktur*",

> „*[...] deren Mitglieder räumlich voneinander entfernt arbeiten, zeitlich voneinander unabhängig sein können und sich - mit ihren Arbeitsplätzen einschließlich der dort verfügbaren Ressourcen - zur Lösung einer gemeinsamen Aufgabe für begrenzte Zeit unter Nutzung von Medienunterstützung zusammenschließen" [id., S. 197].*

Straussak (1998) diskutiert verschiedene Definitionen und Auffassungen des Terminus „virtuelle Organisation" und führt unter anderem folgenden Vorschlag auf:

> „*A Virtual Organization is an identifiable group of people or organisations that makes substantially more use of Information and Communication Technologies than physical presence to interact, conduct business and operate together, in order to achieve their objectives" [id., S. 8].*

Diese Definition läßt auf die in Kapitel 2 geführte Diskussion über die synonyme Begriffsverwendung von (virtueller) Organisation und virtuellem Team, den analytischen Überschneidungsbereichen und dem zumindest partiell gegebenen Differenzierungsbedarf verweisen. Fokussiert wird wiederum der Einsatz von Informations- und Kommunikationstechnik.

Jarvenpaa/Knoll/Leidner (1998) definieren:

> „*A global virtual team is an example of a new organization form where a temporary team is assembled on an as-needed basis for the duration of a task, staffed by members from far corners of the world. In such a team, members (1) physically remain on different continents and in different countries, (2) interact primarily through the use of computer-mediated communication technologies (electronic mail, videoconferencing, etc.), and (3) rarely or never see each other in person" [id., S. 30].*

Ausgehend von diesem Begriffsverständnis vergleichen Jarvenpaa/Shaw (1998, S. 35ff.) virtuelle und temporäre Teams. Als Gemeinsamkeit wird herausgestellt, daß beide Teamformen häufig Wissensarbeit („knowledge tasks") ausführen, daß sie eine definierte Lebenszeit haben, daß die Mitglieder jeweils aus unterschiedlichen Organisationen oder Organisationsbereichen stammen können und häufig eine heterogene Qualifikationsstruktur aufweisen, daß die Mitglieder in der Regel wenig oder keine gemeinsame Arbeitserfahrung haben und sie wenig Aussicht darauf haben, in Zukunft wieder zusammen zu arbeiten, und daß sie keine etablierten gemeinsamen teamspezifischen Arbeitsmethoden und Strukturen besitzen. Im Gegensatz zu den Mitgliedern eines virtuellen Teams haben die eines temporären Teams periodischen Face-to-Face-Kontakt und berichten in der Regel alle an eine gemeinsame Instanz.

Fritz/Mannheim (1998) gehen von dem Begriff der „virtuellen Arbeit" aus:

> *„We define virtual work as interdependent work activities performed by a group of individuals who spend some time working in different physical locations" [id., S. 123].*

Die Gruppen, die diese „virtuelle Arbeit" ausführen, sind als virtuelle Teams zu bezeichnen. Aus dieser Perspektive wird insbesondere der Aufgabenbezug von virtuellen Teams betont.

Döring/Schestag (2000) setzen sich mit virtuellen Gruppen aus Perspektive der Sozialpsychologie auseinander und definieren:

> *„Wenn sich Personen regelmäßig in einem bestimmten computervermittelten Forum miteinander austauschen, dabei Zusammengehörigkeit empfinden, gemeinsame Ziele verfolgen, Aufgabenteilung und Rollendifferenzierung vollziehen und sowohl den Zugang zur Gruppe, als auch das Verhalten innerhalb der Gruppe Regeln unterwerfen, sprechen wir von einer 'virtuellen Gruppe'. 'Virtuell' an einer virtuellen Gruppe ist also nur die Tatsache, dass die Gruppenmitglieder sich computervermittelt [...] kennenlernen und sich vorwiegend - aber nicht ausschließlich - computervermittelt miteinander austauschen. Ansonsten gelten für virtuelle Gruppen dieselben Definitions-Kriterien wie für herkömmliche soziale Gruppen, die primär auf face-to-face Kontakten basieren [...]" [id., S. 316].*

Die Auseinandersetzung mit virtuellen Teams wird hier ähnlich den Ausgangsüberlegungen dieser Arbeit (s.o.) auf eine vergleichende Betrachtung von virtuellen Teams und „herkömmlichen" face-to-face Teams gelenkt, wobei erstere als Spezialisierungsform dargestellt werden und entsprechend der disziplinären Verortung des Autorenteams Döring/Schestag (2000) nicht technische oder ökonomische, sondern sozialpsychologische Aspekte in der Vordergrund gestellt werden.

Zusammenfassend zeigt sich zunächst, daß die Verschiedenartigkeit der Forschungsinteressen der an der Auseinandersetzung mit virtuellen Teams beteiligten Autoren sich in der Fokussierung unterschiedlicher Aspekte ausdrückt:

- Auf der einen Seite spiegelt sich ein stark durch die zugrundeliegende Informations- und Kommunikationstechnik und den hierdurch ermöglichten Gestaltungsalternativen bestimmtes aufgabenorientiertes Verständnis wider,
- auf der anderen Seite werden virtuelle Teams als Spezialisierungsform von Teams insbesondere hinsichtlich sozialer beziehungsweise sozialpsychologischer Dimensionen thematisiert.

Die oben aufgeführten Definitionen haben weitgehend den Charakter von Realdefinitionen und sind demgemäß darauf angelegt, die möglichst wesentlichen Merkmale virtueller Teams mit der Zielsetzung, diese von anderen Teamformen abgrenzbar zu machen, darzustellen. Bei allen Unterschieden in der Schwerpunktsetzung lassen sich auch Gemeinsamkeiten ausmachen, die mit großer Übereinstimmung genannt werden und die daher bei einer Konzeptionalisierung als zentrale Elemente angesehen werden. So kommt insbesondere folgenden Merkmalsaspekten eine hohe Bedeutung für eine angemessene Definition und Konzeptualisierung zu:

- Substitution von physischer Nähe durch den Einsatz von Informations- und Kommunikationstechnik,
- explizite Aufgabenorientierung,
- räumliche (und zeitliche) Verteiltheit der Mitglieder und
- Existenz eines Existenzdauerkriteriums.

Das Merkmal der Substitution von physischer durch virtuelle Präsenz wird auch in der in Kapitel 2 dargestellten Diskussion eines allgemeineren Virtualitätsverständnisses an zentraler Stelle aufgenommen und soll als konstitutiv angenommen werden. Die weiteren Merkmale werden zum einen nicht durchgängig, zum anderen auch in gegensätzlichen Ausprägungen aufgeführt. So werden virtuelle Teams als inter- oder intraorganisational beschrieben und ihre Existenzdauer wird als permanent oder temporär charakterisiert. Es zeigt sich, daß ebenso, wie es verschiedene Arten von face-to-face Teams gibt (s.o.), auch verschiedene Arten von virtuellen Teams unterschieden werden können, und der Versuch, alle virtuellen Teams innerhalb eines generischen Modells in Gänze analytisch gleich zu behandeln, so zum Scheitern verurteilt ist [vgl. Jackson 1999, S. 319].

Bei dem gegenwärtigen Stand der Diskussion ist es jedoch zweckmäßig, zunächst eine Basis für die theoretische Auseinandersetzung mit virtuellen Teams generell zu erarbeiten, von der dann gegebenenfalls weitergehende Betrachtungen speziellerer Ausprägungsformen ausgehen können. Hierbei sollen nach Möglichkeit aus Gründen der analytischen Handhabbarkeit präzise Aussagen, die gegebenenfalls auch nur auf theoretische Idealzustände hinweisen, solchen vorgezogen werden, die bereits tendenziell Relativierungen ermöglichen und damit zwar eventuell eine größere Nähe zu realweltlichen Beobachtungsphänomenen aufweisen, jedoch zu analytischer Unschärfe führen. So lassen dahingehende Aussagen, daß die Mitglieder eines virtuellen Teams primär oder deutlich häufiger als unmittelbar per informations- und kommunikationstechnischer Vermittlung kommunizieren jedes Team graduell einerseits als virtuell, andererseits jedoch als „herkömmlich" im Sinne der Kommunikationssituation bezeichnen.

Als begriffliche Empfehlung wird festgehalten, daß ein Team dann als virtuell bezeichnet werden soll, wenn die – aufgabenbezogene wie soziale – Kommunikation der Mitglieder informations- und kommunikationstechnisch vermittelt stattfindet und die Mitglieder räumlich wie gegebenenfalls auch zeitlich verteilt sind, wenn die Existenz des Teams mit einer zeitlich befristeten Aufgabe verbunden ist und wenn keine vollständige Zurechenbarkeit individueller Leistungsbeiträge möglich ist. Angesichts der aufgezeigten verbreiteten Tendenz der Trivialisierung des Gruppenbegriffs wird betont, daß an der Basiskonzeption des Team- beziehungsweise Kleingruppenkonzeptes festgehalten wird. Hierauf aufbauend basieren die nachfolgenden theoretischen Betrachtungen.

3.2 Virtuelle Teams aus Perspektive der Neuen Institutionenökonomie

Bezogen auf die zu bearbeitende Aufgabe sind virtuelle Teams instrumental interpretierbar. Betrachtet man sie in Relation zu alternativen Organisationsformen, mittels derer die entsprechende Aufgabe auch bearbeitet werden kann und die dann ebenfalls als Instrumente zu sehen sind, stellt sich aus betriebswirtschaftlicher Sicht insbesondere die Frage nach der jeweiligen Vorteilhaftigkeit verschiedener Organisationsformen. Für einen derartigen Vergleich bietet es sich an, virtuelle Teams beziehungsweise deren Alternativen jeweils als Gesamtheit zu betrachten, womit sie nunmehr als Institutionen begreifbar sind. Die ökonomische Analyse von Institutionen und die Erklärung der Existenz verschiedenartiger Formen insitutionellen Designs ist Gegenstand der Neuen Institutionenökonomie, die die Beziehungen zwischen den Akteuren in den Mittelpunkt der Betrachtung stellt, woraus sich deren Eignung als Ausgangspunkt für eine analytische Annäherung an virtuelle Teams ergibt.

Die Neue Institutionenökonomie stellt keine geschlossene Theorie dar, sondern besteht aus verschiedenen Ansätzen, die auf gemeinsamen Grundannahmen aufbauen. Für betriebswirtschaftliche Fragestellungen sind als wesentliche Vertreter

(1) der Property-Rights-Ansatz,
(2) der Principal-Agent-Ansatz und

(3) der Transaktionskosten-Ansatz

zu nennen [vgl. u.a. Picot 1991, S. 144; Horn 1997, S. 10; Ebers/Gotsch 1999, S. 199]. Im folgenden werden zunächst die gemeinsamen Grundannahmen und dann die drei unterschiedenen Ansätze dargestellt. Darauf aufbauend wird dargelegt, weshalb der Transaktionskosten-Ansatz als geeignet für die komparative Betrachtung von virtuellen Teams und face-to-face Teams betrachtet wird.

Im Rahmen der Neuen Institutionenökonomie werden Organisationen als Vertragssysteme betrachtet. Die ihr zuzurechnenden Ansätze basieren miteinander auf den Grundannahmen des methodologischen Individualismus und auf dem Menschenbild des beschränkt rationalen individuellen Nutzenmaximierers [vgl. Picot/Reichwald/Wigand 1998, S. 38; Hackert 1999, S. 16ff.]:

- Vom methodologischen Individualismus ausgehende Analysen untersuchen und erklären soziale Gebilde ausschließlich aus den Handlungen der individuellen Akteure heraus.
- Die Annahmen bezüglich des Menschenbildes besagen, daß jeder Akteur bestrebt ist, seine eigenen Handlungen auf die Maximierung seines individuellen Nutzens hin auszurichten - das Menschenbild des „homo oeconomicus" liegt zugrunde.
  Gemäß des Prinzipal-Agent-Ansatzes und des Transaktionskosten-Ansatzes wird zusätzlich angenommen, daß Entscheidungen aufgrund der beschränkten Informationsverarbeitungskapazität nur begrenzt rational sind. Ein Akteur entscheidet unter den Bedingungen der „bounded rationality" im Sinne von Simon (1957). Aus begrenzter Rationalität und der Orientierung an eigenen Interessen ergibt sich, daß sich Individuen gemäß der Verhaltensannahmen unter Umständen opportunistisch verhalten.

Die folgende Darstellung der hier unterschiedenen Ansätze folgt in weiten Teilen Picot (1991) bzw. Picot/Reichwald/Wigand (1998, S. 34ff.). Sie dient insbesondere dazu, aufzuzeigen, weshalb die Perspektive des Transaktionskosten-Ansatzes zur Analyse virtueller Teams präferiert wird und kommt daher nicht über eine skizzenhafte Darstellung hinaus [vgl. hinsichtlich der Eignung der Neuen Institutionenökonomie zur Analyse virtueller Organisationen auch Zimmermann 1999].

zu (1) Property-Rights-Ansatz

Der Property-Rights-Ansatz fokussiert die Verteilung der mit einem Wirtschaftsgut verbundenen Verfügungsrechte. Letztere legen die Rechte fest, die Individuen hinsichtlich des Umganges mit dem Gut haben, woraus diese gegenüber anderen Individuen, die über keine entsprechenden Rechte verfügen, handlungsprivilegiert sind. Property-Rights lassen sich unterscheiden in das Recht auf die Nutzung des

Gutes, das Recht auf Veränderung des Gutes, das Recht der Aneignung der aus der Nutzung des Gutes resultierenden Erträge sowie das Recht der Veräußerung des Gutes an Dritte.
Zwei Effizienzkriterien werden im Property-Rights-Ansatz unterschieden: Zum einen entstehen Kosten durch die Bildung, Zuordnung, Übertragung und Durchsetzung von Verfügungsrechten, zum anderen können Opportunitätskosten daraus resultieren, daß den Akteuren im Rahmen des institutionellen Arrangements nicht alle wirtschaftlichen Folgen ihres Handelns eindeutig zuzuordnen sind.

zu (2) Principal-Agent-Ansatz

Die zwischen zwei Akteuren bestehende Auftraggeber-Auftragnehmer-Beziehung ist Betrachtungsgegenstand des Principal-Agent-Ansatzes. Annahmegemäß sind die (handlungsrelevanten) Informationen zwischen Principal als Auftraggeber und Agent als Auftragnehmer zugunsten letzeren asymetrisch verteilt, es herrscht Unsicherheit über das Verhalten der Vertragspartner, und die Handlungen des Agenten beeinflussen sowohl das eigene Nutzenniveau als auch das des Principals. Der Principal-Agent-Ansatz erhält seine Berechtigung aus der Tatsache, daß Informationen nicht vollständig und kostenlos beschafft werden können: Ein Teil der Handlungen des Agenten ist aufgrund seines Informationsvorteils vom Prinzipal nicht beobachtbar oder bewertbar, innerhalb dieses Handlungsraumes hat der A-gent somit die Möglichkeit, sich opportunistisch zu verhalten, ohne der Gefahr von Sanktionierungen zu unterliegen. Aus der Differenz zwischen tatsächlicher Handlung des Agenten und der Handlung bei theoretisch angenommener vollständiger (und damit symmetrischer) Information resultieren die im Rahmen dieses Ansatzes betrachteten (Agency-)Kosten. Diese setzen sich aus den sich wechselseitig beeinflussenden Kosten für die Überwachung und Kontrolle des Agenten durch den Prinzipal, aus den Garantiekosten des Agenten sowie wiederum aus den Kosten durch Wohlfahrtsverluste zusammen.

Zu (3) Transaktionskosten-Ansatz

Die Untersuchungseinheit des Transaktionskosten-Ansatzes sind die bei der Übertragung von Verfügungsrechten, einer Transaktion, entstehenden Kosten – die Transaktionskosten. Die Phasen einer Transaktion lassen sich in Anbahnungs-, Vereinbarungs-, Abwicklungs-, Kontroll- und Anpassungsphase unterscheiden [Picot/Reichwald/Wigand 1998, S. 41]. Die Transaktionskosten ergeben sich im wesentlichen aus der Summe der Kosten für die jeweiligen Informations- und Kommunikationsprozesse der beteiligten Akteure in den einzelnen Phasen, wobei verschiedene Einflußfaktoren auf die Höhe der Transaktionskosten unterschieden werden. Neben den oben beschriebenen Verhaltensannahmen der Akteure wird insbesondere die Unsicherheit über das Eintreten nicht vorhersehbarer situativer Veränderungen und die Höhe der transaktionsspezifischen Investitionen berück-

sichtigt. Die Transaktionskosten sind der Effizienzmaßstab des Ansatzes: Bezogen auf einen Leistungsprozess ist das jeweilige institutionelle Arrangement effizient, daß die geringsten Transaktionskosten aufweist.
Ursprünglich dient der Transaktionskosten-Ansatz von Coase (1937) beziehungsweise in seiner Weiterentwicklung von Williamson (1975) dazu, die Frage zu klären, weshalb verschiedene Formen von Institutionen zur Koordination von arbeitsteiligen Leistungsprozessen existieren, wobei insbesondere die Alternativen Markt versus Hierarchie (als Synonym für Unternehmung) nebst hybrider Zwischenformen unterschieden werden, zunehmend werden jedoch auch unternehmungsinterne Strukturalternativen transaktionskosten-ökonomisch analysiert [vgl. Theuvsen 1997 und dortige Literaturverweise; Windsperger 1996; Hackert 1999, insbes. S. 67ff.].

3.2.1 Der Transaktionskosten-Ansatzes als Analyseinstrument für virtuelle Teams

Die Ansätze der Neuen Institutionenökonomie sind eng miteinander verknüpft, lassen sich jedoch anhand der gewählten Untersuchungsperspektive unterscheiden: Der Property-Rights-Ansatz sowie der Principal-Agent-Ansatz betrachten, der Unterscheidung von Picot (1991, S. 153) folgend, als Untersuchungseinheit jeweils die handelnden Akteure, während der Transaktionskosten-Ansatz die Transaktion und den zugrundeliegenden Koordinationsmechanismus selbst fokussiert. Lassen sich Prinzipal-Agenten-Beziehungen und Transaktionsbeziehungen in der Regel analytisch wechselseitig ineinander überführen [vgl. Picot 1991, S. 154], so wird hier die Perspektive des Transaktionskosten-Ansatzes gewählt, weil er hinsichtlich des Untersuchungszieles dieser Arbeit deshalb besonders geeignet ist, da sich virtuelle Teams und face-to-face Teams fundamental in ihren Informations- und Kommunikationsmöglichkeiten unterscheiden und somit unmittelbar die originär von diesem Ansatz betrachtete Gestaltungsvariable betroffen ist [vgl. auch Appel/Behr 1996, S. 3; Picot/Reichwald/Wigand 1998, S. 56ff.; Yager 1999 zur Relevanz des Transaktionskosten-Ansatzes im Zusammenhang der Analyse virtueller Organisationsformen sowie Sydow 1992, S. 129; Motz 1998, S. 92; Ebers/Gotsch 1999, S. 242 zur allgemeinen Rezipation des Transaktionskosten-Ansatzes zur Thematisierung betriebswirtschaftlicher Fragestellungen und Pharao 1995; Zerbe 2000, S. 82ff. zur Anwendung des Transaktionskostenansatzes im Zusammenhang mit der Analyse von Teams].

Die Interpretation von virtuellen Teams als Institutionen und dic Analyse ihrer Transaktionskosten zielt hier primär auf die Betrachtung der teaminternen Strukturen ab. Die institutionelle Verankerung im organisatorischen Umfeld, die aus Sichtweise der Neuen Institutionenökonomie als System von Vertragsbeziehungen zwischen Teammitgliedern und Unternehmung(en) charakterisiert und häufig

im Rahmen des Principal-Agent-Ansatzes behandelt wird [vgl. beispielsweise Horn 1997, insbes. S. 23ff.], wird dementsprechend nur sekundär thematisiert.
In Modifikation der ursprünglichen Fragestellung des Transaktionskosten-Ansatzes, der das Entstehen von verschiedenen Institutionen als Ergebnis von Entscheidungen der beteiligten Akteure selbst untersucht, wird hier angenommen, daß die Ausbildung von hierarchischer Kontrolle unterworfenen Koordinationsformen, die auch als interne Koordinationsformen bezeichnet werden [vgl. Theuvsen 1997, S. 972f.], auf das Ergebnis von Entscheidungen durch übergeordnete Instanzen zurückzuführen ist. Mit Verweis auf deren ebenfalls nur beschränkte Rationalität ist aus der gewählten Betrachtungsperspektive heraus so gegebenenfalls auch die Existenz nicht-effizienter Koordinationsformen zu erklären. Ein etwaiger Effizienzvorteil virtueller Teams ist also nicht bereits aus ihrer Existenz abzuleiten, vielmehr bedarf es weitergehender Betrachtungen, um ein verbessertes Verständnis über die Eigenschaften zu erlangen, auf dessen Grundlage schließlich auch zu Effizienzaussagen gelangt werden kann. Für das weitere Vorgehen wird aus forschungspragmatischen Gründen die Frage nach den Effizienzvorteilen Markt versus Hierachie und die Frage nach den Effizienzvorteilen von teamorientierten Organisationsformen gegenüber anderen hierarchischen Alternativen nicht diskutiert sowie die Analyse virtueller Teams komparativ auf nicht-virtuelle Teams beschränkt, da die ersten beiden Punkte bereits andernortes intensiv diskutiert werden (vgl. die obigen Literaturverweise), während der dritte Punkt sich aus dem Interesse an einer konzentrierten Auseinandersetzung mit dem Untersuchungsgegenstand ergibt. Dies impliziert zum einen die Fragestellung, ob und gegebenenfalls unter welchen Umständen virtuelle Teams effizient gegenüber face-to-face Teams sind und ob sie damit pragmatisch betrachtet „ökonomisch zweckmäßig" sind. Zum anderen dient die Analyse unabhängig von den Überlegungen zu der ökonomischen Vorteilhaftigkeit verschiedener Koordinationsformen dazu, wesentliche Determinanten der Transaktionskosten virtueller Teams herauszuarbeiten, um so zur Verbesserung des Erkenntnisstandes über letztere beizutragen. In Anbetracht der bisher weitgehend ungelösten Schwierigkeiten, die mit dem Versuch der Operationalisierung von Transaktionskosten verbunden sind, werden hierzu nicht absolute Maßzahlen ermittelt, sondern es wird auf eine Betrachtung potentieller relativer Transaktionskostenveränderungen abgezielt [vgl. u.a. Sydow 1992, S. 146; Theuvsen 1997, S. 973].

In Anlehnung an das Phasenschema einer Transaktion (s.o.) lassen sich die Transaktionskosten zunächst in Ex-ante- und Ex-post-Kosten unterscheiden. Hierauf aufbauend wird mit Windsperger (1996, S. 13ff.) die folgende detailliertere Differenzierung vorgenommen [vgl. auch Picot 1982, S. 270]:

Ex-ante-Transaktionskosten:

- Die Suche nach geeigneten Transaktionspartnern sowie das Einholen von Informationen über Aufgaben- und Umweltcharakteristika verursachen Informationsgewinnungskosten. Sie resultieren primär aus dem benötigen Zeitaufwand und weisen Opportunitätskostencharakter auf.
- Die Informationsweitergabekosten sind insbesondere auf den für die Weitergabe von Informationen benötigten Zeitaufwand (u.a. Arbeitszeit und technische Übertragungszeit) sowie auf Informationsverluste beziehungsweise -verzerrungen, die hierbei entstehen, zurückzuführen. Letztere sind sowohl auf menschliche als auch auf technische Beschränkungen zurückzuführen.
- Die transaktionsrelevanten Informationen werden von den Akteuren aufbereitet, verdichtet und ausgewertet. Die hierbei entstehenden Informationsverarbeitungskosten setzen sich wiederum aus den Kosten für den Zeitaufwand sowie aus den Kosten aus unvollkommener Informationsverarbeitung wegen technischer oder kognitiver Beschränkungen zusammen.
- Die Aushandlung der Transaktionsbedingungen zwischen den Akteuren verursacht Verhandlungskosten. Gemäß der Verhaltensannahmen werden die transaktionskostenrelevanten Informationen nicht vollständig berücksichtigt, sie werden - bewußt oder unbewußt - verzerrt, manipuliert oder selektiert. Auch die Verhandlungskosten ergeben sich aus den Kosten für den Zeitaufwand und den Opportunitätskosten.
- Konfliktbeilegungskosten entstehen bei der Schlichtung von Konflikten, die insbesondere durch asymmetrische Informationsverteilung und gegensätzliche Interessen ausgelöst werden.
- Die interpersonelle Entscheidungsfindung zur Erstellung des Transaktionsplanes verursacht Entscheidungskosten. Neben Zeitkosten existieren Opportunitätskosten, die aus Fehlentscheidungen und Zeitverzögerungen, aus Informationsverlusten wegen kognitiver Beschränktheit und aus opportunistischen Entscheidungsverhalten der Akteure resultieren.

Ex-post-Transaktionskosten:

- Nach Durchführung der Transaktion entstehen Kontrollkosten, die der Sicherstellung der planmäßigen Transaktionsdurchführung dienen. Die Kontrolltätigkeit selbst verursacht Informationsgewinnungs-, Informationsweitergabe-, Informationsverarbeitungs-

und Entscheidungskosten, weiterhin sind Opportunitätskosten aus Kontrollverlusten zu unterscheiden.

- Treten im Nachhinein die die ursprünglichen Transaktionsbedingungen betreffende Veränderungen auf, und werden die Transaktionspläne dementsprechend angeglichen, entstehen Anpassungskosten.

Weiterhin verursacht der organisatorische Rahmen, innerhalb dessen die Akteure handeln und in dem die Transaktionen durchgeführt werden, Kosten für die Erstellung und die Aufrechterhaltung [vgl. Theuvsen 1997, S. 978], die von Windsperger (1996, S. 29) als Set-up-Kosten bezeichnet werden. Hierzu sind beispielsweise die Kosten für die Schaffung und den Unterhalt der technischen Infrastruktur, die virtuelle Teams benötigen, zu rechnen. Die sozialen, rechtlichen und technologischen Rahmenbedingungen in ihrer Gesamtheit können die Höhe der Transaktionskosten maßgeblich beeinflussen, sie werden im Rahmen des Transaktionskosten-Ansatzes als Transaktionsatmosphäre (auch: situative Spezifität und die Umweltkomplexität oder –unsicherheit) berücksichtigt [vgl. Sydow 1992, S. 132; Picot/Reichwald/Wigand 1998, S. 44].

3.2.2 Virtuelle Teams versus face-to-face Teams - Ein transaktionskostenorientierter Vergleich

Ein situativ angenommener relativer Effizienzvorteil von Teams gegenüber anderen hierarchischen Koordinationsformen resultiert daraus, daß ein Teil der Koordinationsfunktionen an das Team selbst delegiert wird: Die horizontale Informationsweitergabe innerhalb des Teams verursacht annahmegemäß geringere Kosten als die alternative Informationsweitergabe über vertikale Kommunikationskanäle bei hierarchischer Organisation, weiterhin werden die Opportunitätskosten der Informationsweitergabe sowie der Informationsverarbeitung positiv beeinflußt [vgl. Windsperger 1996, S. 122f.]. Eine wesentliche Annahme ist hierbei, daß neben den formalen, aufgabenbezogenen Beziehungen beziehungsweise Prozessen insbesondere die informalen, sozialen Beziehungen maßgeblich die Effizienz des Teams beeinflussen. Ist das gesamte Koordinationssystem mit vertretbaren Aufwand formalisierbar, so stellt aus neoinstitutionenökonomischer Perspektive nicht das Team, sondern ein System diskreter Einzelverträge zwischen Teammitgliedern und Unternehmung die effiziente Koordinationsform dar [vgl. Horn 1997, S. 16f.]. Da hier die Veränderungen der Informations- und Kommunikationsbedingungen als wesentlicher Einflußfaktor auf die Transaktionskostenhöhe betrachtet werden (s.o.), sind deren formalen und informalen Aspekte gleichberechtigt zu betrachten [vgl. Hackert 1999, S. 70f., anders jedoch Theuvsen 1997, S. 978f., der Entscheidungskompetenzen in den Mittelpunkt der Betrachtung stellt und die Gestaltung bzw. die Gestalt von Kommunikationsbeziehungen als vernachlässigbar betrachtet].

Es wird als unstrittig betrachtet, daß die Bearbeitung und Übertragung von Daten durch den Einsatz von Informations- und Kommunikationstechnik in der Regel effizienter als bei manueller Handhabung erfolgt, soweit wird bedingt Picot/Reichwald/Wigand (1998) gefolgt: „*Die Einführung neuer Informations- und Komunikationstechniken führt nun bei allen Koordinationsformen tendenziell zu Senkungen der fixen und der variablen Transaktionskosten*“ [id., S. 59], wobei der Begriff der fixen Transaktionskosten im wesentlichen dem der Set-Up-Kosten (s.o.) entspricht. Teameffekte werden jedoch zumeist implizit oder explizit auf die räumliche Nähe der Mitglieder und der Face-to-Face-Kommunikationssituation zurückgeführt, die zur effizienten Bearbeitung komplexer, kommunikationsintensiver Aufgaben als notwendig angesehen wird [vgl. u.a. Daft/Lengel 1986, S. 560; Stegbauer 1995, S. 535; Höflich 1996, S. 19; Goecke 1997, S. 53f.; Hackert 1999, S. 76f.]. Die Mitglieder virtueller Teams kommunizieren medienvermittelt, wobei die eingesetzten Techniken - zumindest bei dem gegenwärtigen und absehbar zu erwartenden Entwicklungsstand - keinen vollwertigen Ersatz für unmittelbare Kommunikation darstellen [vgl. Bair 1989, S. 210ff.; Herrmann 1991, S. 76f.], womit eine wichtige Annahme-Voraussetzung für den Effizienzvorteil von Teamarbeit nicht mehr vollständig erfüllt ist. Bei diesen Überlegungen ist zu berücksichtigen, daß face-to-face Teams bei Bedarf ebenfalls Informations- und Kommunikationstechniken unterstützend einsetzen können, so daß diesbezügliche Vorteile gleichermaßen für beide betrachteten Teamarten gelten.

Neben den Transaktionskosten im engeren Sinn sind im Rahmen dieses Vergleiches auch Kosten für die Schaffung des jeweiligen Rahmens, die Set-Up-Kosten, zu berücksichtigen:

- Betrachtet man eine Menge bestimmter Personen als mögliche Mitglieder eines Teams, so können die Set-Up-Kosten für die Implementierung eines entsprechenden face-to-face Teams von prohibitiver Höhe sein, wenn die avisierten Mitglieder beispielsweise große geographische Distanzen zueinander haben und Reisekosten (beispielsweise auch unter Berücksichtigung der Reisezeit) entstehen. Als Implementierungsalternative wird hier gegebenenfalls ein virtuelles Team indiziert.
- Die im Zusammenhang mit virtuellen Teams häufig diskutierte Möglichkeit der kontinuierlichen Aufgabenbearbeitung durch Ausnutzung globaler Zeitzonenverschiebung zum Erzielen kürzerer Bearbeitungszeiten kann ebenfalls unter dem Aspekt der Set-Up-Kosten-Wirksamkeit betrachtet werden: Kontinuierliche Aufgabenbearbeitung ist auch durch lokale Teams in einem Schichtdienst möglich, wobei die Teammitglieder in Schichtüberschneidungszeiten die Möglichkeit zur Face-to-Face-Kommunikation haben. Erhöhte Set-Up-Kosten werden hierbei beispielsweise durch Schicht-

beziehungsweise Nachtzuschläge bedingt sowie durch Opportunitätskosten, die aus Leistungsminderung bei Nacht- und Schichtarbeit zurückzuführen sind. Weiterhin sind auch etwaige Umsetzbarkeitsprobleme und -barrieren, die unter anderem aus arbeitsrechtlichen Restriktionen oder Akzeptanzproblemen seitens der Mitarbeiter resultieren können, zu berücksichtigen.

- Wird die Alternative eines face-to-face Teams aus lokal verfügbaren Mitarbeitern mit der Alternative eines virtuellen Teams aus aufgabenbezogen besser qualifizierten Mitarbeitern verglichen, so sind die Opportunitätskosten, die aus der geringeren Aufgabeneignung des face-to-face Teams resultieren, im Rahmen einer Transaktionskosten-Analyse ebenfalls zugehörig zu den Set-Up-Kosten zu berücksichtigen. In diesen Zusammenhang sind auch die als positiv anzunehmenden Kosten-Effekte zu stellen, die daraus entstehen, daß Personen in mehreren virtuellen Teams gleichzeitig Mitglied sein können und dort ihr spezifisches Wissen einbringen.
- Für virtuelle Teams spezifische Set-Up-Kosten entstehen unter anderem aus der Notwendigkeit, eine entsprechende technische Infrastruktur zu schaffen, sowie aus etwaigem spezifischen Schulungsbedarf für die Mitarbeiter.

Es ist zusammenfassend festzustellen, daß eine situative Vorteilhaftigkeit virtueller Teams gegenüber face-to-face Teams aus Perspektive des Transaktionskosten-Ansatzes nicht in der effizienteren internen Struktur begründet zu sehen ist, sondern vielmehr in den Bedingungen der Teambildung (hier verstanden als deren formale Initiierung), die unter dem Aspekt der Set-Up-Kosten betrachtet werden: Unter ceteribus-paribus-Annahme ist ein face-to-face Team gegenüber einem virtuellem Team effizient [vgl. auch die Ergebnisse der explorativen Studie von Warkentin/Sayeed/Hightower 1997, die jedoch außerhalb einer transaktionskosten-ökonomischen Betrachtung liegen: *„It was found that teams using [...] computer-mediated communication system[s] (CMCS) [hier weitgehend gleichbedeutend mit 'virtuelle Teams', Anmerkung des Verfassers] could not outperform traditional (face-to-face) teams under otherwise comparable circumstances*“ (S. 975)].

3.2.3 Das Beitragspotential des Transaktionskosten-Ansatzes zur theoretischen Fundierung virtuellerTeams

Die von einer transaktionskosten-orientierten Perspektive ausgehenden Betrachtung virtueller Teams erlaubt einerseits Einsichtnahme in wichtige Eigenschaften des Untersuchungsgegenstandes, es gilt andererseits jedoch auch, auf die Limitationen der gewählten Betrachtungsweise hinzuweisen. Entsprechend der hohen „Popularität“ des Transaktionskosten-Ansatzes mangelt es nicht an vielfältigen kritischen Beiträgen, die unterschiedliche Aspekte aufgreifen. So werden unter anderem die unklare Terminologie, die mangelhafte Operationalisierbarkeit, die ungenügende Trennung verschiedener hierarchischer Arrangements, die unkritische Übernahme des mikroökonomischen Effizienzbegriffs, die Vernachlässigung historischer beziehungsweise gesellschaftlicher Verhältnisse, die unzulängliche Formalisierung, die statische Konzeption, die interessenmonistische Ausrichtung sowie die Verankerung im methodologischen Individualismus kritisiert [vgl. exemplarisch Sydow 1992, S. 145; Ebers/Gotsch 1995, S. 243ff.]. In der vertragstheoretischen Konzeption wird weiterhin ein Ansatz dahingehender Kritik gesehen, daß ein einseitiges Menschen- beziehungsweise Organisationsbild vorliegt und beispielsweise mikropolitische Aspekte zugunsten einer übertreibenden Betonung der Relevanz von Transaktionskosten vernachlässigt werden [vgl. Hackert 1999, S. 73]. So erfolgt die Effizienzbeurteilung ausschließlich anhand ökonomischer Kriterien, soziale und individuelle Aspekte werden außer acht gelassen beziehungsweise ökonomisiert und nicht-ökonomische Handlungsmotive ausgeblendet [vgl. Sydow 1992, S. 152]. Ebenfalls kritisiert wird die Nicht-Berücksichtigung der Leistungserstellungskosten (Produktionskosten) im Rahmen des Transaktionskosten-Ansatzes: Es ist unter anderem unklar, inwiefern Produktions- und Transaktionskosten getrennt betrachtet werden können [vgl. Reitz 1996, S. 22].

Im folgenden stehen zunächst weiterhin Aspekte des Interaktionssystems im Mittelpunkt der Betrachtung. Die Begrenztheit des Transaktionskosten-Ansatzes wird in diesem Zusammenhang daran verdeutlicht, daß dieser sich ausschließlich auf transaktionsrelevantes Suchen, Bearbeiten und Weitergeben von Informationen bezieht und dabei die Dimensionen der kommunikativen Verständigung, wie sie von einer sozialwissenschaftlichen Positionen geöffneten Betrachtung hervorgehoben werden, vernachlässigt. Obwohl diese Perspektiven nicht unvereinbar miteinander sind, da sie sich im Kern mit ähnlichen Fragestellungen beschäftigen und dabei doch verschiedene Phänomene fokussieren, lassen sie sich nicht zufriedenstellend in einen gemeinsamen Theorierahmen integrieren [vgl. Martin 1998, S. 575], weshalb im folgenden Abschnitt das Verständnisinteresse von der hier vorwiegend ökonomischen Fragestellung mehr auf kommunikative Verständigungsprozesse umgelenkt wird, wozu der vom Transaktionskosten-Ansatz abgesteckte Rahmen verlassen wird.

3.3 Virtuelle Teams aus systemtheoretischer Perspektive

Aus der Kritik an der oben dargestellten ökonomischen Betrachtung virtueller Teams läßt sich exemplarisch ableiten, woraus sich ein Anstoß für die Entwicklung der Systemtheorie, deren Beitrag zur theoretischen Fundierung virtueller

Teams Gegenstand dieses Kapitels ist, ergibt: Die Fokussierung auf wenige Partialaspekte erlaubt zwar die Formulierung von Aussagen über Einzelphänomene, die Untersuchung komplexerer Forschungsgebiete bedingt jedoch darüber hinaus das Streben danach, auch vielfältig miteinander vernetzte Zusammenhänge analytisch fassen zu können, was letztlich zu einer systemischen Sichtweise und damit zur Systemtheorie führt, wobei in Anbetracht der verschiedenen existenten Ansätze nicht von einer einzigen geschlossenen Theorie zu sprechen ist [vgl. Luhmann 1996, S. 15; Börner 1998, S. 163f.; für einen einführenden Überblick über die Entwicklungsstufen der systemtheoretischen Ansätze aus organisationswissenschaftlicher Perspektive siehe Schreyögg 1998, S. 91ff. oder Antoni 1996, S. 34ff. für eine an der Gruppenforschung orientierten Betrachtung. Wegweisend für die deutschsprachige betriebswirtschaftliche Systemtheorie ist Ulrich 1968]. Weitgehend unabhängig von der gewählten Sichtweise wird die Wahl eines systemtheoretischen Ansatzes damit begründet, daß so durch hinreichend abstrakte Betrachtung divergente Erscheinungsformen unterschiedlicher Komplexe zusammengefaßt oder nach bestimmten Gesichtspunkten strukturiert werden können [vgl. Krebs 1998, S. 126]. Bertalanffy (1968) verdeutlicht dies in seinen frühen grundlegenden Arbeiten für eine (naturwissenschaftlich motivierte) „Allgemeine Systemtheorie“ wie folgt:

> *„General system theory should be, methodologically, an important means of controlling and instigating the transfer of principles from one field to another, and it will no longer be necessary to duplicate or triplicate the discovery of the same principles in different fields isolated from each other“ [Bertalanffy 1968, S. 80].*

Systemtheoretische Ansätze liefern einen Bezugsrahmen, dessen wesentliche Funktionen die *„terminologische Funktion“*, also die Vereinheitlichung und Formalisierung des Begriffssystems, die *„heuristische Funktion“*, also die Bereitstellung von perspektivenerweiternden Strukturmodellen, und die *„Integrationsfunktion“*, also die Ermöglichung einer interdisziplinären Betrachtungsweise, sind [vgl. Hill/Fehlbaum/Ulrich 1994, S. 18]. Weniger die Erklärung spezifischer Detailfragen wird bei systemtheoretisch gestützter Vorgehensweise intendiert, sondern vielmehr das Erkennen, Beschreiben und letztlich Erklären allgemeiner Bedingungen und Funktionsweisen von Gesamtsystemen.

Die Anwendung eines systemtheoretischen Ansatzes im Kontext einer betriebswirtschaftlichen Betrachtung ist nicht auf die Analyse von Unternehmen als komplexe Ganzheiten beschränkt, sondern läßt sich auch auf Teile hiervon und somit auch auf Teams übertragen: *„A team can be conceptionalized in terms of system theory“* [Coovert/Craiger/Cannon-Bowers 1995, S. 154]. Auf einem höherem Abstraktionsniveau sind die gemeinsamen Eigenschaften von (virtuellen) Teams und anderen Systemformen analysierbar, während eine weitergehende Konkretisierung zunächst der Abgrenzung und dann der tiefergehenden Einsichtnahme dient, wobei sowohl eine analytische Gleichbehandlung von Teams und Organisationen als auch eine differenzierte Betrachtung erkenntniserweiternd sind. Die generelle Eignung systemtheoretischer Ansätze zur Analyse speziell auch virtueller Organisationen beziehungsweise Teams diskutieren beispielsweise Scholz (1994, insbes. S. 36ff. und S. 56) und Zimmermann (1999) mit positivem Ergebnis.

In den weiteren Abschnitten wird zunächst die Eigenständigkeit des Systemtypus virtuelles Team als Spezialisierungsform der Gruppe rekonstruiert, im Anschluß hieran erfolgt eine weitergehende Auseinandersetzung mit Detailaspekten aus systemtheoretischer Perspektive, und abschließend werden Implikationen dieser Perspektive für die theoretische Fundierung der Diskussion virtueller Teams aufgezeigt.

3.3.1 Rekonstruktion der Eigenständigkeit des Systemtypus „virtuelles Team"

Im Folgenden wird zunächst der Begrenztheit einer universell verwendbaren, jedoch hoch-abstrakten Vorgabe, die eine allgemeine Systemtheorie bietet, Rechnung getragen werden, indem in Anlehnung an Tyrell (1983) konzeptionelle Charakteristika von Teams dargestellt werden, die jeweils eine Abgrenzung von Organisationen beziehungsweise Interaktionen als „benachbarte" Systemtypen ermöglichen. Tyrell (1983) schließt sich an Neidhardt (1979) und an frühe Vorarbeiten zum Entwurf des „Grundrisses einer allgemeinen Theorie sozialer Systeme" von Luhmann (1996) an. Die Zielsetzung dieses Abschnittes ist es, aufzuzeigen, daß die ausschließliche analytische Gleichbehandlung von verschiedenartigen (virtuellen) sozialen Systemen nur zu einer unbefriedigenden Aussagekraft gelangen kann, während sich insbesondere durch die Differenzierung von (virtuellen) Teams und (virtuellen) Organisationen als verschiedenartige Systemtypen erkenntniserweiternde Einsichten ergeben [Zur Unterscheidung von verschiedenen Ebenen der Systembildung und der jeweiligen unterschiedlichen Abstraktionsschemata siehe auch den folgenden Abschnitt beziehungsweise Luhmann 1996, S. 16ff.].
Die explizite analytische Unterscheidung von Gruppen und Individuen beziehungsweise Organisationen stellt sicherlich auch im Kontext einer betriebswirtschaftlich orientierten Diskussion kein Novum dar, vor dem Hintergrund der in Teilen der für die vorliegende Arbeit als themenrelevant erachteten Literatur festzustellenden und in Kapitel 2.2 dargelegten Tendenz einer Konzentration auf den Aspekt der Virtualität unter Inkaufnahme einer indifferenten Gleichbehandlung von analytisch unterscheidbaren Formen sozialer Systeme erscheint es jedoch opportun, mittels einer Rekonstruktion fundamentaler Unterschiede zum einen die

zumindest partielle Eigenständigkeit des Betrachtungsobjektes „virtuelle Teams" auf theoretisch fundierter Basis aufzuzeigen, um so zum anderen implizit auf Ansatzpunkte weitergehender Analysen, wie sie mittels geeigneter Anschlußtheorien stattfinden können, hinzuweisen.

Die Arbeiten Luhmanns stellen einen wichtigen frühen Impulsgeber dafür dar, die Anwendbarkeit soziologischer Systemtheorien, die sich zunächst primär auf die Gesellschaftsebene konzentriert haben, auch auf die mikrosoziologische Ebene, der letztlich auch virtuelle Teams zuzurechnen sind, auszudehnen [vgl. Tyrell 1983, S. 75]. Im Rahmen dieses Abschnittes werden hieraus ausgewählte, als untersuchungszielrelevant erachtete Partialaspekte berücksichtigt, die hinsichtlich des zunächst primären Interesses der Differenzierung verschiedener Systemtypen selektiert sind. Anhand der Prinzipien „Grenzbildung" und „Selbstselektion" werden zunächst die drei vertikal differenzierten Systemtypen „Interaktion", „Organisation" und „Gesellschaft" unterschieden [vgl. auch Luhmann 1996, S. 16]:

- Grenzbildung und Selbstselekion eines <u>Interaktionssystems</u> sind durch die gleichzeitige, gemeinsame und registrierte Anwesenheit von zumindest zwei Personen bestimmt [vgl. Luhmann 1996, S. 560ff.],
- essentiell für <u>Organisationssysteme</u> ist die Koppelung von Mitgliedschaft, die erworben und verloren beziehungsweise gekündigt werden kann, mit bestimmten variablen Verhaltensanforderungen [vgl. Luhmann 1996, S. 268], und
- <u>Gesellschaft</u> stellt das umfassende Sozialsystem dar, das *„alles Soziale in sich einschließt und infolgedessen keine soziale Umwelt kennt*" [Luhmann 1996, S. 555].

Diese Systemtypen sind zwar auf vielfältige Weise miteinander verschränkt, sie sind jedoch *„nicht aufeinander zurückführbar"* (Tyrell 1983, S. 76; vgl. auch Luhmann 1996, S. 550, Fn. 1), es gelten jeweilige Spezifika nebst entsprechender Restriktionen:

„[Die] Verschränkung der Systemtypen ineinander besagt - von oben, von der Gesellschaftsebene her gesehen - ***nicht****, daß Interaktions- und Organisationssysteme sich darin erschöpfen, Elemente oder Teile des Gesellschaftssystems zu sein, wiewohl ihre Limitierung von dort niemals unerheblich ist; Interaktions- und Organisationstheorie gehen nicht in Gesellschaftstheorie auf. Und von der anderen Seite her gesehen gilt: 'die soziale Wirklichkeit' ist nicht in Interaktion auflösbar; das ist schon daran ablesbar, daß durchaus nicht alles 'soziale Handeln' (in Sinne Max Webers) interaktiv, also in Anwesenheit anderer und an diese in seiner Sinngebung irgendwie 'adressiert' abgewickelt wird; zumal in Organisationen fällt vielerlei soziales Handeln ('Arbeit') an, das nicht als Interaktion geschieht" [Tyrell 1983, S. 76f.; (...)-geklammerte Einfügungen sowie Hervorhebung im Original].*

Neidhardt (1979) betrachtet diese triadische Typologie insofern als ergänzungsbedürftig, als daß zwischen den Ebenen Interaktion und Organisation ein zu großer analytischer Abstand besteht und definiert einen dazwischen anzusiedelnden vierten Systemtypus, den der *„sozialen Gruppe*", als *„ein soziales System, dessen Sinnzusammenhang durch unmittelbare und diffuse Mitgliederbeziehungen sowie durch relative Dauerhaftigkeit bestimmt ist*" [Neidhardt 1979, S. 642]. Die Einführung dieses neuen Systemtypus ist insofern mit den Überlegungen Luhmanns kompatibel, daß dieser die Liste der Systemarten als korrigier- und damit auch als erweiterungsfähig bezeichnet [vgl. Luhmann 1996, S. 18].
Die evidente inhaltliche Kongruenz zu der in Kapitel 2 wiedergegebenen Definition des Gruppenbegriffs weist auf die Identität der Untersuchungsobjekte hin, die dort vorgenommene Spezialisierung des Gruppenbegriffs hin zum Begriff des virtuellen Teams wird hier analog übertragen. Die Differenzierung des Systemtypus Gruppe von den 'benachbarten' Typen Interaktion beziehungsweise Organisation von Tyrell (1983) erfolgt skizziert wiedergegeben in den folgenden beiden Abschnitten, an die sich eine zusammenfassende Darstellung des Kernprinzips der sozialen Gruppe unter Berücksichtigung spezifischer Aspekte virtueller Teams anschließt.

3.3.1.1 Systemtypus Team versus Systemtypus Organisation

Anhand der Merkmale (1) der „Unmittelbarkeit der Interaktionsbeziehungen" und (2) der „Diffusheit der Mitgliederbeziehungen" lassen sich die Systemtypen Gruppe und Organisation voneinander differenzieren, wobei die analytische Separabilität nicht ausschließt, daß sich Gruppen und Organisationen in realiter in ihren systemischen Eigenschaften überlagern: „Gruppe" ist kein exklusiver Gegenbegriff zu „Organisation" [vgl. Neidhardt 1979, S. 642f.].

Zu (1) Unmittelbarkeit von Interaktionsbeziehungen

Die Mitglieder von Gruppen suchen aktiv wechselseitigen Kontakt: Gruppen sind interaktionsnah konstituiert, das Abreißen des Kontaktes der Mitglieder bedingt tendenziell das Ende der Gruppenexistenz, auch wenn die Erinnerung an sie bei den (dann ehemaligen) Mitgliedern präsent bleibt. Erklärt Neidhardt (1979, S. 642) Unmittelbarkeit als das Vorhandensein von Face-to-Face-Kontakten, so soll hier gemäß der Annahmen aus Kapitel 2 Virtualität als mögliches Substitut für diese angenommen werden.
Die Mitglieder von Gruppen interagieren unter anderem auch „um der Interaktion selbst wegen“ (sozio-emotionale Interaktionen), während organisationsspezifische Interaktionsprozesse primär reglementierter Natur sind und sich im Extremfall auf das zur sachlichen Koordination von Einzelarbeit notwendige Minimum beschränken (aufgabenorientierte Interaktionen). Während Gruppen in ihrer Existenz also abhängig vom Vorhandensein von Interaktionsbeziehungen sind und mit diesen „entstehen“ beziehungsweise „vergehen“, so werden Organisationen explizit „gegründet“ oder „aufgelöst“: Organisationen sind in ihrer Existenz „definitiver“. Interaktionen innerhalb von Organisationen verdichten sich nicht zwangsläufig dahingehend, daß Gruppenbildungsprozesse initiiert werden, wobei dieses durch (formale Organisations-)Systemgrenzen wie beispielsweise Abteilungen unter Umständen gefördert oder auch bewußt provoziert wird [vgl. Tyrell 1983, S. 79]. Ob diese sozialen Phänomene, die auch als formale Arbeitsgruppen zu bezeichnen sind (s.o.), auch „echte Gruppen“ im Sinne einer sozialwissenschaftlichen Erkenntnissen geöffneten Betrachtung sind, kann nur im Einzelfall empirisch entschieden werden [vgl. Neidhardt 1979, S. 643].

Zu (2) Diffusheit von Mitgliedschaft

Die zweite Differenz zwischen Gruppen und Organisationen zielt auf die Diffusheit der Mitgliederbeziehungen ab [vgl. Tyrell 1983, S. 79f.]. Gruppen geben den Mitgliedern größere Freiräume hinsichtlich ihres Handelns beziehungsweise Interagierens als Organisationen, die dieses primär hinsichtlich eines bestimmten Sachzwecks zu bestimmen versuchen. Während für Organisationen das Primat des sachlichen Zwanges dominiert und sie in diesem Sinne „unpersönlich“ sind, weil es prinzipiell unerheblich ist, welche Personen zur Realisation beitragen, ermöglichen Gruppen „persönliche Selbstdarstellung“ und stellen den Aspekt der als persönlich erlebten Beziehung in den Mittelpunkt. Tyrell (1983, S. 80) verdeutlicht dies durch die Aussage, daß für Organisationen wesentlich ist, was sie tun, während für Gruppen zunächst viel wesentlicher ist, wer dazugehört. Die Mitglieder von Gruppen empfinden sich als zusammengehörig, bezogen auf Organisationen jedoch als zugehörig [Titscher 1992, Sp. 1016]. Anders als in Organisationen, in denen die bewußte Änderbarkeit von (formalen) Regeln, Stellen und Personal aus systemtheoretischer Sichtweise konzeptionell verankert ist, ergeben sich Veränderungen in Gruppen schon deshalb „*unauffällig*“ (Tyrell 1983, S. 80), weil die Gruppennormen in weiten Teilen nicht expliziert oder thematisiert werden und abhängig von den sie praktizierenden Personen sind: „*Da steht in Gruppen vieles herum und bleibt latent*“ [Neidhardt 1978, S. 648]. Verfahren der Manipulation von Systemen des Typus Organisation lassen sich demzufolge nicht gänzlich auf solche des Typus Gruppe übertragen. Weiterhin ist die für Organisationen charakteristische analytische Trennung von (formalen) Rollen und konkreten Personen im Gruppenkontext nicht aufrechtzuerhalten, weil in Gruppen kaum eine Differenzierung von Rollen und Personen stattfindet und ausscheidende Personen in bezug auf die von ihnen ausgefüllte Rolle „*im Prinzip unersetzlich*“ (Tyrell 1983, S. 80) sind. Das Prinzip des Systems Gruppe verkraftet wechselndes Personal nur beschränkt (ibd.), während das Prinzip des Systems Organisation individuelle Verhaltensweisen einzelner Systemmitglieder verschwinden läßt [vgl. auch Hahne 1997, S. 168].

3.3.1.2 Systemtypus Team versus Systemtypus Interaktion

Nachdem im vorherigen Abschnitt Unterschiede zwischen den Systemtypen Gruppe und Organisation aufgezeigt werden, werden nun jene zwischen den Systemtypen Interaktion und Gruppe erörtert. Interaktionen stellen „einfache Sozialsysteme“ [vgl. Luhmann 1996, S. 263] dar, die sich zwangsläufig dann bilden, wenn sich mehrere Individuen wechselseitig wahrnehmen [vgl. Willke 1978, S. 346]. Vor dem Hintergrund der Diskussion um die Substituierbarkeit „unmittelbarer Präsenz“ durch „virtuelle Präsenz“ ist zu betonen, daß nicht physische Anwesenheit, sondern die wechselseitige Wahrnehmung interaktionsauslösend ist, womit die Überlegungen aus Kapitel 2 auch aus systemtheoretischer Perspektive im Ansatz gestützt werden. Ist Wahrnehmung gegeben, bedingt sich hieraus die Existenz eines Interaktionssystems [vgl. Tyrell 1983, S. 80f.]. In diesem Zusammenhang trägt auch das häufig bemühte Axiom der Unmöglichkeit des Nicht-Kommunizierens von Watzlawick/Beavin/Jackson (2000, S. 53) zur Verdeutlichung bei.

In der Auseinandersetzung mit Kleingruppen richtet sich das Interesse häufig quasi zwangsläufig auch auf die gruppeninternen Interaktionen, und insbesondere in der Managementlehre beziehungsweise in der unternehmerischen Praxis werden „formale Gruppen“, die hier dann als „erzwungene Interaktionssysteme“ verstanden werden können, mit „echten Gruppen“ gleichgesetzt (s.o.). Da Interaktion zum einen jedoch auch außerhalb von Gruppen stattfindet und letztere sich zum anderen nicht auf die Gesamtheit der Interaktionen ihrer Mitglieder reduzieren lassen, besteht auch hier Differenzierungsbedarf.

Anders als Interaktionssysteme, die mit Wegfall der konkreten wechselseitigen Wahrnehmung wieder zerfallen, weisen Gruppen eine größere zeitliche Stabilität auf [vgl. Neidhardt 1979, S. 643]: Wenn sich die Interaktionen dahingehend verdichten, daß sich bei den beteiligten Personen ein Gefühl der kollektiven Zusammengehörigkeit und der individuellen Zugehörigkeit ausbildet (s.o.), so erfolgt hiermit zum einen die Etablierung einer Systemgrenze, zum anderen verselbständigt sich der Systemzusammenhang über die Ebene der isoliert betrachteten Interaktionen hin zu einer eigenständigen Identität [vgl. Tyrell 1983, S. 82]. Gruppen lassen sich dann nicht als eine Folge von singulären Interaktionsgeschehen beschreiben, sie haben auch bei temporärer Trennung (im Sinne von Nicht-Wahrnehmung) Bestand und damit, im Gegensatz zu Interaktionssystemen, die Fähigkeit zur Latenz [vgl. Neidhardt 1979, S. 643]. Daher können auch Personen, die an konkreten Interaktionen nicht partizipieren, Mitglieder einer Gruppe sein.

Darstellung 13 gibt eine vergleichende Gegenüberstellung der Systemtypen Gruppe, Interaktionssystem und Organisation zusammenfassend wieder:

	Interaktionssystem	**soziale Gruppe**	**Organisation**
Erscheinungsform der Interaktionskontakte	diffus, keine persönliche Kenntnis der Interaktionspartner	diffus, persönliche Kenntnis der Interaktionspartner	formale Kenntnis der Interaktionspartner
soziale Kommunikationsorientierung	emotional mittelbar	emotional unmittelbar	funktional mittelbar
Steuerungsmedium der Kommunikation	zufällige Aktionen und Reaktionen	zielgerichtete Gefühlsäußerungen	zielgerichtete Satzung
zeitliche Stabilität	kurzfristig	relativ dauerhaft	dauerhaft statisch

Darstellung 13: Das System der Gruppe im Vergleich zu anderen sozialen Systemen nach Thiedeke (2000), S. 45

3.3.1.3 Zusammengehörigkeit als Kernprinzip des Systemtypus „virtuelles Team"

Die obigen Betrachtungen zusammennehmend, identifiziert Tyrell (1983, S. 82ff.) „*Zusammengehörigkeit*" als das „*tragende Prinzip des Systemtypus Gruppe*", das hier auf virtuelle Teams als Spezialisierungsform übertragen wird. Anhand sechs unterschiedener Bedeutungsdimensionen dieses Prinzips gelingt eine Abgrenzung zu anderen Systemformen:

(1) Zusammengehörigkeit bezieht sich auf einen bestimmten, unverwechselbaren Personenkreis. Die Mitglieder eines virtuellen Teams wissen zum einen, daß sie selbst Mitglied sind, zum anderen kennen sie alle anderen Mitglieder. Verbunden sind die Mitglieder über ein Zusammengehörigkeitsgefühl. Die personelle Besetzung eines virtuellen Teams ist somit nicht beliebig variierbar.
(2) Die Teammitglieder stehen in einem besonderen Verhältnis zueinander, das sie von Dritten abgrenzt und der Differenzierung des Systems virtuelles Team von der Umwelt dient. Die Mitglieder machen einen Sonderstatus des virtuellen Teams geltend, der sich häufig im Gebrauch der Pronomen „wir" beziehungsweise „unser" ausdrückt (beispielsweise „wir handeln", „unser Ziel" oder „unser Budget", aber auch „unser Fehler"). Es erfolgt somit eine Abgrenzung von virtuellen Teams zu anderen „*interaktionsverdichtenden Milieus*", wie beispielsweise Sitzungen, womit eine systemtheoretische Fundierung der Annahmen aus Kapitel 2 erfolgt.
(3) Die Zusammengehörigkeit der Teammitglieder bezieht sich auf alle betroffenen Personen gleichermaßen. Die reziproken Zusammengehörigkeiten betreffen jeden, und gemeinsame Teammitgliedschaft bedingt zumindest wechselseitige „*Bekanntschaft*" und Beziehungsstabilität. So lassen sich virtuelle Teams unter anderem von lockeren Beziehungsnetzwerken wie den virtuellen Gemeinschaften (s.o.) unterscheiden, in denen nicht alle Personen miteinander bekannt sein müssen.
(4) Weiterhin verweist Zusammengehörigkeit auf die Dimension „Zeit" und damit auf den über singuläre Interaktion hinausgehenden Bestand eines virtuellen Teams. Virtuelle Teams beziehen sich situativ immer auch auf vor- und nachgelagerte Zeiträume, daher bestehen sie auch in Phasen der vorübergehenden Trennung im Sinne von Nicht-Wahrnehmung.
(5) Teammitglieder sind an Interaktion mit den anderen Mitgliedern interessiert und suchen aktiv Kontakt: „*Zusammenzugehören, aber am Kontakt miteinander desinteressiert zu sein, wäre gänzlich unnatürlich*" [Tyrell 1983, S. 83]. Hier soll insbesondere die systemtheoretische Fundierung der Unterscheidung von einfachen Personenmehrheiten und virtuellen Teams als „echte Gruppen" betont werden, da erstere mit einer gewissen terminologischen Nachlässigkeit zuweilen als „formale Gruppen" bezeichnet werden.
(6) Das Prinzip der Zusammengehörigkeit bedingt auch, daß das Fehlen von Teammitgliedern bei gemeinsamer Begegnung registriert

wird. Die Explikation von Abwesenheit kann quasi als Indikator für Zugehörigkeit zu einem virtuellen Team betrachtet werden.

„Zusammengehörigkeit" als Kernprinzip der Gruppen-Spezialisierungsform „virtuelle Teams" wird mittels der dargestellten sechs Bedeutungsdimensionen präzisiert. Aussagen über virtuelle Teams können hiermit konfrontiert und auf Widersprüchlichkeiten überprüft werden.

Insgesamt verweist die systemtheoretisch fundierte Konzeption von virtuellen Teams als eigenständigen Systemtypus auf verschiedene Spannungsfelder zwischen Team- und Virtualitätskonzept, die unter anderem darin begründet gesehen werden, daß der Gruppenbegriff zuweilen mit einer relativ weiten Extension verwendet wird (vgl. auch die Anmerkungen zur Trivialisierung des Gruppenbegriffs, Kapitel 2). So wird zum einen die Notwendigkeit einer präzisen Vorentscheidung bezüglich der gewählten Betrachtungsebene bei der Diskussion verschiedener virtueller Erscheinungsformen verdeutlicht, zum anderen wird diese durch die angebotenen Abgrenzungskriterien ermöglicht.

3.3.2 Systemtheoretische Betrachtung virtueller Teams

Über die im vorherigen Abschnitt dargelegte Möglichkeit hinaus, die konzeptionelle Eigenständigkeit des Systemtypus Gruppe und damit gleichfalls die des Typus „virtuelles Team" zu fundieren, bieten verschiedene Konzepte systemtheoretischer Prägung Ansätze, die die Auseinandersetzung mit virtuellen Teams bereichern. Unterschieden werden im folgenden die klassische und die neuere Systemtheorie.

3.3.2.1 Virtuelle Teams aus Sicht der klassischen Systemtheorie

In der hier als „klassisch" bezeichneten Systemtheorie, wie sie im Rahmen der Betriebswirtschaftslehre breit rezipiert wird [vgl. Ulrich 1970; einen Überblick gibt beispielsweise Stünzner 1996, S. 159ff.], dominiert eine Systemauffassung, der zufolge die betrachteten Systeme, bestehend aus substantiellen Elementen und einer diese verbindenden Struktur, plastisch mittels der Metapher der „trivialen Maschinen" beschrieben werden [vgl. Martens 1997, S. 265f.].

Betrachtet wird, wie ein gegebener Umweltzustand, in der Maschinenmetapher der Input, das System und dessen Verhältnis zum Umsystem, in der Maschinenmetapher dann der „Output", beeinflußt. Die Annahme, daß das Verhalten jedes Systemelements einer festen Gesetzmäßigkeit unterliegt und empirisch faßbar ist, weist auf das zugrundeliegende „naturwissenschaftliche Systemverständnis" hin. Es werden kontrollierbare und gesetzmäßige Zusammenhänge zwischen den Systemelementen angenommen, deren Kenntnis die Konstruktion und Realisation hierauf basierender Systeme ermöglicht. Als wesentliches Kennzeichen soll hier die Annahme eindeutig deterministischer Relationen zwischen Input und Output herausgestellt werden: Das Verhalten eines trivialen Systems ist auf alle Zeit vorhersagbar.

Virtuelle Teams lassen sich nach Coovert/Craiger/Cannon-Bowers (1995, S. 149ff.) als triviale Systeme interpretiert bei hinreichend exakter Modellierung in ihrem Verhalten mittels deterministischer Methoden wie beispielsweise Computersimulation, Graphen- und Automatentheorie oder Entscheidungstheorie realitätsnah beschreiben. Bei derartigen Vorgehensweisen werden Abweichungen zwischen empirisch beobachtetem und modellgestützt prognostiziertem Verhalten über die nicht vollständig im Modell erfaßbare Komplexität des realen Objektes erklärt, und so die Existenz nicht-formalisierter und praktisch auch nicht formalisierbarer Systembestandteile konzeptionell integriert [vgl. Martens 1997, S. 266]. Ein virtuelles Team wird weiterhin als Konstrukt Dritter verstanden und die Annahme des Verhaltensdeterminismus beibehalten.
Diese Reduktion sozialer Systeme und letztlich auch individueller menschlicher Akteure auf den Status trivialer Maschinen läßt soziale Prozesse zwar als mit naturwissenschaftlicher Exaktheit analysierbar erscheinen [vgl. Martens 1997, S. 267; Motz 1998, S. 72]. Der sich hier widerspiegelnde Versuch, Erkenntnisgewinne aus Analogieschlüssen zu erzielen, wird jedoch von von der Oelsnitz (1994, S. 17ff.) wegen seiner wissenschaftmethodologischen Unhaltbarkeit als ein wesentlicher Kritikpunkt an einem allgemeinen Systemansatz bezeichnet. Erst durch das Zugeständnis der Existenz von charakteristischen Eigenheiten sozialer Systeme in Abgrenzung von technischen, organischen oder psychischen Systemen werden weitergehende Einsichten ermöglicht, die über die auf Grundlage einer allgemeinen Systemtheorie gewonnenen hinausgehen [vgl. Luhmann 1996, S. 15ff.]. In diesem Sinne ist auch die oben vorgenommene Differenzierung von Gruppen als eigenständiger Systemtypus in Erweiterung der von Luhmann (1996) vorgeschlagenen Trilogie sozialer Systemtypen, bestehend aus Interaktion, Organisation und Gesellschaft, auf einer weiteren, dritten Ebene der Systembildung als Ansatz der zunehmenden Konkretisierung zu betrachten. Darstellung 14 verdeutlicht die Positionierung des Systemtypus Gruppe in Relation zu allgemeinen Systemen (Ebene 1), zu speziellen, hier insbesondere sozialen Systemen (Ebene 2) und zu den anderen speziellen sozialen Systemen (Ebene 3). Die Systemtypen Gesellschaft, Organisation, Gruppe und Interaktion sind gemäß der Systematik Luhmanns (1996, S. 16) einer gemeinsamen Abstraktionsstufe zuzurechnen, den Ergebnissen der vorherigen Kapitel entsprechend wird hier jedoch auch ihre vertikale Differenziertheit wiedergegeben.

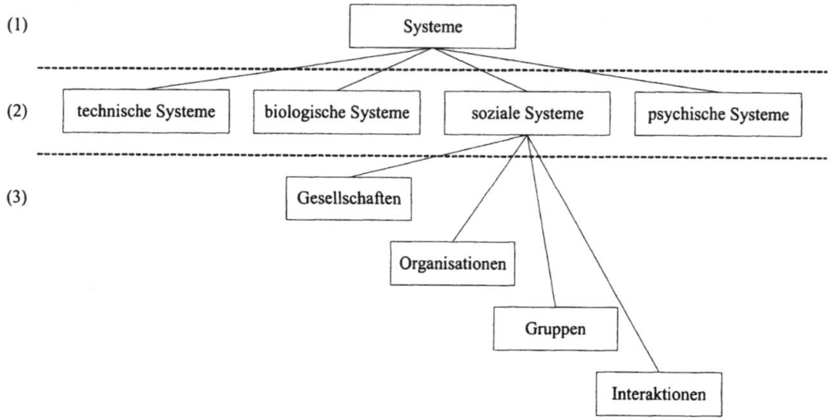

Darstellung 14: Ebenen systemtheoretischer Analysen
Eigene Darstellung [vgl. Titscher 1994, Sp. 1017; Luhmann 1996, S. 16]

3.3.2.2 Virtuelle Teams aus Sicht der neueren Systemtheorie

Die neuere Systemtheorie, wie sie insbesondere mit dem Namen Luhmanns in Verbindung gebracht wird [vgl. Knyphausen-Aufsess 1995, S. 275], thematisiert komplexe soziale Systeme, die sich mit der Metapher der nicht-trivialen Maschine beschreiben lassen. Wesentlicher Eckpfeiler ist das Prinzip der Selbstreferenz, das besagt, daß diese Systeme sich selbst beobachten und durch ihr eigenes Handeln ihre Einheit, ihre Strukturen und ihre Elemente selbst konstituieren und kontinuierlich reproduzieren [vgl. Luhmann 1996, S. 314 sowie Martens 1997, S. 268; Motz 1998, S. 73]. Hierbei verändern sie sich fortwährend (und nicht exklusiv als Reaktion auf externe Inputs) und führen gewissermaßen ein „Eigenleben". Die Folge ist, daß die Eindeutigkeit der Input-Output-Relation nicht mehr gegeben ist und die Annahme, daß Systeme als konstruiertes Ergebnis einer planvoll absichtsgeleiteten Gestaltung im Sinne von Fremdorganisation betrachtet werden können, aufzugeben ist.

Die weitere Auseinandersetzung mit virtuellen Teams aus systemtheoretischer Perspektive erfolgt entlang der zentralen Begriffe (1) Komplexität, (2) Sinn, (3) Grenze, (4) Element und (5) Selbstreferenz.

Zu (1) Komplexität

Als das „*systemtheoretische Grundproblem*" bezeichnet Willke (1993, S. 13) den Problemaspekt der Komplexität. Unter Rückgriff auf das Bild der 'trivialen Maschine' läßt sich Komplexität zunächst als Anzahl der verschiedenen möglichen Relationen zwischen den einzelnen Systemelementen erklären, im Unterschied hierzu drückt dann die „Kompliziertheit" eines Systems die Anzahl der unterschiedlichen Elemente aus. Diese für technische Systeme hilfreiche Begriffsbestimmung, in der sich abermals ein 'naturwissenschaftliches Grundverständnis' widerspiegelt, genügt einer Betrachtung sozialer Systeme nicht, denn sozialwissenschaftliche Systemtheorien thematisieren immer auch das Verhältnis zwischen System und Umwelt, wobei eine grundlegende Annahme ist, daß zwischen Umwelt und System ein Komplexitätsgefälle existiert [vgl. Stünzner 1996, S. 40]. Komplexität ist kein eigenständiges Phänomen, sondern existiert immer nur „*in Hinsicht auf ein bestimmtes Problem, welches für ein bestimmtes System in einer bestimmten Situation Selektionen erfordert*" [Willke 1993, S. 24], und so ist festzuhalten, daß die Komplexität eines virtuellen Teams geringer als die des Umsystems zu sein hat, und somit zwangsläufig Grenzbildung stattfindet.

Zu (2) Sinn

Die von Systemen erbrachte Leistung der Komplexitätsreduktion wird durch einen systemspezifischen Sinn motiviert, der das Medium gemeinsamer kommunikativer Verständigung darstellt und durch den ein Verstehen sozialen Handelns ermöglicht wird [vgl. Willke 1993, S. 43ff.; Stünzner 1996, S. 92f.]. Die Reduktion der Umweltkomplexität zu handhabbarer Systemkomplexität stellt den Sinn eines Systems selbst dar [vgl. Motz 1998, S. 75], zugleich bildet sich ein systemspezifischer Sinnkontext aus: „*Systeme sind sinnkonstituierende und sinnkonstituierte Gebilde. Sie erzeugen kontinuierlich systemspezifischen Sinn und werden doch selbst erst durch die Ausbildung bestimmter abgrenzbarer Sinnstrukturen in Existenz gebracht*" [Willke 1993, S. 53]. Den sich hier eröffnenden Anknüpfungsmöglichkeiten an die verschiedenen theoretischen Varianten des Konstruktivismus wird im folgenden nicht vertiefend nachgegangen [siehe hierzu mit organisationswissenschaftlichen Bezug beispielsweise Scholz 1997, S. 28ff. oder Hahne 1998, insb. S. 192ff.].

In Anlehnung an die von Kirsch (1997, S, 16ff.) unterschiedenen Grundtypen von Sinnmodellen lassen sich folgende Sinnperspektiven unterscheiden: Aus der Perspektive des „Instrumentalmodells" wird der Sinn eines virtuellen Teams primär in der Durchsetzung von Interessen gesehen, die Perspektive des „Bestandsmodells" lenkt das Hauptaugenmerk auf den Erhalt des virtuellen Teams selbst, während das „Fortschrittsmodell" die Bedürfnisse und Interessen der von dem Systemhandeln Betroffenen fokussiert. Der Handlungsraum eines virtuellen Teams muß Möglichkeiten für die Konstitution aller drei Aspekte beinhalten. Existenzvoraussetzung virtueller Teams ist somit die Sinnzuschreibung durch die Mitglieder.

Zu (3) Grenze

Systeme erlangen ihre Identität durch Grenzbildung, systemtheoretische Analysen thematisieren somit immer auch einen System-Umwelt-Aspekt. Grenzbildung ist bereits unter dem Aspekt der Darstellung der Eigenständigkeit des Systemtypus Gruppe thematisiert worden (s.o.). Grenzen werden dann notwendig, wenn (spezifische) Ordnung aufgrund von Komplexität nicht mehr durch gemeinsamen Sinnkontext erreicht werden kann. Sie trennen jeweils die „Innenwelten" von Systemen von den „Außenwelten". Eine Systemgrenze stellt somit den Zusammenhang der Selektionsmechanismen dar, anhand derer Interaktionen des Systems von denen der Umwelt unterschieden werden. Die Grenzen eines virtuellen Teams ergeben sich aus der wahrgenommenen Zusammengehörigkeit.

Zu (4) Elemente

Anders als in der hier als klassisch bezeichneten Systemtheorie, in der Subjekte oder Individuen die Systemelemente darstellen, betrachtet Luhmann (1996) Kommunikation als die grundlegende Einheit sozialer Systeme. Nicht die Mitglieder des Systems „virtuelles Team" werden in ihrer ganzheitlichen Substanzhaftigkeit als dessen Elemente verstanden, sondern die jeweiligen Kommunikationen. Diese Betrachtungsweise bietet in bezug auf die Analyse virtueller Teams fruchtbare, jedoch nicht unproblematische Anknüpfungspunkte: Durch die Konzentration auf Kommunikation als systemkonstituierende Elemente werden physikalische oder räumliche Aspekte aus dem Anaylsekontext ausgeblendet, virtuelle Teams werden nicht über Aspekte wie „räumliche Nähe" definiert, sondern über die Qualität der Kommunikation insbesondere hinsichtlich deren Sinnhaftigkeit und Dichte (s.o.). Aus dieser Perspektive heraus werden virtuelle Teams unproblematisch als soziale Systeme begreifbar.
Allerdings verschwinden durch die ausschließliche Konzentration auf Kommunikation technische Zusammenhänge vollständig aus dem Blick, auch betriebliche Arbeit erscheint nur noch als „Kommunikationsthema". Für die Behandlung pragmatisch motivierter Fragestellungen im Kontext betriebswirtschaftlicher Diskussionen ist jedoch das Festhalten an einem Systemverständnis, in dem Menschen, Maschinen und Mittel als (zumindest begrenzt) manipulierbare Elemente interpretiert werden, insofern wichtig, da man Systeme hier auch zielgerichtet verändern und steuern will. Eine Ausblendung beispielsweise technischer Prozesse und Vorgaben erscheint hier wenig zweckmäßig. Vor diesem Hintergrund konstatiert Martens (1997, S. 274) für die systemtheoretisch orientierte Managementforschung einen „*schizophrenen Zustand*" [ibd.]: Einerseits sind Möglichkeiten der Betrachtung des Zusammenwirkens von technischen und sozialen Zu-

sammenhängen unabdingbar, andererseits lassen sich technische und soziale Operationen nicht einfach zusammenfügen, ohne die Eigenständigkeit des Sozialen zu vernachlässigen, wie anhand der Metapher der trivialen Maschine verdeutlicht worden ist.

Zu (5) Selbstreferenz

Der kapiteleinleitend als zentral für die neuere systemtheoretische Diskussion dargestellte Begriff der Selbstreferenz betrifft die Beziehung, die ein System zu sich selbst unterhält. Ein selbstreferentielles System besitzt die Fähigkeit, (Sinn)Beziehungen zu sich selbst herzustellen und diese von Beziehungen zur Umwelt abzugrenzen. Letztlich kommt die Ausdifferenzierung eines sozialen Systems von der Umwelt erst durch Selbstreferenz zustande [vgl. Luhmann 1996, S. 25ff.]. Systemintern wird eine Selbstbeschreibung des Systems kontinuierlich selbst erzeugt und benutzt, die über die thematisierte System-Umwelt-Differenz eine Orientierung für das Erzeugen von systemspezifisch sinnhaften Informationen bietet: Das System sieht sich selbst in seiner Differenz zur Umwelt, ein virtuelles Team macht sich selber zum Gegenstand seiner Diskussion. Die Umwelt ist dem System nur soweit bekannt, wie diese intern widergespiegelt wird, und Entscheidungen über Systemoperationen werden systemspezifisch getroffen, worin sich die operative Geschlossenheit von Systemen ausdrückt.
Ein gänzlich selbstreferentiell-geschlossenes System ist per definitionem nicht von außen steuerbar [vgl. Motz 1998, S. 77], Umweltzustände können nur zu Operationen anregen, diese jedoch nicht determinieren. In der Luhmannschen Diktion ist mit diesem Begriff der Selbstreferenz der der Autopoiese eng verbunden. Den Ausgangspunkt der diesbezüglichen Überlegungen stellt die biologisch orientierte Theorie autopoietischer Systeme nach Maturana und Varela dar, Luhmann überträgt dieses Konzept auf soziale Systeme [vgl. einführend Eckert 1996, S. 71]. Autopoietische Systeme erzeugen und reproduzieren sich aus sich selbst heraus, während dementgegen allopoietische Systeme extern determiniert werden. Unter Verweis auf Kirsch (1997, S. 328ff.), der die uneingeschränkte Übertragbarkeit des Autopoiese-Konzeptes auf Organisationen aufbauend auf einer Analyse verschiedener Beiträge zu dieser Thematik negiert [id., S. 349], soll für virtuelle Teams angenommen werden, daß diese zwar Selbstreferenzen aufweisen, totale Selbstreferenz und damit (totale) Autopoiese jedoch als unwahrscheinlicher empirischer Grenzfall zu betrachten sind. Scholz (1994, S. 37) konstatiert entsprechend, daß virtuelle Organisationen und seiner Konzeption nach damit auch virtuelle Teams wegen ihrer expliziten Umwelt- und Aufgabenbezogenheit unabhängig davon, ob Organisationen überhaupt autopoietische Systeme sein können, „*keine autopoietischen Systeme sein **dürfen***" [ibd., Hervorhebung im Original].
Der Nutzen der Diskussion des Selbstreferenz- beziehungsweise Autopoiese-Begriffs besteht in der Einsicht, daß ein virtuelles Team in seiner Gesamtheit mitnichten als Produkt von externer Kontrolle verstanden werden kann: Selbstrefe-

renzen entziehen sich der direkten Manipulierbarkeit, das virtuelle Team führt gewissermaßen ein Eigenleben, um überhaupt existieren zu können. Totale Selbstreferenz und damit Autopoiese liegt jedoch im Realfall nicht vor, und Fremdorganisation erscheint graduell möglich.

3.3.3 Das Beitragspotential der systemtheoretischen Ansätze zur theoretischen Fundierung virtuellerTeams

Eine Betrachtung virtueller Teams unter Berücksichtigung neuerer systemtheoretischer Aspekte stellt insbesondere im Vergleich zur klassischen betriebswirtschaftlichen Literatur einen als paradigmatisch zu bezeichnenden Perspektivenwechsel dar: Nicht die Frage, wie die Konfiguration der einzelnen Systemelemente an die Umwelt angepaßt werden kann, wird zentral thematisiert, sondern die der „selbständigen" Konstitution und Rekonstruktion. Bevor ein virtuelles Team sich an seine Umwelt anpassen kann und „zu arbeiten anfängt", muß es an interner Ordnung und Stabilität gewinnen, also eine eigenständige Identität entwickeln, die sich in der (partiellen) operativen Geschlossenheit und der Abgrenzung zur Umwelt widerspiegelt. Im Fokus der Betrachtungen stehen die funktionalen Strukturen und Regeln des Systems, die Bedeutung der Teammitglieder als menschliche Akteure wird abstrahiert.
Der Wert der auf Grundlage einer systemtheoretisch orientierten Betrachtung gewonnenen Erkenntnisse ist jedoch insbesondere unter pragmatischen Gesichtspunkten dahingehend zu relativieren, daß sich hieraus keine direkten Gestaltungsempfehlungen ableiten lassen, auch wenn sich aus einzelnen Aspekten gegebenenfalls Hinweise auf mögliche Problemfelder und auf Möglichkeiten zu deren Handhabung ergeben.

3.4 Theoretische Grundlagen der Kommunikation in virtuellen Teams

Dem Aspekt der Kommunikations- beziehungsweise Interaktionsbeziehungen wird sowohl aus Perspektive des Transaktionskosten-Ansatzes als auch aus systemtheoretischer Perspektive große Bedeutung für die Analyse von unter anderem auch virtuellen Teams zugemessen (s.o.): *„[D]ie Effizienz einer institutionellen Ordnung [ist] das Ergebnis ihrer Auswirkungen auf die Interaktion der ökonomischen Akteure"* [Reitz 1996, S. 17], die Existenz von Interaktionsbeziehungen stellt das zentrale Charakteristikum von (virtuellen) Teams dar [vgl. McGrath 1984, S. 14] und ist letztlich deren notwendige Existenzvoraussetzung: *„without communication there can be no organization"* [Simon 1957, S. 154]. Weiterhin wird Virtualisierung in Kapitel 2 als signifikante Veränderung der Kommunikationssituation eines Teams beschrieben (s.o.): Anstelle unmittelbarer face-to-face Kommunikation treten informations- und kommunikationstechnisch gestützte

Kommunikationsbeziehungen, die zumindest teilweise in ihrer Ausgestaltung von den Möglichkeiten und Grenzen des jeweiligen Mediums determiniert werden. Gegenstand dieses Kapitels ist es, aufzuzeigen, inwiefern ausgewählte etablierte Modelle der Kommunikation vor dem Hintergrund dieser veränderten Bedingungen dem Verständnis über Kommunikationsprozesse in virtuellen Teams beitragen können.

Wie bereits in der kritischen Auseinandersetzung mit dem Transaktionskosten-Ansatz aufgezeigt wird (s.o.), entsprechen sich die Konzepte, die mit dem Kommunikationsbegriff und dem damit eng in Verbindung stehenden Informationsbegriff aus verschiedenen wissenschaftlichen Perspektiven assoziiert werden, nicht immer. So gibt Börner (1999, S. 16f.) in einem Überblick neun aus verschiedenen wissenschaftlichen Disziplinen stammende Annäherungen an den Kommunikationsbegriff wieder, die aus der Biologie, aus der mathematisch orientierten Informationstheorie, aus der Kybernetik, aus der Medizin, aus der Philosophie, aus der Psychologie, aus der Publizistik, aus der Soziologie sowie aus der Wirtschaftswissenschaft stammen. In einem ähnlichen Kontext resümiert Sperka (1996, S. 19) im Anschluß an eine Diskussion über 12 Definitionen, daß alle Kommunikationsdefinitionen im Rahmen der jeweiligen Zielsetzung der Autoren sinnvoll und richtig sein können, der Gegenstandsbereich so jedoch nicht eindeutiger wird und Kommunikation definitorisch somit insgesamt nicht leicht zu fassen ist. Vor diesem Hintergrund der höchst heterogenen Auseinandersetzung mit dem Phänomen Kommunikation kann hier keinesfalls der Anspruch auch nur des Ansatzes einer vollständigen Diskussion der verschiedenen Perspektiven, Funktionen und Aspekte erhoben werden. In den folgenden Abschnitten werden daher danach ausgewählte Ansätze dargestellt und Aspekte, die in unmittelbarem Zusammenhang mit der Deskription virtueller Teams relevant sind, hervorgehoben, die dem Ziel der Fundierung des Verständnisses virtueller Teams als alternatives instrumentales Arrangement innerhalb erwerbswirtschaftlicher Organisationen insbesondere im Unterschied zu face-to-face Teams beitragen. Diese selektive Auseinandersetzung mit den kommunikationswissenschaftlichen Grundlagen ist symptomatisch für zur Kommunikationswissenschaft fachfremde Arbeiten, in denen Kommunikation fast ausschließlich unter den jeweilig relevanten Fragestellungen betrachtet wird und somit als ein Mittel zum Zweck und nicht als solche selbst thematisiert wird [vgl. Theis 1994, S. 18]. Bezogen auf die Zielsetzung dieser Arbeit erscheint ein solches Vorgehen als zweckdienlich und wird dementsprechend verfolgt.

In der Regel bedarf es keinerlei Expertenwissens, um zu kommunizieren, weshalb, wie Hahne (1997, S. 23) beklagt, wissenschaftliche Aussagen zu dieser Thematik häufig mit dem Vorwurf der Trivialität konfrontiert sind: „*Sobald ein Phänomen durch explizites Thematisieren aus dem unbewußten Repertoire des eigenen Verhaltens ins Blickfeld rückt, scheint es bekannt und wenig erkenntnis-*

trächtig" (ibd.; vgl. ähnlich auch Karuss/Fussell 1999, S. 111). Für die wissenschaftliche Auseinandersetzung mit sozialen Erscheinungen wie virtuellen Teams hat sich jedoch das Verständnis durchgesetzt, daß die fundierte Auseinandersetzung mit diesen in der Regel komplexen Phänomenen einer Betrachtung vieler Einzelaspekte, die singulär auch trivial erscheinen mögen, bedarf [vgl. Hahne 1997, S. 23f.]. Im folgenden wird Kommunikation in virtuellen Teams in Anlehnung an Theis (1994) und Hahne (1997) von zwei verschiedenen Positionen aus betrachtet: Zunächst aus instrumentaler Perspektive, im Anschluß hieran unter dem Aspekt der Symbolvermittlung.

3.4.1 Kommunikation aus instrumentaler Perspektive

Aus dem instrumentalen Kommunikationsverständnis heraus wird Kommunikation als möglichst verlustfreie Übertragung von Informationen verstanden. Geprägt wird diese Perspektive von dem Interesse an möglichst erfolgsversprechenden Kommunikationstechniken. Im folgenden werden in Anlehnung an Sperka (1996) die transmissionsorientierte und die psychologische Perspektive des instrumentalen Kommunikationsverständnisses unterschieden.

3.4.1.1 Die instrumentale Perspektive mit transmissionsorientierten Fokus

Für den überwiegenden Teil der betriebswirtschaftlichen Thematisierungen von Kommunikation in Organisationen konstatiert Hahne (1997, S. 88ff.), daß sie auf einem stark vereinfachten Modell beruhen. Demzufolge stellt Kommunikation die Transmission von Informationen dar, die quasi pseudo-physikalische Eigenschaften aufweisen und objektiv analysierbar sind. Kommunikation ist aus dieser Perspektive also der möglichst störungsfreie und effektive Transport von Informationen vom Sender zum Empfänger, das zugrundeliegende Begriffsverständnis wird von einem starken Bezug zur Nachrichtentechnik geprägt [vgl. Börner 1998, S. 11]. Aus dieser Perspektive tritt die Kommunikationsbeziehung, verstehbar als „Kommunikationskanal" zwischen den kommunizierenden Personen, in den Vordergrund der analytischen Betrachtung, wie in Darstellung 15 verdeutlicht wird:

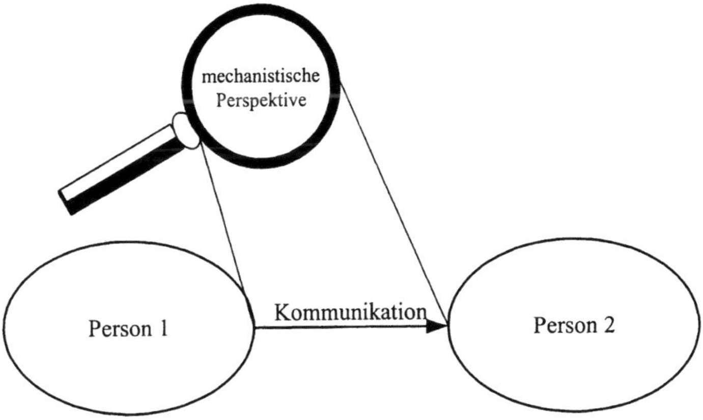

Darstellung 15: Kommunikation aus mechanistischer Perspektive modifiziert nach Sperka (1996, S. 44)

Die über den Kanal übertragenen Informationen bewirken jeweils eine extern determinierte Veränderung beim Empfänger, die sich mindestens in der Wahrnehmung der Informationsübertragung ausdrückt. Diese Vorstellung von Kommunikation bezeichnet das „mechanistische Kommunikationsverständnis" [vgl. Sperka 1996, S. 44ff.; Hahne 1997, S. 90f.].

Als geradezu klassischen Repräsentanten dieses Typus von Kommunikationsmodellen wird das Sender-Empfänger-Modell nach Shannon/Weaver (1949) betrachtet, das in seinem schematischen Aufbau in Darstellung 16 wiedergegeben wird. Insgesamt kommt diesem Modell trotz oder wegen seiner Einfachheit sowohl durch seinen eigenen inhaltlichen Kern als auch durch die hieran geübte Kritik und die damit einhergehende Explikation weiterer Aspekte interpersonaler Kommunikation hoher heuristischer Wert bei der Diskussion von Fragestellungen, innerhalb derer auch kommunikationswissenschaftliche Problembereiche thematisiert werden, zu [vgl. zur anhaltenden Bedeutung dieses Modells für die aktuelle Kommunikationsforschung Seiwert 1992, Sp. 1128; Reichwald 1993, Sp. 2175; Theis 1994, S. 22ff.; Sperka 1996, S. 50; Börner 1998, S. 11; Staehle 1999, S. 300 oder – kritisch in bezug auf die betriebswirtschaftliche Reflexion - Hahne 1997, S. 90f. sowie Wagner 1999, S. 126ff. im Kontext einer Diskussion virtueller Organisationen].

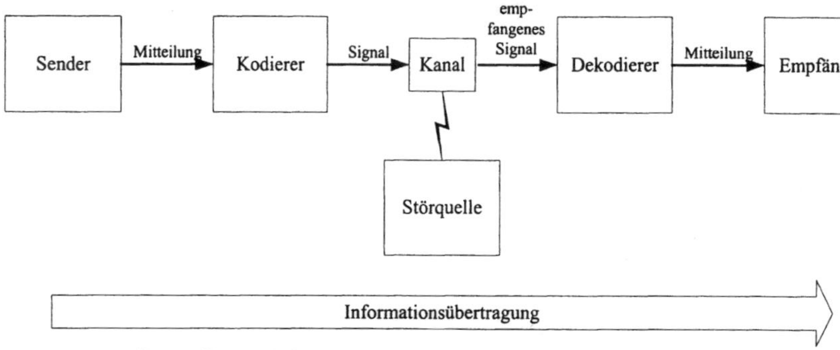

Darstellung 16: Nachrichtentechnisches Kommunikationsmodell modifiziert nach Börner (1998, S. 11)

Kommunikation findet diesem Modell nach wie folgt statt: Ein Sender, der im Kontext dieser Arbeit als ein Mitglied eines (virtuellen) Teams verstanden werden kann, möchte eine Mitteilung in Form einer Zeichenmenge an einen Empfänger, wiederum interpretierbar als ein Teammitglied, übermitteln. Hierfür wandelt er die Zeichen mittels eines Kodierers, beispielsweise einer technische Einrichtung, in ein Signal um, das über den Kommunikationskanal an den Dekodierer des Empfängers übermittelt wird. Das Signal wird dort analog dem Kodiervorgang wieder zurückgewandelt. Die Verwendung eines gemeinsamen Kodes für Kodierung und Dekodierung ist Voraussetzung für das Verständnis der Nachricht im vom Sender vorgesehenen Sinn, womit ein wesentliches Problem für das Gelingen einer Kommunikation deutlich wird. Die Signalübertragung kann außerdem durch externe Störeinflüsse beeinträchtigt werden, wenn das Signal im Kanal verändert wird, diese Störeinflüsse werden als „Rauschen" bezeichnet.

Bei diesem Modell der Kommunikation sind im wesentlichen drei Problembereiche zu unterscheiden, die sich analog den drei Betrachtungsebenen der Semiotik verhalten [vgl. Sperka 1996, S. 50ff.; Seiwert 1992, Sp. 1128]:

- Zunächst stellt sich das technische Problem, wie exakt die Übertragung der Signale auf dem Kanal stattfindet (syntaktische Ebene der Semiotik).
- Als zweites ist das semantische Problem zu erörtern, wie präzise der Bedeutungsinhalt in dem Signal enthalten ist beziehungsweise sein kann.
- Der dritte Problembereich bezieht sich darauf, wie effizient eine angestrebte Beeinflussung des Empfängers durch den übermittelten Bedeutungsinhalt ist (pragmatische Ebene der Semiotik).

Shannon und Weaver fokussieren, ihrer nachrichtentechnischen Profession bei den US-amerikanischen *Bell Telephone Laboratories* entsprechend, den technischen Aspekt der Kommunikation, der als die notwendige Voraussetzung für kommunikatives Gelingen auf den anderen Ebenen betrachtet wird. Kommunikation wird als „Informationstransport" konzeptionalisiert, zentrales Thema ist die präzise Übermittlung von Informationen über räumliche Distanzen hinweg [vgl. Theis 1994, S. 29]. Treten Kommunikationsstörungen auf, so kann die Quelle darauf reagieren, indem sie informatorische Redundanzen, beispielsweise Wiederholungen, erzeugt. Aus Beobachter- beziehungsweise „Gestalterperspektive" lassen sich gegebenenfalls auch die Kommunikationskanäle entsprechend den Erfordernissen anpassen. Hierin spiegelt sich die zentrale diesem Ansatz zugrundeliegende Annahme der Objektivitätseigenschaft von Informationen wider: „Gescheiterte Kommunikation" wird als Folge von unzureichender Transmission verstanden. Auch erweiterte Modelle, in denen der lineare Kommunikationsfluß zu einem wechselseitigen Austauschprozeß erweitert wird und die alle drei aufgezeigten Problembereiche behandeln, halten an dieser transmissionsorientierten Betrachtung fest [vgl. Sperka 1996, S. 54ff.; Hahne 1997, S. 89]. Aspekte wie das Verstehen, das Interpretieren und die Bedeutungszuordnung durch Sender und Empfänger bleiben bei dieser Betrachtungsperspektive ausgeklammert [vgl. Reichwald 1993, Sp. 2176].

Die Kritik an der transmissionsorientierten Perspektive bezieht sich demzufolge zum einen auf die angenommene Objektivitätseigenschaft der Informationen und zum anderen darauf, daß die beteiligten Personen bezogen auf den Kommunikationsprozeß als extern determinierte Black Boxes konzeptionalisiert werden und Kommunikation unter Nicht-Berücksichtigung sozialer oder psychologischer Aspekte quasi naturwissenschaftlich thematisiert wird. Aus transmissionsorientierter Perspektive wird so die Illusion der Möglichkeit einer „perfekten technischen Kommunikationsinfrastuktur" provoziert und effektive Kommunikation mit einer *„gut geölten Maschine verglichen, die am Laufen gehalten werden muß, die aber auch von Störungen nicht verschont bleibt"* [Theis 1994, S. 31]. Als effektiv wird Kommunikation in diesem Sinne dann bezeichnet, wenn die Wirkung der Nachricht beim Empfänger präzise vorhergesagt werden kann [vgl. id., S. 33], was wiederum an die Metapher der trivialen Maschine (s.o.) erinnert.

Für die Analyse virtueller Teams ist das transmissionsorientierte Kommunikationsverständnis zunächst unbeachtet der Kritik von Bedeutung, weil die diesen zur Verfügung stehenden technischen Kommunikationskanäle sich signifikant von denen von face-to-face Teams unterscheiden und aus dieser Perspektive die Ebene der für virtuelle Teams notwendigen Informations- und Kommunikationstechnik fokussiert wird. Auch wenn die zwischenmenschlichen Kommunikationsprozesse in virtuellen Teams weit über die technische Ebene hinausgehen, so spielt letztere eine zentrale Rolle [vgl. Theis 1994, S. 24]. Die Entwicklung und der betriebliche

Einsatz von Informations- und Kommunikationstechnik wird häufig von einem zumindest implizit an dem Idealbild der „optimalen Kommunikation" orientierten Verständnis geleitet [vgl. Hirschheim/Newman 1991, S. 29ff.]. Innerhalb eines solchen Verständnisrahmens werden insbesondere Fragestellungen wie die nach den notwendigen Charakteristika der technischen Kanäle zur aufgabenbezogen adäquaten Substitution von face-to-face Kontakten, nach Veränderungen in der Störcharakteristik (neues, wegfallendes, verändertes Rauschen) sowie die einer sich an Kosten/Nutzen-Überlegungen orientierenden Gestaltung der Kommunikationsinfrastruktur und der entsprechenden Organisationsform (s.o.) aufgeworfen.

3.4.1.2 Die instrumentale Perspektive mit psychologischem Fokus

Aus „psychologischer Perspektive" [vgl. Sperka 1996, S. 83ff.; Theis 1994, S. 34ff.] werden bei instrumentaler Grundkonzeption der Kommunikation nicht die Kanäle zwischen den Kommunizierenden, sondern die Personen selbst in den Mittelpunkt der Betrachtung gestellt, wie in Darstellung 17 verdeutlicht wird. Kommunikation findet diesem Verständnis nach „in den Personen selbst" statt, die die übermittelten Informationen unterschiedlich nutzen, verändern und interpretieren.

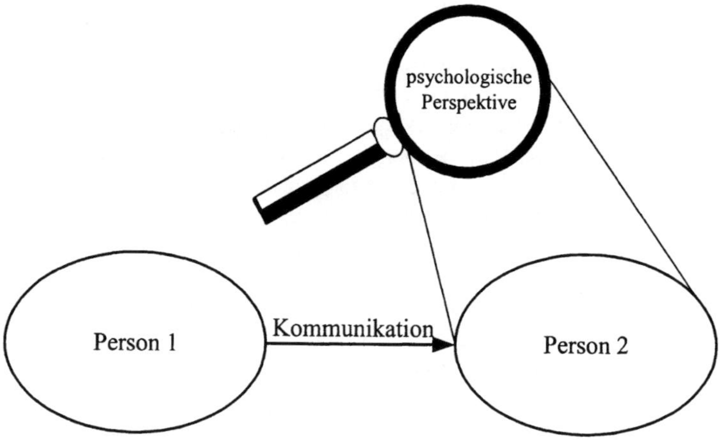

Darstellung 17: Kommunikation aus psychologischer Perspektive modifiziert nach Sperka (1996, S. 83)

Aus transmissionsorientierter Perspektive werden die kommunizierenden Personen de facto als „triviale Maschinen", die extern determiniert werden, betrachtet, aus der psychologischen Perspektive hingegen als „komplexe Maschinen" [vgl.

Sperka 1996, S. 84; s.o.]. Es wird hier angenommen, daß die Kommunikationspartner mit einem Vielfachen der Informationen, die sie verarbeiten können, konfrontiert werden und nur die wahrgenommen werden, die mehrere personenspezifische, der direkten Beobachtung nicht zugängliche „konzeptionelle Filter“ passieren. Als Filter wirken unter anderem Motive, Einstellungen, Vorstellungen und Selbst-Konzepte, die drauf Einfluß haben, welche Informationen wahrgenommen werden und wie sie verarbeitet und gegebenenfalls weitergereicht werden. Hier bestehen vielfältige Anknüpfungspunkte zu verschiedenen Theorien der Wahrnehmung, der Informationsverarbeitung oder der Motivation.

Ebenso wie aus transmissionsorientierter Perspektive wird auch aus psychologischer Perspektive Kommunikation instrumental betrachtet und unter Linearitäts- und Transitivitätsannahmen behandelt. Kommunikation ist hier wiederum gleichbedeutend mit Informationsübermittlung, der Erfolg wird nun jedoch nicht in Abhängigkeit von den zur Verfügung stehenden Kommunikationskanälen betrachtet, sondern primär in Abhängigkeit der Dekodierleistung des Empfängers, die durch dessen individuelle Charakteristika determiniert wird [vgl. Theis 1994, S. 34f.]. Kommunikationsstörungen werden somit nicht auf „Rauschen“ im Kanal zurückgeführt, sondern auf „psychische Kommunikationsbarrieren“ wie beispielsweise durch kulturelle, soziale oder personelle Faktoren bedingte Fehl- oder Andersinterpretationen von Informationen. In psychologischen Studien wird häufig die empfängerseitig wahrgenommene Glaubwürdigkeit des Senders thematisiert und dahingehend untersucht, welche Auswirkungen diese auf die Wahrnehmung und auf das Verhalten des Empfängers hat. Da sich die Bedingungen der Wahrnehmung des Kommunikationspartners in virtuellen Teams von denen in face-to-face Teams unterscheiden, sind hier potentiell auch Veränderungen in der Struktur möglicher Kommunikationsbarrieren zu erwarten.

Sozialpsychologische beziehungsweise organisationspsychologische Studien berücksichtigen neben individuellen auch strukturelle Faktoren wie die hierarchische Stellung der Kommunikationspartner innerhalb von Organisationen [vgl. Sperka 1996, S. 97ff. für einen Überblick über verschiedene Befunde zur organisationsinternen Kommunikation]. Die Analyse von Wahrnehmungsunterschieden im Zusammenhang mit dem organisatorischen Umfeld ist weder aus Perspektive eines transmissionsorientierten noch aus der eines ausschließlich psychologischen Standpunkts zu leisten [vgl. Theis 1994, S. 36ff.]. Es ist somit festzuhalten, daß das kommunikative Geschehen in virtuellen Teams kontrastiv zu face-to-face Teams unter verschiedenen Blickwinkeln zu betrachten ist: Mit den Veränderungen der technischen Transmissionsbedingungen durch die Nutzung von technischen Kanälen statt der Nutzung von face-to-face Kommunikation gehen Veränderungen in den personellen Kommunikationsbedingungen der Teammitglieder einher, und Virtualisierung bedingt konzeptionell Veränderungen in den strukturellen Kommunikationsbedingungen.

Die neben dem Sachaspekt (s.o.) von einer Nachricht erfüllten Funktionen zwischenmenschlicher Kommunikation werden anschaulich von Schulz von Thun (1994, S. 18ff.) mittels des „Vier-Seiten-Modells“ beschrieben, das die „Anatomie einer Nachricht“ wiedergibt und demzufolge jede Nachricht vier potentielle Funktionen besitzt (siehe auch Darstellung 18):

- Die Übermittlung des Sachinhalts bezieht sich auf einen bestimmten Sachverhalt, wie ihn der Sender sieht und wie er ihn den Empfänger wissen lassen möchte.
- Durch die Übermittlung des Selbstoffenbarungsaspektes teilt der Sender mit, wie er sich selbst sieht.
- Durch die Übermittlung eines Beziehungsaspektes teilt der Sender mit, wie er den Empfänger und seine Beziehung zu ihm sieht.
- Durch die Übermittlung eines Appellaspektes teilt der Sender dem Empfänger mit, wie dieser nach seiner Meinung auf die Nachricht reagieren soll.

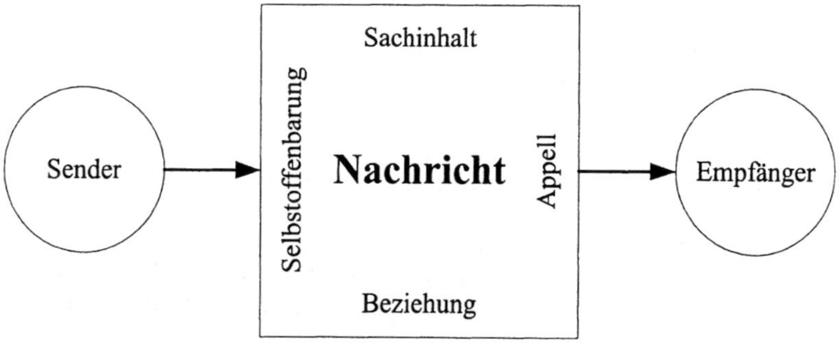

Darstellung 18: Vier-Seiten-Modell der Kommunikation modifiziert nach Schulz von Thun (1994, S. 20)

Während eines Kommunikationsprozesses werden alle vier Funktionen gleichzeitig erfüllt. Eine übermittelte Nachricht kann hinsichtlich jeden einzelnen Aspektes subjektiv unterschiedlich interpretiert werden, woraus gegebenenfalls Kommunikationsstörungen resultieren. Ein ähnliches Modell stellt Neuberger (1984) mit dem TALK-Modell vor, in dem neben der Funktion der Tatsachendarstellung die Ausdrucks-, die Lenkungs- sowie die Kontaktfunktion einer Nachricht unterschieden werden, wobei, so Seiwert (1992, Sp. 1130), keine substanziellen Unterschiede zum Vier-Seiten-Modell bestehen.

Modelle wie das Vier-Seiten-Modell der Kommunikation eignen sich besonders für die Behandlung pragmatischer Fragestellungen, wenn es gilt, die Ursachen für etwaige Kommunikationsstörungen zu ermitteln [vgl. Sperka 1996, S. 92ff.]. So wird der Aspekt der Kommunikation im Kontext der Virtualität, wie oben gezeigt, unter primärer Betonung der Sachdimension geführt, die Beziehungs- und Selbstoffenbarungsaspekte werden weitgehend außer acht gelassen, und wenn man die in Kapitel 2 dargestellte Konzeption von Mowshowitz insbesondere hinsichtlich des Aspekts der „Standardisierung von Interaktion" betrachtet, partiell negiert.

3.4.1.3 Kommunikation in virtuellen Teams aus instrumentaler Perspektive

Der *„typischen betriebswirtschaftlichen Auseinandersetzung mit dem Thema Kommunikation"* [vgl. Börner 1998, S. 187] liegt zumeist ein instrumentales Verständnis zugrunde. Problematisiert wird, wie Informationen unter Kosten/Nutzen-Aspekten „transportiert" - hier dann gleichbedeutend mit „kommuniziert" - werden können und wie Sender und Empfänger hierauf gegebenenfalls zielgerichtet vorbereitet werden können. Kommunikation wird als Instrument der Koordination und der Abstimmung zwischen verschiedenen Organisationsmitgliedern bei der Erfüllung arbeitsteiliger Einzelaufgaben betrachtet, bei denen Informationen zum Zweck der aufgabenbezogenen Verständigung übermittelt werden, die Betrachtung reduziert sich hierbei weitestgehend auf einen formalen Sachaspekt [vgl. Reichwald 1993, Sp. 2175; Bornschein-Grass 1995, S. 71]. So entspricht der zugrundeliegende Kommunikationsbegriff der oben durchgeführten transaktionskosten-orientierten Diskussion virtueller Teams dieser objektivistischen Grundannahme [vgl. zum Zusammenhang zwischen dem mechanistischen Kommunikationsverständnis und dem für die transaktionskostenökonomische Betrachtung relevanten Menschenbild des „homo oeconomicus" Börner 1998, S. 74; zur Stellung der Kommunikation innerhalb umfassenderer Konzepte der organisationalen Gestaltung die Reflexionen von Sperka 1996, S. 59ff.].

Aus betriebswirtschaftlicher Perspektive läßt sich demnach das Ziel formulieren, die „optimale Kommunikation" vor dem Hintergrund einer aufgabenbezogenen Kosten/Nutzen-Relation durch Gestaltung der Kommunikationsstruktur, also unter anderem der zur Verfügung stehenden Kanäle, zu ermöglichen. Die hiermit verbundene Vorstellung der Existenz einer solchen „optimalen Kommunikation" ist idealtypischer Natur und in realiter kaum erreichbar [vgl. Sperka 1996, S. 82]. Entsprechende Überlegungen haben jedoch Einfluß bei der Entwicklung und dem Ausbau der informations- und kommunikationstechnischen Basis virtueller Teams.

Zur Untersuchung von Kommunikationsprozessen läßt sich aus dem transmissionsorientierten Modell eine Reihe von Fragen ableiten, die sich auf die verschiedenen Bestandteile Kommunikationspartner (Sender/Empfänger), Kommunikationsinhalt, Kommunikationsmedien/-kanäle, situative Kommunikationsbedingungen sowie Kommunikationswirkung beziehen, mittels derer die Kommunikationssituation virtueller Teams im empirischen Einzelfall analysiert werden kann [vgl. Naase 1977, S. 125]:

(1) Kommunikationspartner (Sender/Empfänger)
- Wer sind die Kommunikationspartner, welche Rollen haben sie im Team?
- Wie groß ist ihre Glaubwürdigkeit, ihre Attraktivität, ihre Macht?
- Welche Kommunikationskapazitäten haben sie?
- Unter welchen Bedingungen kommunizieren sie, und wie wirken sich diese Bedingungen auf die Kommunikationsinhalte aus?

(2) Kommunikationsinhalt
- Wie reichhaltig ist die Nachricht?

(3) Kommunikationsmedien/-kanäle
- Welche Struktur weisen die Kommunikationskanäle auf?
- Wie lang sind die Kanäle?
- Welche Kapazitäten, welche Restriktionen haben die Kommunikationskanäle?

(4) situative Kommunikationsbedingungen und Umweltbedingungen
- Welches Volumen von Informationen wird vom Team verlangt?
- Welche situativen Faktoren beeinflussen die Kommunikationssituation/ -erfordernisse auf welche Art?
- Inwieweit wird die Kommunikation durch organisatorische Aspekte beschränkt (beispielsweise Geheimhaltungserfordernisse, Protokollierung)?

(5) Kommunikationswirkungen
- Wie effizient ist die Kommunikation, das Kommunikationssystem?
- Wie wirkt die Kommunikation auf andere Teammitglieder?
- Ist das Kommunikationssystem an veränderte Bedingungen anpassungsfähig?

3.4.2 Kommunikation als Symbolvermittelung

Eine Gegenposition zu der positivistischen Grundhaltung, die dem instrumentalen Kommunikationsverständnis zugrunde liegt, nehmen diejenigen Ansätze ein, die den konstitutiven Charakter von Kommunikation betonen. Mit Theis (1994, S. 40) lassen sich diese zunächst dahingehend unterscheiden, ob sie die *„die symbolische Konstruktion der Realität" (ibd.)* oder unter Bezugnahme auf systemtheoretische Überlegungen die *„systemkonstitutive Funktion kommunikativer Prozesse" (ibd.)*

thematisieren [vgl. auch Sperka 1996, S. 103ff.; Hahne 1997, S. 100, Fn. 2]. Auf den Aspekt der systemkonstitutiven Funktion wird Kapitel 3.3 eingegangen, daher wird im folgenden nun „Kommunikation als Symbolvermittlung" im Kontext der Diskussion virtueller Teams betrachtet.

Die Ursprünge der modernen Beschreibung von Kommunikation als Symbolvermittlung werden in den Beiträgen von Mead (1934) und Blumer (1969) gesehen, deren Gedanken sich zusammengeführt in der theoretischen Richtung des „symbolischen Interaktionismus" wiederfinden [vgl. Theis 1994, S. 40 zu der historischen Entwicklung oder ergänzend Hirschheim/Newmann 1991, S. 31, die unter anderem auf die bewußte Auseinandersetzung mit Symbolen in der Kommunikation in der Antike hinweisen]. Eingang in die aktuelle organisationswissenschaftliche Diskussion findet diese Perspektive zunächst unter der Bezeichnung „Organizational Symbolism", später gehen hiervon zahlreiche Impulse für die aktuelle Diskussion der „Organisationskultur" aus [vgl. Hirschheim/Newmann 1991, S. 31; Theis 1994, S. 155ff.; Hahne 1997, S. 100ff. sowie Scholz 2000, S. 330ff. mit direktem Bezug zur Problematik der theoretischen Fundierung des Virtualitätskonzeptes].

3.4.2.1 Grundlagen der Konzeption von Kommunikation als Symbolvermittlung

Grundlegendes Element der Konzeption von Kommunikation als Symbolvermittlung ist die Abkehr von der Annahme, daß Kommunikationsinhalte objektiv betrachtet werden können. Es wird nun vielmehr angenommen, daß Realität mittels Kommunikation unter Verwendung von Symbolen sozial konstruiert wird und bewußtseinsabhängig ist, daß sich Erkenntnis nur unter Berücksichtigung der Perspektive der Akteure unter Miteinbeziehung deren individuellen gemeinsamen Vorgeschichte ergibt und daß Menschen auf Grundlage ihres freien Willens handeln und hierbei von äußeren Faktoren zwar beeinflußt, nicht aber strikt determiniert werden [vgl. Wollnik 1992, Sp. 1780f.]. Durch eine Gegenüberstellung dieser Annahmen mit denen des dem instrumentalen Kommunikationsverständnis zugrundeliegenden positivistischen Paradigmas zeigt sich die Radikalität dieser und damit die der anderen den „interpretativen Ansätzen der Organisationstheorie" zuzurechnenden Betrachtungsweisen [Kieser 1999, S. 296; für einen Überblick über verschiedene Ansätze interpretativer Organisationstheorien siehe auch Wollnik 1992, Sp. 1778f.]. So wird aus positivistischer Perspektive und somit auch bei Bezugnahme auf eine instrumentale Kommunikationskonzeption (s.o.) angenommen, daß die Wirklichkeit objektiv gegeben ist, daß Erkenntnisse über deren Eigenschaften sich aus systematischer Beobachtung ableiten lassen und daß auf dieser Grundlage letztlich rationale Lösungen beliebiger Probleme möglich sind [vgl. Kieser 1999, S. 296f.]. Dementsprechend liegt der Wert der „symbolischen Konzeption“ in dessen Möglichkeit, scheinbar irrationales Kommunikationsverhalten als Symbol zu interpretieren, das für einen oder mehrere Akteure durchaus sinnhaft und damit aus der jeweiligen Perspektive rational ist [vgl. Hirschheim/Newmann 1991, S. 31].

Symbole sind Bilder, die dazu genutzt werden, etwas anderes zu repräsentieren; sie stehen für etwas anderes als sich selbst. Eine objektiv richtige Zuordnung von Realitätsobjekt zu einem Symbol ist nicht gegeben, Symbole sind grundsätzlich interpretationspflichtig. Morgan/Frost/Pondy (1983, S. 4) definieren Symbole entsprechend als Zeichen, die etwas Größeres bedeuten als sich selbst. Sie sind dadurch charakterisiert, daß sie subjektiv kreiert werden und mit einer subjektiven Bedeutungskomponente versehen sind. Ihre Funktion besteht darin, komplexe Beziehungen zu verdichten und so in komprimierter Form Dinge auszudrücken, die sonst nicht oder zumindest nur begrenzt kommuniziert werden könnten [vgl. Theis 1994, S. 47]. Eine wichtige Funktion von Symbolen ist es, die interpersonale Kommunikation von Meinung zu ermöglichen [vgl. Hirschheim/Newmann 1991, S. 32]. In Teams ermöglichen sie den Mitgliedern, Ereignisse und Situationen innerhalb des Teams zu verstehen, und sie bieten zugleich Richtlinien für ein situativ jeweilig angemessenes Verhalten [vgl. Hirschheim/Newmann 1991, S. 32; Kieser 1999, S. 304]. In einem gemeinsamen Symbolgebrauch drückt sich eine zugrundeliegende gemeinsame Teamkultur aus, die mit Schein (1995, S. 25) als Muster von gemeinsamen Grundprämissen im Umgang mit internen und externen Umweltzuständen beschrieben wird. Der wichtigste Symbolvorrat ist eine gemeinsame Sprache [vgl. Wollnik 1992, Sp. 1787; Hahne 1997, S. 101, Fn. 6].

Im Unterschied zum instrumentalen Ansatz tritt aus Perspektive der Konzeptionalisierung von Kommunikation als Symbolvermittlung anstelle des Aspektes der exakten Signalübertragung der der Kongruenz [vgl. Theis 1994, S. 61]. Kongruenz bezieht sich auf den Konsens hinsichtlich der Bedeutungszuweisung von Symbolen. Mit zunehmender Kongruenz einer Bedeutungszuweisung steigt die Wahrscheinlichkeit, das Ziel einer gemeinsamen Verständigung zu erreichen und somit erfolgreich zu kommunizieren. Die Mitglieder virtueller Teams entwickeln demnach aufbauend auf einem Fundus gemeinsamer Erfahrungen einen teamspezifischen Symbolgebrauch, der dann gegebenenfalls effizientere Kommunikation komplexer Sachverhalte ermöglicht als die, die mittels eines allgemeineren Symbolvorrates wie beispielsweise der gemeinsamen, nicht teamspezifisch modifizierten Sprache möglich ist. Bezogen auf das Innenverhältnis eines Teams entspricht die Ausbildung eines spezifischen Symbolgebrauchs der „Standardisierung von Interaktionen“ als „Säule der Virtualisierung“ (vgl. Kapitel 2.1.1), gleichzeitig wirkt er komplexitätsreduzierend und somit grenzbildend im Sinne einer systemtheoretischen Betrachtung (s.o.).

Bei nicht-kongruenter Symbolverwendung können die Mitteilungen vom Empfänger auf unterschiedliche Weise interpretiert werden. Die dann vorliegende Bedeutungsambiguität wird auch als Mehrdeutigkeit, Indirektheit oder Ungenauigkeit umschrieben. Ambiguität ist abhängig von der gemeinsamen kommunikativen Vorerfahrung von Sender und Empfänger. Bedingt durch die zunehmende gesellschaftliche und organisatorische Differenzierung und verstärkt durch die konzeptionellen Grundlagen des Virtualitätskonzeptes nimmt die Wahrscheinlichkeit einer gänzlich kongruenzorientierten Kommunikation ab, so daß eine zunehmende Bedeutung der Kommunikation unter Ambiguitätsbedingung anzunehmen ist.
Sender können auch bewußt mehrdeutig kommunizieren, um so beispielsweise durch das Umgehen der Äußerung von explizit divergenten Meinungen Konflikte zu vermeiden, da der Sender die Interpretation auch in seinem Sinne leisten kann. Ambiguitäre Situationen eröffnen die Möglichkeit, unterschiedliche Interpretationen bei gleichzeitiger Illusion einer Übereinstimmung nebeneinander existieren zu lassen, wie Theis (1994) betont: „*Die Strategie der bewußten Ambiguität ist ein Beispiel für den kreativen Umgang des Menschen mit Symbolen und widerspricht der häufig formulierten Vorstellung, nur eindeutige und klare Kommunikation sei effizient und effektiv. Das ist sie aber nur dort, wo Zielsetzungen klar formuliert und konsentiert sind*“ (id., S. 58).
Die Gültigkeitsbereiche einzelner Symbole unterscheiden sich potentiell entsprechend der verschiedenen Ebenen sozialer Systeme in vertikaler wie in horizontaler Hinsicht (s.o.). So kann vertikal unterschieden werden, ob Symbole aus umfassenderen Systembezügen wie dem organisatorischen Umsystem in spezielle Systeme wie virtuelle Teams bedeutungsgleich überführt werden, ob sie dort eine Bedeutungsverschiebung erfahren oder ob dort neue Symbole geschaffen werden [vgl. Scholz 2000, S. 251f.]. Horizontal differierender Symbolgebrauch kann exemplarisch zwischen zwei unterschiedlichen virtuellen Teams vorliegen. Der Gebrauch von Symbolen mit einem gemeinsamen Bedeutungskontext setzt gemeinsame Erfahrungen voraus und ist an einen länger andauernden Zeitraum gemeinsamer Kommunikation gebunden [vgl. Schein 1995, S. 23ff.].

Entsprechend der von Neuberger (1995) vorgenommenen Differenzierung von verbalen, interaktionalen und objektivierten Symbolen werden in Darstellung 19 Beispiele für verschiedene im organisationalen Kontext bedeutsame Symbolarten wiedergegeben.

VERBALE SYMBOLE	INTERAKTIONALE SYMBOLE	OBJEKTIVIERTE SYMBOLE
Geschichten	Traditionen	Abzeichen, Geschenke
Mythen	Feiern, Jubiläen	Logos
Anekdoten	Konferenzen	Preise, Urkunden
Parabeln	Vorstandsbesuche	Incentive-Reisen
Legenden, Sagen	Organisationsentwicklung	Kleidung, äußere Erscheinung
Slogans, Mottos	Einführung neuer Mitarbeiter	Architektur
Maximen, Grundsätze	Beförderungen	Plakate, Broschüren
Sprachregelungen	Entlassung, freiwillige Kündigung	schriflich fixierte Systeme
Jargon, Argot, Tabus	Beschwerden	
Lieder, Hymnen		

Darstellung 19: Beispiele für Symbole

Symbole lassen sich weiterhin dahingehend unterscheiden, ob ihre Verwendung vorwiegend aufgabenbezogen instrumentell erfolgt oder ob sie vorwiegend der Aufrechterhaltung sozialer Beziehungen dient und damit primär expressiv ist [vgl. Hahne 1997, S. 101ff.]. Eine exemplarische Einordnung verschiedener Symbole in ein entsprechendes Kontinuum erfolgt in Darstellung 20:

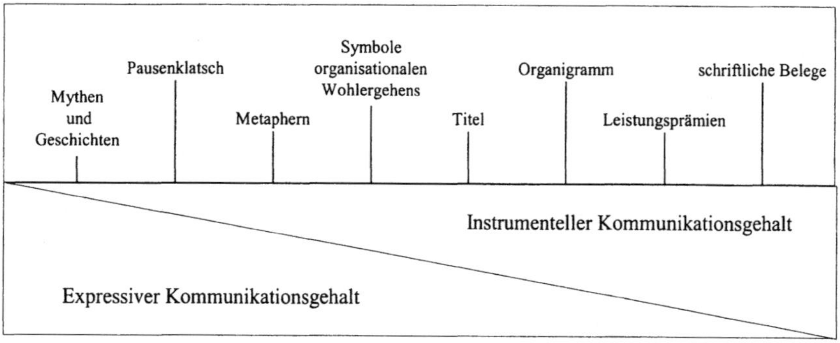

Darstellung 20: Kontinuum symbolischer Funktionen modifiziert nach Daft (1983, S. 203)

3.4.2.2 Kommunikation in virtuellen Teams als Symbolvermittelung

Reduziert man die Betrachtung der Kommunikation in virtuellen Teams von dem Standpunkt aus, diese als Symbolvermittlung zu konzeptionalisieren, auf den Aspekt des Wegfalls der räumlichen Unmittelbarkeit der Teamsituation und der Substitution dieser durch einen technisch vermittelten virtuellen Kommunikationsraum, so läßt sich die Frage formulieren, inwiefern Symbole, wie sie in Darstellung 19 wiedergegeben werden, hier kommuniziert werden (können), ob sie hierbei gegebenenfalls eine - intendierte oder nicht intendierte - Bedeutungsverschiebung erfahren, und ob neue Symbolformen beziehungsweise neue Formen des Symbolgebrauchs entwickelt und verwendet werden.

Besonders objektivierte Symbole sind in ihrer Wirkung offenbar in hohem Maßen abhängig von Unmittelbarkeit und physischer Repräsentation sowie gegebenenfalls relativ hohen Imitations- beziehungsweise Replikationsbarrieren. Die „virtuellen Pendants" beispielsweise zu Urkunden, Logos und Abzeichen, wie sie für virtuelle Teams vorstellbar sind, lassen sich hingegen bei vernachlässigbaren Kosten prinzipiell beliebig vervielfältigen oder verändern. Zumindest fraglich erscheint dann, ob diesen Symbolen durch die Mitglieder eines virtuellen Teams äquivalente Bedeutung zugemessen wird wie dies unter ceteribus-paribus Annahme durch die Mitglieder eines face-to-face Teams geschehen würde. Weiterhin hat die Authentizität des „Symbolgebers" als akzeptierte Respekt- oder Machtinstanz für den „Symbolempfänger" ebenso positiven Einfluß auf die wertende Wahrnehmung des Symbols wie die situativen Rahmenbedingungen der „Symbolübergabe", die hier partiell als interaktionale Symbole betrachtet werden können.

Da sich Symbole aus der gemeinsamen Erfahrung der sie verwendenden Personen entwickeln (s.o.), sind auch die in den Organisationen vorzufindenden interaktionalen Symbole in hohem Maße durch die alltäglichen Erfahrungen der face-to-face Kommunikation in einem gemeinsamen räumlich-zeitlichen Kontext geprägt. Die Ergebnisse verschiedener Studien über unterschiedliche Formen virtueller Gemeinschaften zeigen, daß sich hier in Abgrenzung zu face-to-face Situationen spezifischer Symbolgebrauch herausbildet, exemplarisch sei auf die Verwendung von speziellen Zeichenfolgen, sogenannten „*Emoticons*", oder Abkürzungen verwiesen, mittels derer soziale Handlungen in textbasierten Kommunikationssituationen symbolisiert werden [vgl. Döring 1999, S. 41ff. u. 237f.; Sassenberg 2000, S. 110f.]. Weiterhin ist in diesem Zusammenhang festzustellen, daß bereits der Gebrauch verschiedener Medien selbst einen symbolischen Wert hat und sich in der Wahl eines bestimmten Kommunikationsmittels die Intention des Senders widerspiegelt [vgl. Höflich 1996, S. 109; Goecke 1999, S. 61ff.]. So symbolisiert der telefonische Anruf eines Vorgesetzten häufig eine höhere Dringlichkeit als ein Brief mit gleichem Inhalt. Die Wahl eines bestimmten Mediums ist subjektiv rational und unterliegt der sozialen Einflußnahme und dem jeweiligem Gruppenkontext [vgl. u.a. Höflich 1996, S. 147; Walther 2000. In diesem Sinne sei auch auf die These *„The medium is the message"* von McLuhan (1995) verwiesen].

Anhand eines Beispiels sei verdeutlicht, welche Problemdimensionen exemplarisch hinsichtlich der Symbolvermittlung in virtuellen Teams im Vergleich zu face-to-face Teams auftreten können: In einer „face-to-face-Kultur" findet die Übergabe beispielsweise einer Beförderungsurkunde (= objektiviertes Symbol) zumeist im Rahmen eines kleineren festlichen Anlasses (= interaktionales Symbol) statt und erfolgt in der Regel durch einen Vorgesetzten (=akzeptierte Respekt- oder Machtinstanz, interaktionales Symbol), der aller Erfahrung nach eine mit Mythen über die Leistungen und Qualifikationen des Beförderten oder mit ähnlichem durchsetzte Rede (=verbale Symbole) hält.
Inwiefern nun derartige komplexe Situationen durch virtuelle Teams nachgebildet und damit gleichsam virtualisiert werden können, ist unklar, beziehungsweise in der wissenschaftlichen Literatur allenfalls rudimentär diskutiert. Untersuchungen, die sich direkt mit der Problematik der Nutzung von Symbolen durch virtuelle Teams in einem explizit arbeitsorganisatorischem Kontext auseinandersetzen, sind dem Autor nicht bekannt, Ergebnisse von Studien über andere Formen virtueller Gemeinschaften unterstützen jedoch die bezüglich einer angenommenen Funktionsäquivalenz positive Einschätzung [vgl. die Beiträge bei Brill/de Vries 1998, insbes. Kapitel V; Sudweeks/McLaughlin/Rafaeli 1998; Boos/Jonas/Sassenberg 2000; Thiedeke 2000]. Walther (2000, S. 15ff.) relativiert Defizitbefunde zur computervermittelten Kommunikation in virtuellen Teams aufbauend auf verschiedenen Metastudien und eigenen Experimenten dahingehend, daß die Entwicklung von Beziehungsstrukturen und von teamspezifischem Symbolgebrauch zwar einen größeren Zeitbedarf hat als in vergleichbaren face-to-face Situationen, jedoch letztlich nicht zwangsläufig ein niedrigeres Niveau aufweist [vgl. ähnlich auch Utz 2000, S. 51]. Es wird als wahrscheinlich bezeichnet, daß bei ausreichenden zeitlichen Bedingungen, die beispielsweise Raum für den Austausch von verbalen Symbolen wie Geschichten (Klatsch und Tratsch) lassen, *„durch Kommunikation via Computer ein ganz normales Niveau der Beziehungsqualität erreicht wird*" [id., S. 17]. Das Vorhandensein eines spezifischen gemeinsamen Symbolsystems innerhalb eines virtuellen Teams setzt somit eine in gewissen Grenzen stabile Mitgliedschaft voraus [vgl. Schein 1995, S. 23], was analog zu den Ergebnissen der Betrachtung von virtuellen Teams als spezialisierte Systemform steht (s.o.). Charakteristisch für virtuelle Teams ist jedoch die Kurzfristigkeit der Zusammenarbeit, und so stehen die zeitlichen Erfordernisse für die Ausbildung eines teamspezifischen Symbolgebrauchs im Konflikt zu den Grundüberlegungen des Virtualitätskonzepts. Mit Bezug auf diese Problematik äußern Scherm/Süß (1999, S. 18) sich dahingehend ausgesprochen pessimistisch, daß es in virtuellen Organisationsformen keine spezifische Kultur gibt. Kontrovers hierzu impliziert der Virtualitäts-Entwurf von Mowshowitz geradezu die Schaffung einer „Kultur des Virtuellen" (s.o.). Wird der kritische Standpunkt von Scherm/Süß (1999, S. 18) als ist-zustandsbezogener Defizitbefund betrachtet, so verweist der Entwurf Mowshowitz im Sinne der Utopiefunktion wissenschaftli-

cher Diskussion (s.o.) auf – mögliche – zukünftige Entwicklungen wie hier eben der Entwicklung einer „Kultur des Virtuellen".

Die mit dem konzeptionellen Verständnis von Kommunikation als Symbolvermittlung einhergehende Betonung der Interpretationspflichtigkeit von Realität eröffnet den analytischen Zugang zu hochgradig praxisrelevanten, in den positivistischen Analysen nach Kieser (1999, S. 315) jedoch nicht oder nur randständig thematisierten Aspekten wie beispielsweise der Bedeutung von Organisationsmythen, Teamritualen oder anderem teamspezifischem Symbolgebrauch. So läßt sich aus dieser Perspektive postulieren, die Annahme der Existenz objektiv vorhandener Teamstrukturen aufzugeben und ein virtuelles Team von vornherein als soziales Konstrukt zu interpretieren. Virtuelle Teams lassen sich demnach nicht in technisch-ingenieurmäßiger Weise konstruieren, zu ihrer Initiierung und Änderung ist vielmehr Kommunikation über sich selbst zu ermöglichen und anzuregen, die zu der Ausbildung eines teamspezifischen Symbolgebrauchs, gleichbedeutend einer teamspezifischen Bedeutungskongruenz, führen kann [vgl. Theis 1994, S. 51; Kieser 1999, S. 314]. Nicht zentral thematisiert wird allerdings, inwiefern dieser letztlich für die Koordination arbeitsteiliger Prozesse zwingend notwendig ist [vgl. Theis 1994, S. 52 unter Verweis aus Weik 1985: die Möglichkeiten der Handlungskoordination in Teams werden in Unabhängigkeit von gemeinsamen Werten, Zielen oder ähnliches thematisiert]. Impliziert die instrumentale Perspektive ein sich in der Vorstellung der Existenz einer „idealtypischen optimalen Kommunikationsstruktur" widerspiegelndes deterministisches Grundverständnis (s.o.), so wird aus Perspektive des symbolvermittelnden Verständnisses eine nicht-deterministische Position bezogen [vgl. Star 1996, S. 297]. Eine konkrete teamspezifische Realitätskonstruktion ist grundsätzlich als kontingent, als auch anders möglich, zu betrachten [vgl. Wollnik 1992, Sp. 1785]. Inwiefern nun derartiges abstraktes Wissen neben einer theoretischen auch eine handlungsrelevante Dimension aufweist, erscheint zunächst fraglich [vgl. Theis 1994, S. 51], wobei einer möglichen hierauf abzielenden Kritik relativierend entgegenzuhalten ist, daß auch der Beitrag der positivistischen Positionen zur Lösung realer Problemstellungen außerordentlich begrenzt ist [vgl. Kieser 1999, S. 318].
Angesichts der Technikzentriertheit in weiten Teilen der Virtualitätsdiskussion (s.o.) und dem damit in engem Zusammenhang stehenden häufigem - zumeist impliziten - Rückgriff auf ein instrumentales Kommunikationsverständnis ist der Beitrag der Konzeption von Kommunikation als Symbolvermittlung zum Verständnis virtueller Teams dahingehend als nützlich zu werten, daß hier potentielle Kommunikationsprobleme in ihren Ursachen nicht auf defizitäre Informations- und Kommunikationstechnik beschränkt werden, sondern auch die einer ökonomisch-technizistischen rationalen Betrachtung nicht zugänglichen Aspekte wie Unterschiede in den Symbolsystemen der Teammitglieder einbezogen werden [vgl. Hirschheim/Newmann 1991, S. 29f.]. Gemeinsamer Symbolgebrauch wiederum setzt keine perfekte technische Infrastruktur voraus, die Konstruktion einer

„virtuellen Teamrealität" ist, wie dies die empirischen Befunde der Forschung zur computervermittelten Kommunikation (s.o.) zeigen, auch unter im Vergleich zu face-to-face-Situationen sehr eingeschränkten Kommunikationsbedingungen möglich.

3.4.3 Das Beitragspotential der kommunikationstheoretischen Ansätze zur theoretischen Fundierung virtuellerTeams

Die hier unterschiedenen Perspektiven, aus denen Kommunikation in virtuellen Teams betrachtet wird, lenken die Aufmerksamkeit jeweils auf unterschiedliche Detailaspekte, wobei keine Aussage über eine Rangfolge des Erkenntnisbeitrages getroffen werden kann. Unabhängig von der Avanciertheit der einzelnen Ansätze werden diejenigen für das Verständnis der Kommunikation in virtuellen Teams jeweils als relevant erachteten Details fokussiert, deren Vernachlässigung in den anderen Ansätzen latent zu drohen scheint. In vereinfachter Betrachtung ist festzustellen, daß aus instrumental-transmissionsorientierter, aus instrumental-psychologischer und aus symbolvermittelnder Perspektive jeweils die technischen, die individuellen und die organisatorisch-sozialen Kommunikationsbedingungen fokussiert werden.

Bei einem Vergleich der Kommunikationsbedingungen zwischen virtuellen und face-to-face Teams wird aus instrumentaler transmissionsorientierter Perspektive insbesondere die informations- und kommunikationstechnische Dimension hervorgehoben. Da die den Mitgliedern eines virtuellen Teams zur Verfügung stehenden Kommunikationskanäle zweifelsohne einen wichtigen Einfluß auf das kommunikative Geschehen haben, ist diesem Modell unbeschadet der Kritik hinsichtlich des kommunikationswissenschaftlichen Ausbaugrades ein hoher heuristischer Wert bei der Klärung pragmatischer Fragestellungen insbesondere beim Vorliegen von Kommunikationsstörungen zuzuschreiben.

Aus instrumentaler psychologischer Perspektive werden anstelle der Kommunikationskanäle die Charakteristika der Kommunikationspartner und hier insbesondere die des Kommunikationsempfängers thematisiert. So werden unter anderem die Erfahrungen der Kommunikationspartner im Arbeiten in virtuellen Teams oder aber auch organisationsbezogene Aspekte wie die Auswirkungen von Hierarchiebeziehungen vergleichend zwischen face-to-face Teams und virtuellen Teams analytisch faßbar. Auch diese Perspektive eignet sich besonders zu Klärung der Ursache von Kommunikationsstörungen, denn grundsätzlich wird hier wie aus instrumentaler transmissionsorientierter Perspektive an dem Gedanken einer Gestaltbarkeit der Kommunikationssituation in Richtung einer objektiv rationalen „Lösung" hinsichtlich der kommunikativen Erfordernisse festgehalten.
Wird Kommunikation als Symbolvermittlung betrachtet, so tritt an die Stelle der Vorstellungswelt einer objektiv faßbaren Realität die der symbolisch vermittelten.

Es wird thematisierbar, inwiefern die Mitglieder virtueller Teams zunächst in den Möglichkeiten der Verwendung von Symbolen durch die jeweiligen informations- und kommunikationstechnischen und sonstigen kontextuellen Besonderheiten eingeschränkt werden und wie sie hierauf reagieren. Deutlich wird, daß nicht unbedingt Klarheit und Eindeutigkeit Zieldimensionen der interpersonellen Kommunikation darstellen, wie dies ein instrumentales Kommunikationsverständnis nahelegt, sondern daß Sender beispielsweise auch bewußt Ambiguität einsetzen.

4 Ausgewählte Aspekte virtueller Teams unter besonderer Berücksichtigung der Einflußpotentiale von Groupware

Organisationale Virtualität in all ihren Erscheinungsformen wird in der aktuellen Literatur nahezu einhellig mit dem Einsatz von Informations- und Kommunikationstechnik in Verbindung gebracht (s.o.), die zentrale Rolle, die diese technische Dimension bei der Diskussion virtueller Teams einnimmt, wird zudem in Kapitel 3 verdeutlicht. Virtualität im allgemeineren Begriffsverständnis beziehungsweise virtuelle Teams im Speziellen werden letztlich erst durch geeignete Informations- und Kommunikationstechnik ermöglicht, wobei die konkrete Ausgestaltung jedoch nicht als technikdeterminiert zu betrachten ist: Eine adäquate informations- und kommunikationstechnische Infrastruktur ist eine notwendige, nicht aber eine hinreichende Bedingung für die erfolgreiche Realisierung virtueller Teams [vgl. u.a. Picot/Reichwald/Wigand 1998, S. 405; Zimmermann 1999, S. 16], die in engem Wechselspiel mit den Kontextfaktoren Arbeitsaufgabe und Organisationsstruktur, mit menschlichen Faktoren auf Individual- und Gruppenebene sowie mit weiteren technischen Faktoren und der Umwelt steht [vgl. Oberquelle 1991, S. 38]. Es besteht in der Literatur jedoch eine weitgehende Übereinkunft, daß dem Aspekt der Informations- und Kommunikationstechnik bei dem derzeitigen Stand der Virtualitätsdiskussion und der Adaption auf den Ebenen des individuellen, des gruppalen und des organisatorischen sowie des gesellschaftlichen Einsatzes eine die anderen Faktoren zunächst überragende Bedeutung zukommt [vgl. Igbaria/Shayo/Olfman 1999, S. 27]. Dem wird hier Rechnung getragen, indem im folgenden zunächst das Forschungsfeld „*Computer Supported Cooperative Work*" (CSCW) sowie Groupware als informations- und kommunikationstechnische Komponente virtueller Teams dargestellt wird, worauf aufbauend ausgewählte Aspekte virtueller Teams unter besonderer Berücksichtigung des Einflußpotentials von Groupware diskutiert werden.

4.1 Das Forschungsgebiet „Computer Supported Cooperative Work" (CSCW)

Der Einsatz von verschiedenen Formen der Informations- und Kommunikationstechnik in erwerbswirtschaftlichen Organisationen ist ein seit langem auch wissenschaftlich beobachteter und diskutierter Sachverhalt, so daß bei der Diskussion virtueller Teams auf einen Fundus entsprechender Vorarbeiten zurückgegriffen werden kann. So analysiert Petrovic (1995, S. 14ff.) die von ihm als wesentlich erachteten Arbeiten der vorhergehenden 35 Jahre, die sich mit den Wechselwirkungen zwischen dem Einsatz von Informations- und Kommunikationstechnik und der jeweiligen Organisationsstruktur der sie einsetzenden Unternehmungen

auseinandersetzen, und identifiziert vier grundsätzlich verschiedene Aussagepositionen hierzu: Die erste Position besagt, daß der Einsatz von Informations- und Kommunikationstechnik zur Zentralisation führt, die zweite besagt als Gegenposition hierzu, daß er zur Dezentralisation führt. Gehen die ersten beiden Positionen davon aus, daß der Einsatz von Informations- und Kommunikationstechnik die Organisationsstruktur beeinflußt, so besagt die dritte Position als Gegenposition hierzu, daß letztere hiervon nicht beeinflußt wird, während die vierte Position besagt, daß der Einsatz von Informations- und Kommunikationstechnik unabhängig von der vorhandenen Organisationsstruktur ist.
Unabhängig von der jeweiligen Position wird der Einsatz von Informations- und Kommunikationstechnik mit Vorstellungen hinsichtlich einer Verbesserung von Effizienz- oder Effektivitätskriterien verbunden, wobei diese meist in der technikbedingt schnelleren Durchführung von Tätigkeiten begründet gesehen wird [Petrovic 1995, S. 54ff.]. Auf Unternehmensebene stellt Informations- und Kommunikationstechnik demzufolge primär ein Instrument der Rationalisierung prädeterminierter komplexer Abläufe wie beispielsweise Buchungsvorgängen dar, während auf individueller Ebene durch den Einsatz von Personalcomputern die individuellen Leistungsbeiträge erhöht werden sollen. Sowohl unternehmensweite Systeme als auch Systeme für den individuellen Einsatz weisen symptomatische Eigenschaften auf, die hinsichtlich eines Einsatzes im gruppalen Kontext problematisch sind. So steht unter anderem die Komplexität der aufgabenbezogenen Handlungsalternativen eines Teams einer vollständigen Darstellung dieser in unternehmensweiten informations- und kommunikationstechnischen Systemen entgegen, während auf der anderen Seite der Einsatz von isolierten Personalcomputern neben der - ineffizienten - Produktion von zahlreichen Insel- und Parallellösungen für Partialprobleme häufig zu Kommunikationsproblemen der Art führt, daß beispielsweise ein Datenaustausch zwischen Teammitgliedern durch inkompatible Formate beziehungsweise Systeme erschwert oder sogar verhindert wird.

Wegen derartiger Probleme entwickelt sich seit einigen Jahren ein eigenständiges Forschungsgebiet, dessen Schwerpunkt die Untersuchung der Computerunterstützung von Gruppenarbeit darstellt: das Forschungsgebiet des „Computer Supported Cooperative Work“ (CSCW). Im Rahmen dieser Arbeit bezieht sich CSCW integrativ auch auf die Forschungsrichtung „Group Support Systems“, zu deutsch „Gruppenunterstützungssysteme“, was in der Tradition der entsprechenden deutschsprachigen Forschung steht, während für den anglo-amerikanischen Raum eine relativ strikte entsprechende institutionelle Trennung beschrieben wird [vgl. Schwabe 1995, S. 148].

4.1.1 Gegenstand der CSCW-Forschung

CSCW ist ein relativ junges, interdisziplinäres Forschungsgebiet, dessen Bezeichnung auf ein mit „Computer Supported Cooperative Work“ betiteltes Arbeitstreffen im Jahre 1984 zurückgeführt wird, dem sich die erste internationale CSCW-Konferenz 1986 in Austin, Texas anschließt [zur Entwicklung des Forschungsfeldes vgl. u.a. Johansen 1988, S. 4f.; Ellis/Gibbs/Rein 1991 S. 39; Grudin 1991, S. 32; Krcmar 1992, S. 425; Teufel et al. 1995, S. 14; Scholer 1998, S. 12f.; für eine zahlreiche Autoren inspirierende „semantische“ Annäherung, in der verschiedene relevante Problembereiche aufgezeigt werden, vgl. den Beitrag von Bannon/Schmidt (1991) mit dem programmatischen Titel *„CSCW: Four Charakters in Search of a Context“*]. Die bis heute andauernde Diskussion über die Inhalte der CSCW-Forschung wird dadurch bedingt, daß die unterschiedlichen Begriffswelten der beteiligten Disziplinen aufeinander abgestimmt werden müssen [vgl. Lubich 1995, S. 28], und so beschreiben Teufel et al. (1995, S. 19f.) CSCW als Forschungsgebiet im Schnittbereich der vier Hauptdisziplinen Psychologie, Soziologie, Informatik sowie Organisations- und Führungslehre (siehe Darstellung 21). Auch wenn es große Überschneidungsbereiche gibt, werden CSCW und Team- beziehungsweise Kleingruppenforschung als voneinander unabhängige Disziplinen betrachtet [Bannon/Schmidt 1991, S. 51].

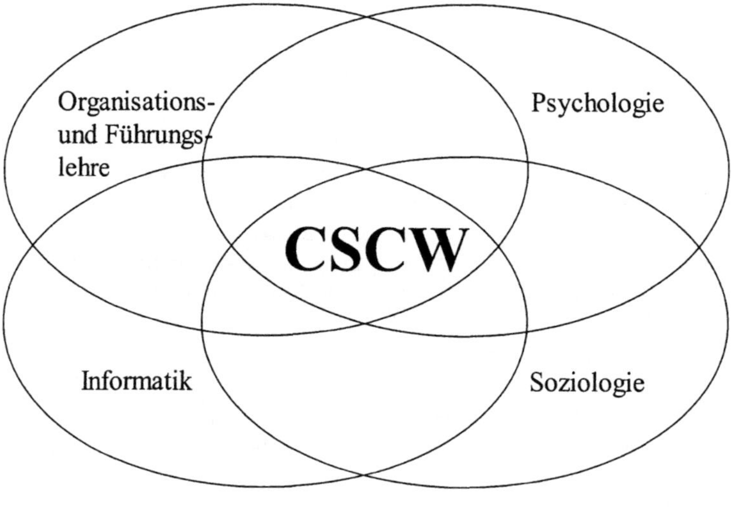

Darstellung 21: CSCW als interdisziplinäres Forschungsgebiet modifiziert nach Teufel et al. (1995, S. 19)

Eine Parallelität zu der Diffusion der Virtualitätsidee (vgl. Kapitel 2) besteht dahingehend, daß auch die Diskussion im CSCW-Forschungsgebiet anfangs stark durch eine informatikorientierte Sichtweise geprägt wird, wie sich unter anderem in frühen Definitionsansätzen zeigt, und dann mit zunehmender Etablierung des Forschungsgebietes die Beiträge der anderen Disziplinen stärker betont werden. So definiert Baecker (1993) ausgehend von der zugrundeliegenden Technik CSCW als „*computer-assisted coordinated activity such as communication and problem-solving carried out by a group of collaborating individuals*“ [id., S. XI]. Aus dieser Sichtweise heraus wird das Forschungsgebiet CSCW primär als Aufgabenfeld der Informatik verstanden und beschäftigt sich hauptsächlich mit der Entwicklung von Soft- und Hardware. Ellis/Gibbs/Rein (1991) gehen von der Gruppe als zentralen Untersuchungsgegenstand aus und betrachten Technik hinsichtlich der Unterstützungsfunktionalität: „*CSCW looks at how groups work and seeks to discover how technology (especially computers) can help them work*“ [id., S. 39]. Die deutschsprachige Diskussion wird unter anderem von Teufel et al. (1995) stark beeinflußt, die das Forschungsgebiet CSCW ähnlich wie Ellis/Gibbs/Rein (1991) beschreiben, hierbei zusätzlich jedoch die explizite Zielorientierung, die mit dem Einsatz von Informations- und Kommunikaionstechnik verbunden wird, hervorheben:

> *„Computer Supported Cooperative Work (CSCW) ist die Bezeichnung des Forschungsgebietes, welches auf interdisziplinärer Basis untersucht, wie Individuen in Arbeitsgruppen oder Teams zusammenarbeiten und wie sie dabei durch Informations- und Kommunikationstechnologie unterstützt werden können.*
>
> *Ziel aller Bemühungen im Gebiet CSCW ist es, unter Verwendung aller zur Verfügung stehenden Mittel der Informations- und Kommunikationstechnologie, Gruppenprozesse zu unterstützen und dabei die Effektivität und Effizienz der Gruppenarbeit zu erhöhen“ [Teufel et al. 1995, S. 16].*

Die Betonung der Effizienz- und Effektivitätserhöhung als Zielsetzung spiegelt die pragmatisch-betriebswirtschaftliche Grundorientierung wider. Auch wenn es fraglich erscheint, ob Vertreter aus anderen an der CSCW-Forschung beteiligten Disziplinen wie zum Beispiel der Soziologie oder Psychologie diese Position uneingeschränkt teilen, so ist sie mit dem Grundverständnis dieser Arbeit kompatibel. Greif (1988) zieht sowohl Klein- als auch auf Großgruppen in die CSCW-Forschung mit ein und unterscheidet drei diesbezügliche Fragenkomplexe, die somit auch auf virtuelle Teams zu beziehen sind:

„The questions being asked relate to all aspects of how large and small groups can collaborate using computer technology: How should people plan to work together to take advantage of this powerful medium? What kind of software should be developed? How will group work be defined and redefined to tap the potential of people and technology?" [Greif 1988, S. 5]

CSCW-Rahmenkonzept nach Krcmar

Um die vielfältigen Tätigkeiten innerhalb der CSCW-Forschung zu strukturieren, schlägt Krcmar (1992, S. 427f.) ein die drei Hauptgebiete „Verständnis der Teamarbeit", „Entwicklung von Werkzeugen und Konzepten für die Unterstützung der Teamarbeit" und „Bewertung von Werkzeugen und Konzepten" unterscheidendes CSCW-Rahmenkonzept vor. Die einzelnen Bereiche werden folgendermaßen charakterisiert (siehe Darstellung 22):

- Gegenstand des Bereichs „Verständnis der Teamarbeit" ist es, mit Hilfe von Methoden und Modellen aus Soziologie, Psychologie und Organisationstheorie sämtliche Aspekte der Gruppenarbeit zu erfassen. Dies kann zunächst unabhängig vom Vorhandensein von Groupware etc. geschehen. Aufgrund der aus Computerunterstützung resultierenden erweiterten Möglichkeiten, Gruppenarbeit zu konzeptionieren, sind jedoch gegebenenfalls neue, vertiefende Betrachtungen notwendig, da Veränderungen hinsichtlich aller Dimensionen der Gruppenarbeit möglich sind.
- Mit ingenieurwissenschaftlichen Methoden, die im wesentlichen aus den Bereichen Informatik und Software-Engineering stammen, wird im Bereich „Entwicklung von Werkzeugen und Konzepten für die Unterstützung der Teamarbeit" gearbeitet. Dabei ist zu beachten, daß zum einen Werkzeuge nach bekannten Bedürfnissen entwickelt werden, zum anderen aber auch durch neue Technologien weitere, innovative Unterstützungsfunktionen hinzutreten können.
- Aus einer sozial- und wirtschaftswissenschaftlichen Perspektive wird im dritten Bereich „Bewertung von Werkzeugen und Konzepten" analysiert, *„ob und inwieweit Unterstützung und Auswirkung wirklich so eintreten, wie von den Werkzeugbauern ursprünglich gedacht"* [ibd.]. Für diese Betrachtungen ist ein umfassendes Verständnis sowohl der Gruppenarbeit als auch des Einsatzes von Informations- und Kommunikationstechnik notwendig.

Zentraler Ansatzpunkt der CSCW-Forschung ist es Krcmar (1992, S. 426) zufolge, sich an der zu erledigenden Arbeit und an den Personen, die diese Arbeiten ausführen, zu orientieren und nicht an den Computern.

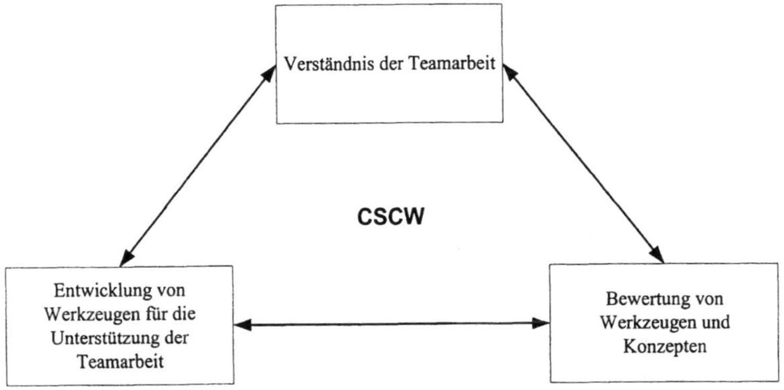

Darstellung 22: Gebiete der CSCW-Forschung nach Krcmar modifiziert nach Krcmar (1992, S. 427)

CSCW-Rahmenkonzept nach Teufel et al.

Ein im deutschsprachigen Raum weitverbreitetes CSCW-Rahmenkonzept stellen Teufel et al. (1995, S. 31ff.) vor. Im Unterschied zum Vorschlag von Krcmar (s.o.) wird hier zum einen der Bereich der „Entwicklung von Methoden und Techniken" vom dem der „Entwicklung von Werkzeugen" deutlich abgegrenzt und zum anderen wird eine Art idealtypischer Arbeitszyklus für die CSCW-Forschung vorgeschlagen (siehe Darstellung 23).

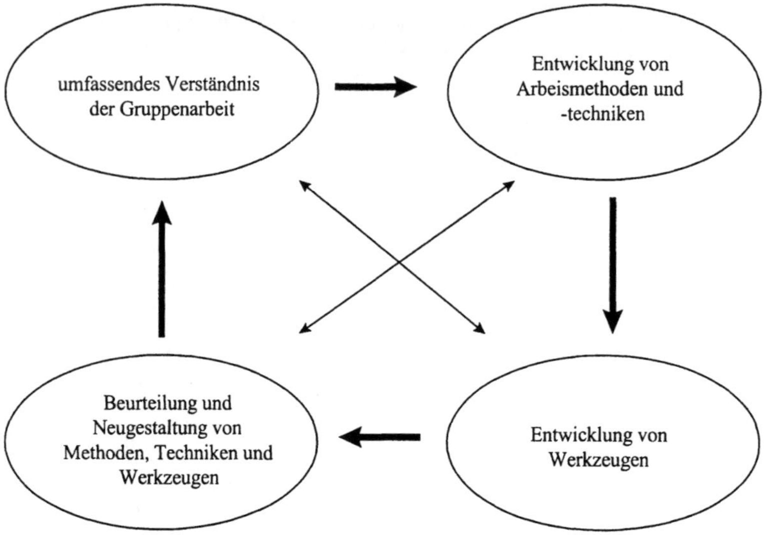

Darstellung 23: Zusammenhang der Gebiete der CSCW-Forschung nach Teufel et al. modifiziert nach Teufel et al. (1995, S. 31)

Die einzelnen auch als Phasen eines idealtypischen Forschungszyklus interpretierbaren Bereiche werden wie folgt beschrieben [vgl. Teufel et al. 1995, S. 31ff.]:

- Um ein „umfassendes Verständnis der Gruppenarbeit" zu erarbeiten, ist die Zielsetzung der Gruppenarbeit Ausgangspunkt der dann folgenden Betrachtungen. Aus dieser läßt sich die Menge aller zur Zielerreichung nötigen Aufgaben ableiten. Dadurch wiederum werden die notwendigen Tätigkeiten festgelegt, die zur Aufgabenerfüllung beitragen. Diese Tätigkeiten können teilweise in Gruppen und dann unter Umständen mit informations- und kommunikationstechnischer Unterstützung ausgeführt werden.
- Wenn die zur Aufgabenerfüllung notwendigen Tätigkeiten nicht oder nicht eindeutig bekannt sind, müssen gegebenenfalls „neue Arbeitsmethoden und Arbeitstechniken entwickelt und evaluiert" werden. Dabei sind auf fachspezifischen Kenntnissen beruhende Neuentwicklungen oder aber Adaptionen bekannter Methoden aus verwandten Disziplinen möglich. Die Methoden beziehungsweise Techniken sind gemäß der Zielsetzung der Gruppe und der auszuführenden Tätigkeiten auszulegen. Es kann unterschieden werden, ob bereits existierende Prozesse, die bisher ohne Computerunterstützung ausgeführt worden sind, durch den Einsatz von Informati-

ons- und Kommunikationstechnik effektiver und effizienter ausgeführt werden können oder ob gänzlich neue Prozesse entworfen und eingeführt werden.

- Die „Entwicklung von Werkzeugen" ist notwendiger Bestandteil der CSCW-Forschung, weil erst durch den Einsatz von Werkzeugen und Prototypen die zugrundeliegenden Theorien empirisch evaluiert werden können. Unter Werkzeugen wird primär Software, seltener aber auch spezialisierte Hardware, verstanden. In diesem Bereich kann zum Teil auf Erkenntnisse aus der Software-Ergonomie und aus dem Software-Engineering zurückgegriffen werden.
- Auf Grundlage von Beobachtungen implementierter Systeme wird die „Beurteilung und Neugestaltung der Methoden, Techniken und Werkzeuge" vollzogen. Werden Abweichungen zu den Gestaltungsprämissen festgestellt, so führt dies zu einer Neugestaltung von Modellen, Methoden und Techniken sowie der Werkzeuge. Es ist auch möglich, die Tätigkeiten oder die Aufgaben und damit die Organisation selbst zu ändern. Zu berücksichtigen sind hier wiederum organisatorische, psychologische, technologische und betriebswirtschaftliche Aspekte.

4.1.2 Virtuelle Teams im CSCW-Kontext

Im Rahmen der CSCW-Forschung werden allgemein alle Formen computerunterstützter Gruppenarbeit berücksichtigt, virtuelle Teams ebenso wie face-to-face Teams. Es herrscht breiter Konsens darüber, daß die wissenschaftliche Auseinandersetzung noch weiterer Fundierung des theoretischen Wissens über Gruppen beziehungsweise Gruppenarbeit insbesondere hinsichtlich der Möglichkeiten und Grenzen der Unterstützung durch Informations- und Kommunikationstechnik bedarf.

Die Diskussion über eine adäquate deutschsprachige Übersetzung für den Terminus CSCW macht auf die Implikationen, die mit dem Einsatz von Informations- und Kommunikationstechnik im Kontext gruppenorientierter Arbeitsformen einhergehen, aufmerksam (s.o.): So verweist der Übersetzungsvorschlag „*Computerunterstützung kooperativen Arbeitens*" [Gappmaier/Heinrich 1992, S. 340] auf die Position, daß im Rahmen der CSCW-Forschung vorwiegend die Unterstützung und Verbesserung bestehender kooperativer Arbeitsformen fokussiert wird, während der Vorschlag „*computergestützte kooperative Arbeit*" [Bornschein-Grass 1994, S. 41] auch die Möglichkeit der Schaffung neuer Formen der Arbeitsorganisation wie beispielsweise virtuelle Teams mit einbezieht. Dies wird zumindest teilweise darin begründet gesehen, daß ein Großteil der der CSCW-Forschung zuzurechnenden Arbeiten aus einer Perspektive der Technologie-Entwicklung erstellt worden ist.

Die maßgeblichen potentiellen Veränderungen gruppaler Strukturen durch den Einsatz von Informations- und Kommunikationstechnik, die letztlich auch die Möglichkeit der Erschaffung neuartiger Gruppenstrukturen wie virtuelle Teams beinhalten, veranlaßt McGrath/Hollingshead (1994, S. 2) dazu, statt *„computers in groups“* die Möglichkeiten und Grenzen von *„groups with computers“* zu thematisieren, wozu virtuelle Teams per definitionem zu rechnen sind. Drei verschiedene Basisideen der Unterstützung von Gruppenarbeit durch den Einsatz von Informations- und Kommunikationstechnik werden hier unterschieden [vgl. zum folgenden McGrath/Hollingshead 1994, S. 3ff.; siehe auch Wagner 1998, S. 162ff.]:

(1) Verbesserung der aufgabenbezogenen Leistung,
(2) Überwindung von räumlich-zeitlichen Limitationen und
(3) Verbesserung des Informationszugriffs.

Zu (1) Verbesserung der aufgabenbezogenen Leistung

Ein großer Teil insbesondere der frühen Bemühungen um den Einsatz von Computern respektive von Informations- und Kommunikationstechnik durch Gruppen zielt darauf ab, Faktoren gruppenspezifischer Ineffizienz wie beispielsweise nicht-aufgabenbezogene Kommunikation zu identifizieren und zu beseitigen. Systeme zur Verbesserung der aufgabenbezogenen Leistung werden ursprünglich als Werkzeuge im Kontext von face-to-face Situationen eingesetzt und untersucht, exemplarisch werden die Unterstützung von Brainstorming- oder Delphi-Sitzungen genannt. Bezogen auf virtuelle Teams ist zunächst die schlichte Ermöglichung der Erbringung einer aufgabenbezogenen Leistung zu problematisieren.

Zu (2) Überwindung von räumlich-zeitlichen Limitationen

Die Begrenzungen von „traditionellen“ Formen der Gruppenarbeit durch räumlich-zeitliche Bedingungen haben zusammen mit der eingangs aufgezeigten Zunahme der Leistungsfähigkeit von informations- und kommunikationstechnischen Systemen sowie mit deren wachsenden Verfügbarkeit Gruppenforscher und Praktiker nach Möglichkeiten suchen lassen, Gruppenarbeit auch unabhängig von der Anwesenheit aller Gruppenmitglieder an einem Ort zu einer Zeit zu unterstützen. Die Erforschung und Entwicklung von Systemen, die der Unterstützung von räumlich getrennten Sitzungen dienen, stellt hier einen frühen Schwerpunkt dar. Dieser Ansatz des Einsatzes von Informations- und Kommunikationstechnik entspricht an zentraler Stelle einer Grundidee der Virtualisierung (s.o.). Während aus der dortigen Perspektive virtuelle Teams in der Konsequenz der Übertragung der Virtualitätsidee auf verschiedene Organisationsformen zu sehen sind, werden sie aus Sicht der CSCW-Forschung ausgehend von der Gruppe als Beobachtungsobjekt unter Miteinbeziehung weiterer Aspekte, nämlich der Virtualität beziehungsweise der Informations- und Kommunikationstechnik, betrachtet.

Zu (3) Verbesserung des Informationszugriffs

Die Ermöglichung von Verarbeitung, Speicherung und Zugriff auf Informationen durch den Einsatz von Informations- und Kommunikationstechnik sowie entsprechende Verbesserungen hinsichtlich verschiedener Kriterien wie Geschwindigkeit, Exaktheit oder Verarbeitungsgröße stellt deren unmittelbaren Selbstzweck dar. Neben Systemen, die entweder auf der Individual- oder der Unternehmensebene unterstützend wirken, existieren auch der CSCW-Forschung zurechenbare Ansätze der Unterstützung auf gruppaler Ebene. McGrath/Hollingshead (1994, S. 4f.) bezeichnen die bisherige wissenschaftliche Auseinandersetzung mit Ansätzen der Verbesserung des Informationszugriffs auf Gruppenebene als defizitär. Die Mitglieder virtueller Teams sind bedingt durch ihre räumliche Verteiltheit und dem damit einhergehenden weitgehenden Wegfall der Möglichkeit, physikalische Informationsträger wie Papieraufzeichnungen und -dokumente gemeinsam einzusehen oder problemlos auszutauschen, auf eine informations- und kommunikationstechnische Ermöglichung des gemeinsamen Informationszugriffes angewiesen.

Die drei unterschiedenen Basisideen sind in bezug auf virtuelle Teams nicht nur unter dem Aspekt der Unterstützung, sondern vielmehr auch unter dem der Ermöglichung zu sehen: Virtuelle Teams benötigen für ihre Existenz als notwendige, nicht jedoch hinreichende Voraussetzung eine informations- und kommunikationstechnische Infrastruktur, die neben der direkten aufgabenbezogenen Leistungserstellung die Überwindung von räumlich-zeitlichen Distanzen beim Aufbau auch sozialer Beziehungsgefüge ermöglicht und unterstützt. Weiterhin wird deutlich, daß virtuelle Teams nur einen Teilbereich des Forschungsfeldes der CSCW-Forschung darstellen, von diesem jedoch nicht in Gänze thematisiert werden, da maßgebliche Teile der Virtualitätsdiskussion außerhalb des CSCW-Kontexts geprägt werden (s.o.).

4.1.3 Groupware und CSCW-Forschung

Während CSCW in der Literatur unabhängig von der konkreten inhaltlichen Ausgestaltung weitgehend einhellig als Bezeichnung für einen wissenschaftlichen Forschungsrahmen beschrieben wird [vgl. Bannon/Schmidt 1991, S. 50], sind die im Kontext der CSCW-Forschung anzusiedelnden Begriffe schwer zu definieren und voneinander abzugrenzen [vgl. u.a. Haberstock 2000, S. 73]. Einen Eindruck von der Vielzahl der Begriffe, die im Bereich der CSCW-Forschung zu finden sind und die sich aus der Heterogenität der disziplinären Heimaten der beteiligten

Forscher ergibt [vgl. Lubich 1994, S. 28; Krcmar 1992, S. 426; Stahlknecht/Hasenkamp 1997, S. 452], vermittelt die Darstellung 24. In dieser werden ausschließlich englischsprachige Termini berücksichtigt, wobei keinerlei Anspruch auf Vollständigkeit erhoben werden kann. Daß sie sich um eine noch viel größere Zahl deutscher Übersetzungsvorschläge ergänzen ließe, läßt die oben im Abschnitt 4.1.1 angedeutete Debatte um eine Übersetzung des Begriffs CSCW erahnen.

Assistenz Computer	Electronic Meeting System
Augmented knowledge workshops	Flexible interactive technologies for multiperson tasks
Collaboration Technology	Group Collaboration
Collaborative Computing	Group Communication Support System
Computer Aided Team	Group Decision Support System
Computer conferencing	Group Process Support Systems
Computer mediated communication	Group Support Systems
Computer-assisted communication	Groupware
Computer-supported groups	Interfunctional coordination
Cooperative Computing	Interpersonal Computing
Cooperative Work Systems	Negotiation Support System
Coordination Technology	Office Automation
Coordination Theory	Technological support for work group computing
Decision conferences	Workflow Management
Decision Support System	Workgroup Computing
Computer-assisted communication	Data interpretation systems
Shared Systems	

Darstellung 24: Begriffsumfeld der CSCW-Forschung
Eigene Darstellung [vgl. Johansen 1988, S. 10f.; Gappmaier/Heinrich 1992, S. 340; Krcmar 1992, S. 426; Petrovic1993, S. 7; Teufel et al. 1995, S. 16; Wilmes 1995, S. 56f.; Ngwenyama/Bryson/Mobolurin 1996, S. 155; Ott 1997, S. 91]

Im folgenden steht der Terminus „Groupware“ für die in den oben exemplarisch dargestellten Rahmenkonzepten thematisierten spezifischen Werkzeuge der CSCW-Forschung und damit für die „informations- und kommunikationstechnische Basis“ virtueller Teams. Ellis/Gibbs/Rein (1991) beschreiben Groupware entsprechend als *„computer-based systems that support groups of people engaged in a common task (or goal) and that provide an interface to a shared environment“* [id., S. 39]. Die anderen in der Darstellung 24 wiedergegebenen Termini beziehen sich im wesentlichen auf spezielle Formen von Groupware oder auf partielle oder nur partiell relevante Forschungs- und Anwendungsfelder der CSCW-Forschung.

Teufel et al. (1995, S. 21) und Schwabe/Krcmar (1996, S. 209) konstatieren zwar, daß häufig auch kommerzielle Software, die nicht in einem engeren Zusammenhang mit der CSCW-Forschung steht, wegen der hohen Popularität kooperationsunterstützender Systeme im weitesten Sinne zur Absatzförderung mit dem Label „Groupware" belegt wird, weshalb das zweitgenannte Autorenteam alternativ vorschlägt, für Software, die im Rahmen einer theoretisch fundierten Auseinandersetzung entwickelt und implementiert wird, den Terminus „CSCW-Werkzeug" zu verwenden. Ohne die Möglichkeit einer situativen Zweckmäßigkeit dieser differenzierenden Betrachtung in Frage zu stellen, findet hier eine synonyme Begriffsverwendung statt, um die Terminologie weiter Teile der relevanten wissenschaftlichen Quellen beizubehalten. Groupware wird als ein Teilgebiet der CSCW-Forschung verstanden: *„Groupware is the multi-user software supporting CSCW Systems"* [Baecker 1993, S. XI; vgl. auch Nunamaker/Briggs/Mittleman 1997, S. 3], wobei explizit ein Arbeitskontext angenommen wird ('cooperative work'), auch wenn einzelne Autoren Teilaspekte des Einsatzes von Groupware vor einem freizeitorientierten Hintergrund thematisieren [vgl. beispielsweise Nunes de Abreu 1997, S. 7].

Wie die beiden oben dargestellten Definitionen bereits widerspiegeln, wird Groupware in der Literatur entweder als Spezialisierungsform von Software betrachtet [vgl. u.a. Oberquelle 1991, S. 5; Baecker 1993, S. XI; Schwabe/Krcmar 1996, S. 209] oder in einem breiteren Begriffsverständnis sowohl auf Soft- als auch auf Hardware bezogen [vgl. u.a. Johansen 1988, S. 1; Ellis/Gibbs/Rein 1991, S. 39; Gappmaier/Heinrich 1992, S. 340; Khoshafian/Buckiewicz 1995, S. VII; Teufel et al. 1995, S. 22; Dennis/Pootheri/Natarajan 1999, S. 66f.; Duarte/Snyder 1999, S. 31; Kocian 1999, S. 175; van Marwyk 1999, S. 9]. Im folgenden wird Groupware analog dem zweiten Begriffsverständnis verwendet und bezieht sich somit auf jegliche Form von Hard- und Software, die gemeinsames Arbeiten informations- und kommunikationstechnisch ermöglicht und unterstützt.

Komponenten von Groupware für virtuelle Teams

Groupware ist zunächst über ihre Hard- und Softwarekomponente beschreibbar. Der Begriff der Hardware bezeichnet hierbei die Gesamtheit oder Teile der materiellen Elemente der informations- und kommunikationstechnischen Infrastruktur, während Software alle immateriellen Komponenten bezeichnet. Angemerkt sei, daß hier ein anderes Begriffsverständnis vorliegt als bei der Diskussion der „komponentenbasierten Anpaßbarkeit von Groupware" [vgl. beispielsweise Stiemerling 1998, S. 228], bei der unter einer Komponente ein *„prinzipiell unabhängiger Teil eines laufenden Groupwaresystems"* [ibd.] verstanden wird. Vereinzelt vorzufindende Kritik an der Unterscheidung von Hard- und Software als Variablen der Beschreibung von Groupware, die darauf abzielt, daß aufgrund der technischen Entwicklungen eine eindeutige Unterscheidung nicht immer eindeutig möglich ist,

da wegen der jeweilig zunehmenden funktionalen Variabilität Hard- und Softwarelösungen häufig prinzipiell gegeneinander austauschbar sind, wird als insgesamt nicht überzeugend betrachtet, die Unterscheidung ist analytisch zweckmäßig und wird aufrechterhalten [vgl. Sandholzer 1990, S. 142ff.].
Eine Sonderrolle nimmt im Kontext der Diskussion virtueller Teams die Technik ein, mittels derer die Mitglieder über räumliche Distanzen hinweg kommunizieren. Läßt sich auch diese über die jeweiligen Hard- und Softwarekomponenten beschreiben, so wird hier integrativ „Netzwerktechnik" für die den Verbund mehrerer getrennter selbständiger Computer, zwischen denen eine Datenübertragung mittels Kabel oder Funk erfolgt, betreffende Technik benutzt. Groupware besteht somit aus den drei verschiedenen Komponenten (1) Hardware, (2) Software und (3) Netzwerktechnik.

Zu (1) Hardware

Zur Hardware eines Computers werden allgemein die häufig über die Prozessorausstattung und die Speicherausstattung beschriebene Zentraleinheit und die Gesamtheit der Peripheriegeräte gerechnet. Die Peripheriegeräte dienen insbesondere der Kommunikation der Zentraleinheit mit der Umwelt beziehungsweise mit den Speichermedien und werden demzufolge in Eingabegeräte wie Tastatur, Maus, Digitalisiertablett, Scanner, Mikrofon oder Kamera und Ausgabegeräte wie Bildschirm, Drucker oder Lautsprecher unterschieden. Ein weiteres Kriterium zur Beschreibung von Hardware ist, ob sie stationär ist oder mobilen Gebrauch zuläßt. Die hardwaretechnische Ausstattung virtueller Teams kann neben konventioneller Hardware, wie sie insbesondere in herkömmlichen Arbeitsplatzrechnern zu sehen ist, auch spezielle Hardware umfassen [vgl. zu der Unterscheidung von konventioneller und spezieller anwendungsorientierter Hardware Heinecke 1992, S. 128ff.]. Hierzu sind beispielsweise spezielle Bildschirme beziehungsweise Projektionsflächen zu rechnen oder Videokonferenzsysteme für mehrere Teilnehmer. Eine Sonderstellung nehmen physikalische Arbeitsumgebungen wie beispielsweise spezielle Konferenzräume ein, die ausschließlich für spezielle Anwendungssituationen von den Teammitgliedern aufgesucht werden.
Die Leistungsanforderungen an die Hardware für virtuelle Teams liegen in der Regel deutlich über den Anforderungen der Hardware für face-to-face Teams, da Groupwarefunktionalitäten nicht substitutiv, sondern additiv zu den Funktionen eines Einzelplatzsystems benötigt werden und daher ein entsprechendes Mehr an Hardwareressourcen vorausgesetzt wird.

Zu (2) Software

Unter Software als Groupwarekomponente wird hier Anwendungssoftware im weitesten Sinne verstanden. Anwendungssoftware unterstützt die Teammitglieder direkt bei ihren Tätigkeiten, als Beispiele für gängige Kategorien sind Textverarbeitung, Tabellenkalkulation, Grafiksoftware oder Datenbanken zu nennen. Zunächst handelt es sich hierbei um Anwendungsformen, die zumeist an Einzelarbeitsplätzen eingesetzt werden. Erst wenn die Programme es unterstützen, daß mehrere Personen gemeinsam ein Informationsobjekt manipulieren können (beispielsweise gemeinsam an einem Text arbeiten), handelt es sich hierbei um Groupware. Als Kommunikationssoftware wird Software bezeichnet, deren Funktionalität in der Ermöglichung von verschiedensten Formen der interpersonalen Kommunikation besteht. Hierzu sind unter anderem E-Mail-Systeme zu rechnen. Eine vertiefende anwendungsorientierte Auseinandersetzung mit unterschiedlichen Funktionen erfolgt im nachfolgenden Kapitel.

Zu (3) Netzwerktechnik

Als ausschlaggebend für Groupware ist letztlich die technische Entwicklung der Netzwerktechnik im weitesten Sinne zu sehen, da erst diese den Austausch von Informationen über räumliche Distanzen hinweg in benötigter Qualität ermöglicht [vgl. Bornschein-Grass 1995, S. 15ff.]. Unabhängig von der Rechenleistung isolierter Computer werden virtuelle Teams in ihren Möglichkeiten von der Leistungsfähigkeit des Netzwerkes, mittels dessen die einzelnen Mitglieder untereinander kommunizieren und miteinander arbeiten, beeinflußt. Aus anwendungsorientierter Sicht sind die Reichweite und die Übertragungskapazität wichtige Dimensionen zur Beschreibung von Netzwerken:
Werden Computer im Nahbereich wie einzelnen Räumen oder Gebäuden zusammengeschlossen, so werden diese Netzwerke als „LANs" für „Local Area Networks" bezeichnet. In bezug auf virtuelle Teams ist diese Art der Netzwerke allenfalls von untergeordneter Bedeutung [vgl. Müller/Kohl/Schoder 1997, S. 76f. für eine Darstellung von möglichen LAN-Einsatzfeldern]. Netzwerke, mit denen Computer an verschiedenen Standorten verbunden sind, werden als „WANs" für „Wide Area Networks" bezeichnet. Den weltweit größten und auch populärsten derartigen Netzverbund stellt gegenwärtig das Internet dar [vgl. exemplarisch Dennis/Pootheri/Natarajan 1999, S. 68]. Die hohe Vernetzungsrate des Internets stellt einen der Faktoren dar, weshalb virtuelle Teams eine zunehmende praktische Relevanz erfahren, da immer mehr potentielle Teammitglieder weltweit an das Internet angeschlossen sind und ein Internetzugang an vielen Arbeitsplätzen genauso Standard ist wie ein Telefon- oder Faxzugang. Einen weiteren Entwicklungspfad stellt derzeit die Loslösung von fest geführten Netzwerkverbindungen in Richtung drahtloser (Daten-)Kommunikation, die insbesondere auch mobile Kommunikation ermöglicht, dar [vgl. für einen Überblick Picot/Reichwald/Wigand 1998, S. 142ff.].

4.2 Groupware als informations- und kommunikationstechnische Komponente virtueller Teams

Den in der Literatur vorzufindenden Definitionen für Groupware ist gemein, daß sie ein breites Spektrum von Anwendungen unterschiedlicher Funktionalität abdecken, und es existieren daher eine Reihe von Klassifizierungs- oder Kategorisierungsansätzen zur systematischen Darstellung, die jeweils unterschiedliche Aspekte betonen [vgl. van Marwyk 1999, S. 10]. In den nachfolgenden Abschnitten erfolgt zunächst eine Auseinandersetzung mit dem Raum-Zeit-Schema zur Beschreibung von Groupware, hieran anschließend werden entlang einer funktionalen Betrachtung verschiedene Anwendungsformen weitergehend dargestellt.

4.2.1 Groupware und der Raum-Zeit-Aspekt

Johansen (1988) stellt ein zweidimensionales Klassifikationsschema für Groupware vor, in dem nach den Dimensionen Raum und Zeit unterschieden wird. Das Schema ist als „Raum-Zeit-Matrix" bekannt geworden und stellt vermutlich das verbreitetste Klassifikationsschema für Groupware dar [vgl. u.a. Krcmar 1992, S. 430; Scholer 1998, S. 18; Haberstock 2000, S. 74]. Die Popularität resultiert zum einen aus der Einfachheit, da die Dimensionen Raum und Zeit anschaulich greifbar sind, zum anderen werden wesentliche Potentiale, die in den jeweiligen Informations- und Kommunikationstechniken gesehen werden, deutlich [vgl. u.a Fuchs 1998, S. 17f.; Igbaria/Shayo/Olfman 1999, S. 33]. Diese „Raum-Zeit-Perspektive" stellt einen grundlegenden Ansatz dar, Groupware zu klassifizieren [vgl. Petrovic 1993, S. 87]. Sie verweist auf die zweite Basisidee zu den Einsatzmöglichkeiten von Groupware nach McGrath/Hollingshead (1994), nämlich die der Möglichkeit zur Überwindung räumlich-zeitlicher Limitationen (s.o.). In der folgenden Darstellung 25 ist eine Variante des Schemas dargestellt.

	SYNCHRONE KOMMUNIKATION	ASYNCHRONE KOMMUNIKATION
SELBER ORT	z.B. Gruppen-Entscheidungsunterstützungssysteme	z.B. Projektmanagement
UNTERSCHIEDLICHE ORTE	z.B. Desktop-Konferenz-Systeme	z.B. Kalendersysteme

Darstellung 25: Raum-Zeit-Matrix

Ursprünglich benutzt Johansen statt der Bezeichnungen „selber Ort“ beziehungsweise „unterschiedliche Orte“ für die Dimension der Raumausprägung die Termini „face-to-face Meetings“ und „electronic Meetings“ [vgl. Johansen 1988, S. 44]. Letzterer drückt die räumliche Verteiltheit nur indirekt aus. In neueren Schriften wird daher zumeist die hier gewählte Variante bevorzugt. Die Unterscheidung hinsichtlich der Zeitdimension bezeichnet Johansen (1992, S. 8) später als *„same time/ different time“* [ibd.].

Die einzelnen Quadranten drücken vier unterschiedliche Kommunikationssituationen aus. Die Anforderungen, die Anwender an Groupware stellen, werden gemäß der vier unterschiedenen Situationen

(1) selber Ort/synchrone Kommunikation,
(2) unterschiedliche Orte/synchrone Kommunikation,
(3) selber Ort/asynchrone Kommunikation und
(4) unterschiedliche Orte/asynchrone Kommunikation

wie folgt skizziert.

Zu (1) selber Ort/synchrone Kommunikation

Die „selber Ort/synchrone Kommunikation“-Situation entspricht der face-to-face Kommunikation und ist die *„natürlichste Kommunikationssituation*“ [vgl. Johansen 1992, S. 8]. Beispiele sind Konferenzen, Besprechungen und Treffen mit physischer Präsenz aller Teilnehmer, sie sind fester Bestandteil der Unternehmensrealität. Unterstützungspotentiale von Informations- und Kommunikationstechnik sind beispielsweise bezogen auf Entscheidungssituationen hinsichtlich der Effektivität und der Effizienz unterscheidbar: Effektivitätssteigerung tritt ein, wenn bessere Entscheidungen dadurch getroffen werden, daß vorhandene Informationen transparenter kommuniziert werden und dadurch die Entscheidungsqualität steigt; Entscheidungen werden effizienter getroffen, wenn die Kommunikation strukturierter und damit zielstrebiger gehalten wird und die Entscheidungsgeschwindigkeit damit steigt. Groupware, die diesem Quadranten zuzurechnen ist, ist daher primär aufgabenfokussiert, da für die Pflege sozialer Beziehungen die face-to-face Situation per se als geeignet betrachtet wird. Die Kommunikationssituation „selber Ort/synchrone Kommunikation“ weist bezogen auf die Analyse virtueller Teams keine hohe direkte Relevanz auf, aus dem Vergleich dieser „natürlichen Kommunikationssituation“ mit den anderen lassen sich jedoch gegebenenfalls Schlüsse über deren Besonderheiten ziehen.

Zu (2) unterschiedliche Orte/synchrone Kommunikation

Kommunikationssituationen der Form „unterschiedliche Orte/synchrone Kommunikation" werden erst durch den Einsatz von Informations- und Kommunikationstechnik ermöglicht. Räumlich verteilte Personen kommunizieren zu einem konkreten Zeitpunkt mittels elektronischer Medien. Das Ziel des Groupware-Einsatzes ist es also, räumliche Distanzen zu überbrücken und die durch diese Abstände bestehenden Kommunikationshemmnisse zu minimieren.
Einfache Groupware-Systeme in diesem Bereich sind textbasiert, wobei hier das kommunikative Verhalten der Nutzer als durch diese Restriktion stark beeinflußt angenommen werden kann, während anspruchsvollere Implementierungen häufig Video- und Audiokomponenten aufweisen, die jeweils leistungsfähige Hardwaregrundlagen voraussetzen [vgl. Johansen 1992, S. 9f.].

Zu (3) selber Ort/asynchrone Kommunikation

Situationen, in denen Teammitglieder zeitversetzt einen Ort betreten und diesen nutzen, um Informationen auszutauschen, kennzeichnen die Kommunikationssituation, in denen Groupware der Kategorie „selber Ort/asynchrone Kommunikation" eingesetzt wird. „Ort" ist im Kontext dieser Klassifikation explizit physisch, nicht virtuell zu verstehen. Johansen (1992, S. 12f.) beschreibt den Einsatz von elektronisch ausgerüsteten Teamräumen, in denen beispielsweise Systeme zur Verwaltung von Teamkalendern oder Projektmanagementsoftware installiert sind. Die Relevanz hier zuzurechnender Groupware ist für virtuelle Teams ebenfalls als relativ gering anzunehmen.

Zu (4) unterschiedliche Orte/asynchrone Kommunikation

Die Unterstützungsfunktionen bei asynchroner räumlich verteilter Kommunikation ähneln weitgehend denen der Situation „selber Ort/asynchron" [vgl. u.a. Krcmar 1992, S. 430; Bornschein-Grass 1994, S. 26]. Die ausgetauschten Informationen entsprechen sich, sie müssen lediglich örtlich verlagert werden, wobei technische Probleme, die unter Umständen aus dem Datenvolumen oder etwaigen Anforderungen an die Übertragungssicherheit resultieren, wegen des Wegfalls der Synchronitätsanforderung bei dieser Betrachtung vernachlässigt werden können. Weiterhin bedingt dieser Anwendungsfall, daß Mechanismen zur Speicherung und zur Wiedergabe der Nachrichten bereitgestellt werden.

Die Beschreibung von Groupware anhand der Dimensionen Raum und Zeit verdeutlicht zunächst anschaulich die jeweiligen Besonderheiten verschiedener Kommunikationssituationen und ermöglicht ein grundlegendes Verständnis für den jeweiligen Anwendungskontext [vgl. Scholer 1998, S. 19]. Zur Klassifizierung

rung existierender Groupware ist das Raum-Zeit-Schema jedoch insofern nur bedingt geeignet, weil aktuelle Systeme in der Regel mehrere Quadranten bedecken, Groupwareentwickler propagieren in diesem Zusammenhang „Anytime-Anyplace"-Lösungen [vgl. Bornschein-Grass 1995, S. 26]. Die Raum-Zeit-Matrix eignet sich somit weniger zur Klassifikation von aktueller Groupware, sondern vielmehr zur Darstellung der Verwendung. So lassen sich allein für einfache E-Mail-Systeme, die idealtypisch zumeist dem Quadranten „unterschiedliche Orte/asynchrone Kommunikation" zugerechnet werden, praxisnahe Beispiele konstruieren, die den Kriterien aller vier Quadranten genügen: Geübte Benutzer kommunizieren häufig „quasi-synchron", indem sie „rapid-e-mailing" betreiben, also gesprächsartig Nachrichten austauschen [vgl. hierzu auch Dourish 1994, S. 3, demzufolge die Unterscheidung von Synchronität beziehungsweise Asynchronität generell eine schlechte Basis für eine Designunterscheidung von Groupware darstellt, da Synchronität stets nur „scheinbar" ist und das Ursache-Wirkungs-Prinzip generell einen gewissen Grad von Asynchronität bedingt]. Weiterhin lassen sich E-Mail-Systeme prinzipiell auch dazu benutzen, um lokal Nachrichten zu hinterlassen, oder sie werden bei face-to-face Meetings dazu eingesetzt, um - gegebenenfalls unauffällige oder anonyme - Kommunikation zwischen einzelnen Teilnehmern zu ermöglichen.

Die ursprüngliche Raum-Zeit-Matrix ist in diversen Arbeiten modifiziert und erweitert worden [vgl. u.a. Mehlmann 1993, S. 34; Bornschein-Grass 1994, S. 24; Watson/Bostrom/Dennis 1994, S. 34; Jaros-Sturhahn/Schachtner 1995, S. 224; Teufel et al. 1995, S. 25; Wilmes 1995, S. 62]: So wird beispielsweise Groupware zur Unterstützung asynchroner Kommunikation nach dem Strukturiertheitsgrad der Kommunikation unterschieden [vgl. Ellis/Gibbs/Rein 1991, S. 41], oder die Dimensionen „Raum" beziehungsweise „Zeit" werden jeweils als Kontinuum verstanden [vgl. Bornschein-Grass 1994, S. 24]. Letztlich ist jedoch mit Scholer (1998, S. 19) festzustellen, daß dieses Schema auch modifiziert unabhängig von dem erkenntnisfördernden Wert hinsichtlich unterschiedlicher Anwendungssituationen allein keinen ausreichenden Beitrag zur Beschreibung von Groupware im Kontext der Anwendung durch virtuelle Teams bietet, weshalb im folgenden eine alternative beziehungsweise ergänzende Darstellung erfolgt.

4.2.2 Funktionale Beschreibung und Unterscheidung von Groupware

Unabhängig von physikalischen (raum-zeitlichen) Bedingungen und technischen Aspekten lassen sich verschiedene Formen von Groupware hinsichtlich unterschiedlicher Unterstützungsfunktionsebenen unterteilen. So unterscheidet Bair (1989, S. 209) vier verschiedene „Ebenen der Zusammenarbeit" nach den jeweiligen Anforderungen an die Kommunikation aus Perspektive der Handelnden. Kommunikation wird dabei als die Basis jeder Form der Zusammenarbeit betrachtet [vgl. hierzu auch Piepenburg 1991, S. 81; Bornschein-Grass 1994, S. 74; Teufel et al. 1995, S. 11f.; Wilmes 1995, S. 47 sowie Kapitel 3]. Als weniger intensive Formen der Zusammenarbeit werden von Bair (1989) die Ebenen Zusammenarbeit/Kollaboration, Koordination und Information unterschieden, während Kooperation als „Idealform“ angenommen wird [vgl. hierzu kritisch exemplarisch die Diskussion bei Piepenburg 1991]. In Darstellung 26 sind diese Zusammenhänge in der von Lubich (1995, S. 36) vorgestellten Darstellungsweise wiedergegeben. Angemerkt sei hier, daß in der deutschsprachigen Literatur der Begriff der Kollaboration wegen des negativen Beiklangs der Hauptbedeutung im Sinne von *„mit einer feindlichen Besatzungsmacht gegen die eigenen Landsleute zusammenarbeiten“* relativ selten benutzt und anstelle dessen der Terminus Zusammenarbeit bevorzugt wird, während im englischsprachigen Raum der Terminus *„collaborate“* neutral besetzt ist.

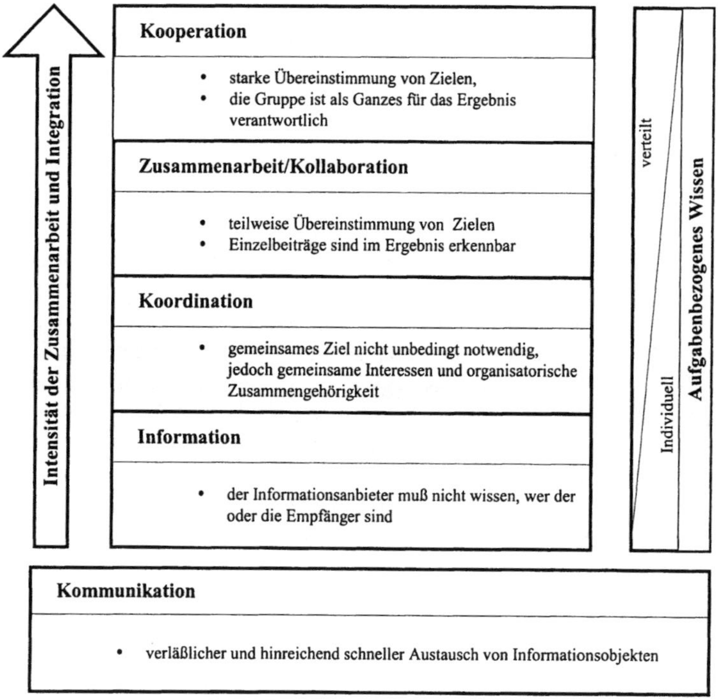

Darstellung 26: Ebenen der Zusammenarbeit
modifiziert nach Lubich (1995, S. 36) [vgl. auch Bair 1989, S. 209ff.]

Informieren wird von Bair (1989, S. 209) als die erste Stufe des Computergebrauchs bezeichnet, während der gegenwärtige Stand des Computergebrauchs der Koordinationsebene zugerechnet wird. Die Unterstützung von Zusammenarbeit wird als Fokus neuerer Groupware bezeichnet und Kooperation letztlich als die *„Idealform der Zusammenarbeit“* (ibd.). Mit wachsender Intensität der Zusammenarbeit wird eine zunehmende Verteilung des aufgabenbezogenen Wissens bei sinkender Möglichkeit von Einzelnen zur alleinigen Aufgabenbewältigung angenommen [vgl. Lubich 1995, S. 36]. Bair (1989, S. 210) vertritt den Standpunkt, daß die von einer Gruppe erreichbare Ebene der Zusammenarbeit abhängig von der jeweilig genutzten Groupware ist: *„The type of media (*i. S. v. „Groupware“, Anm. d. Verf.*) used by a group determines the level of user needs that can be met“* (ibd.). Ausgehend von der pragmatischen Fragestellung *„what level of communication can I expect if my team uses media x?“* (ibd.) ordnet er verschiedene Formen von Groupware den einzelnen Ebenen zu, wobei ein in realiter fließender Übergang zwischen den Ebenen nicht in Abrede gestellt wird [id., S. 209]. Geht Bair (1989) davon aus, daß die Qualität von Kommunikation durch die verwendeten technischen Medien determiniert wird, so ist diese Auffassung unter Verweis auf Kapitel 3 und auf die von Petrovic (1995) identifizierten Aussagepositionen (s.o.) zu relativieren.

Teufel et al. (1995) verdichten die auf Bair (1989) beziehungsweise Lubich (1995) rekurrierende Unterscheidung verschiedener Unterstützungsfunktionen auf die drei Funktionsbereiche Kommunikationsunterstützung, Koordinationsunterstützung und Kooperationsunterstützung und entwickeln ein hierauf aufbauendes Klassifikationsschema für Groupware, in dem je nach Schwergewicht der jeweiligen Unterstützungsfunktion eine Anwendung in dem in Darstellung 27 wiedergegebenen „3k-Dreieck“ positioniert und den sich überschneidenden Systemklassen Kommunikation, gemeinsame Informationsräume, Workflow Management und Workgroup Computing zugeordnet wird [vgl. Teufel et al. 1995, S. 27f.].

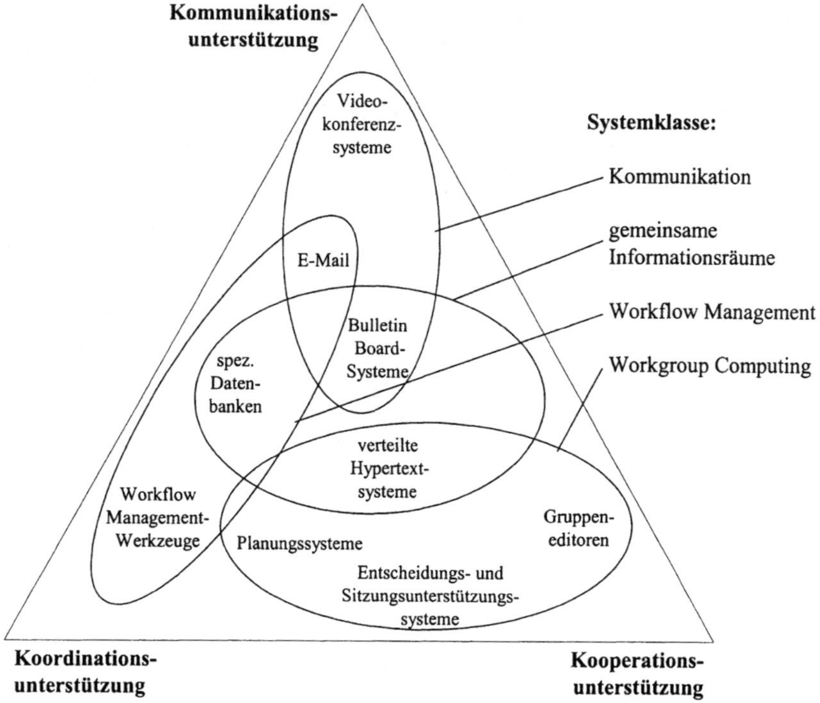

Darstellung 27: Klassifikation von Groupware nach Unterstützungsfunktionen modifiziert nach Teufel et al. (1995, S. 27)

Unabhängig von der unklaren theoretischen Fundierung hat dieses Schema eine relativ große Verbreitung in der deutschsprachigen CSCW-Forschungsgemeinschaft gefunden und wird hier als bewährtes heuristisches Instrument in bezug auf die Darstellung von verschiedenen Formen von Groupware betrachtet [vgl. u.a. Scholer 1998; Kunow/Schwickert 1999, S. 15; Haberstock 2000]. Im folgenden werden diese somit anhand der vier unterschiedenen Systemklassen strukturiert und die Anwendungspotentiale im Hinblick auf die Unterstützung der Dimensionen Kommunikation, Kooperation und Koordination im Kontext des Einsatzes durch virtuelle Teams dargestellt. Hierbei wird aus analytischen Erwägungen heraus zunächst von der Vorstellung von auf die dargestellten Kernfunktionen beschränkte Groupware ausgegangen. Wie ebenfalls aufgezeigt wird, läßt sich eine dahingehende Entwicklung feststellen, daß einzelne Groupwareanwendungen zunehmend funktional erweitert werden und so die hier unterschiedenen Anwendungstypen zueinander konvergieren. Die daher vorzufindenden mannigfachen Übergangs- und Zwischenformen zwischen den hier unterschiedenen, als „Basistypen" zu betrachtende Formen von Groupware, werden nicht weitergehend diskutiert. Die Einteilung von Groupware nach Unterstützungsfunktionen ist per se bereits relativ fließend, da nur sehr selten ein gegebenes System exakt einer der Systemklassen zugeordnet werden kann. Der Vorteil dieser Darstellung besteht darin, daß sich einzelne Funktionsmerkmale von Anwendungen so konkreter auf isolierte Fragestellungen abbilden lassen, weshalb sie für den Zweck dieser Arbeit als geeignet erscheint und als Metastruktur für die Darstellung der Basisfunktionalitäten von Groupware gewählt wird [vgl. Fuchs 1998, S. 19].

4.2.2.1 Systemklasse Kommunikation

Groupware-Systeme, deren wesentliche Aufgabe in der Ermöglichung expliziten Informationsaustausches zwischen verschiedenen Kommunikationspartnern besteht, wobei die Überbrückung räumlicher und zeitlicher Distanzen im Vordergrund steht, werden hier der Systemklasse Kommunikation zugerechnet. Im folgenden werden (1) elektronische Nachrichtensysteme und (2) Konferenzsysteme unterschieden.

Zu (1) Elektronische Nachrichtensysteme

Elektronische Nachrichtensysteme, synonym häufig auch E-Mail-Systeme beziehungsweise Messaging-Systeme, dienen der Ermöglichung asynchroner Kommunikation und stellen die älteste und wohl am weitesten verbreitete Form von Groupware dar [vgl. u.a. Bullen/Bennet 1990, S. 291ff.; Ellis/Gibbs/Rein 1991, S. 42; Teufel et al. 1995, S. 130ff.; Scholer 1998, S. 28; siehe zur Terminologie auch van Marvyk 1999, S. 83]. Elektronische Nachrichtensysteme sind fundamentaler Bestandteil nahezu jeder Groupware-Umgebung [vgl. hierzu sowie zu der dort zurückgewiesenen Position einzelner Autoren, daß E-Mail-Systeme keine Groupware darstellen, u.a. Bornschein-Grass 1994, S. 20 oder Reif-Mosel 2000, S. 83ff.].

Die grundlegende Funktion von elektronischen Nachrichtensystemen besteht darin, in einem elektronischen Format vorliegende Nachrichten vom Sender an einen explizit adressierten „elektronischen Postkasten" des Empfängers zu übermitteln, wobei aus Anwenderperspektive die speziellen Programme zum Erstellen und Absenden beziehungsweise zum Abfragen und Einsehen sowie zum Verwalten der Nachrichten, die „Mail-Clients", in Erscheinung treten. Das Versenden einer Nachricht an mehrere Empfänger ist - beispielsweise mittels elektronischer Verteilerlisten - unproblematisch, so daß sowohl 1:1 als auch 1:m-Kommunikation unterstützt wird. Die Kommunikationspartner können jeweils selbständig entscheiden, wann sie die Nachricht bearbeiten, weshalb mittels Nachrichtensystemen neben räumlichen insbesondere auch zeitliche Grenzen überwunden werden.

Mail-Server, die Padberg (1999, S. 42f.) treffend als „*elektronische Postämter*" beschreibt, verwalten die elektronischen Postfächer der bei ihnen angemeldeten Benutzer und organisieren den Transport der E-Mails zu den jeweils richtigen Postfächern, die sich entweder auf dem selben Mail-Server befinden oder auf anderen, die über das Netzwerk erreichbar sind. Die Funktionsweise der Mail-Server wird benutzerseitig nur mittelbar über die Mail-Clients wahrgenommen und daher hier nicht weitergehend thematisiert.

Nimmt man eine vierstufige Entwicklung zu den heute verfügbaren Systemen an, so unterstützen die Systeme der ersten Generation ausschließlich das Versenden von reinen Textnachrichten, die der zweiten Generation ermöglichen auch die Übermittlung von Dateianhängen, die der dritten Generation erlauben zusätzlich das Einbinden von Grafiken, formatierten Textpassagen oder eingebundenen Objekten wie beispielsweise Video- oder Audiosequenzen und die der vierten Generation unterstützen darüber hinaus Verknüpfungen mit externen Daten- und Programmobjekten [vgl. Haberstock 2000, S. 83]. Zeigt sich an den ersten drei Entwicklungsschritten, daß elektronische Nachrichtensysteme zur Übermittlung zunehmend komplexer, in linearer Textform nicht oder nur schwer darstellbarer Inhalte geeignet sind, wird in der vierten Entwicklungsstufe - symptomatisch für wohl alle Formen von Groupware - deutlich, daß sie auf dieser Stufe keine isolierten Anwendungen darstellen, sondern zunehmend in die gesamte informations- und kommunikationstechnische Infrastruktur integriert sind: Die Möglichkeit der Verknüpfung von elektronischen Nachrichten mit externen Datenobjekten bringt Nachrichtensysteme in die Nähe der Systemklasse „gemeinsamer Informationsraum" (s.u.).

Grundsätzlich unterliegt die von elektronischen Nachrichtensystemen unterstütze Kommunikation zunächst keiner bestimmten Struktur [vgl. Fuchs 1998, S. 21]. Die einzelnen Nachrichten verschiedener Kommunikationspartner werden im allgemeinen in der chronologischen Reihenfolge ihres Eintreffens beim Empfänger gespeichert, was das Verfolgen eines einzelnen elektronischen Konversationsverlaufs unter Umständen erschwert [vgl. Teufel et al. 1995, S. 135]. Zur Konversationsstrukturierung werden in aktuellen Systemen Funktionen wie „*Threading*" - die Zuordnung von Nachrichten zu bereits vorhandenen Nachrichten mit dem selben Themenbezug anhand einer „Betreff-Zeile" - oder verschiedene Möglichkeiten der Sortierung nach Schlüsselwörtern, Absenderadressen oder ähnlichem angeboten [vgl. Ellis/Gibbs/Rein 1991, S. 42; Bornschein-Grass 1994, S. 20]. Hierüber hinausgehende Systeme werden mit der Zielsetzung entwickelt und eingesetzt, durch die Vorgabe von verschiedenen (semi-)strukturierten Kommunikationssequenzen, zwischen denen die Anwender wählen können, elektronische Kommunikation zu vereinfachen, um so unter anderem auch die aufgabenbezogene Effizienz zu erhöhen [vgl. Orlikowski/Yates 1998; für einen Überblick über verschiedene Ansätze zur Unterstützung der Strukturiertheit elektronischer Kommunikation in Nachrichtensystemen und den gegensätzlichen Befunden über die Nutzerakzeptanz vgl. auch Teufel et al. 1995, S. 135ff.; Reif-Mosel 2000, S. 94f.]. Je stärker elektronische Nachrichtensysteme determinierend auf die Kommunikationsstruktur wirken, desto weiter rücken sie in die Nähe von den weiter unten besprochenen Workflow Management Systemen. Weitere gängige Funktionalitäten von elektronischen Nachrichtensystemen sind die Verwaltung von Adreßbüchern, die Angabe von Bearbeitungshinweisen wie Prioritäten zur Steuerung der Übertragungszeit bei geringen Übertragungskapazitäten, das Bereitstellen von Möglichkeiten der elektronischen Empfangsbestätigung in Analogie zum Einschreiben mit Rückschein der herkömmlichen Briefpost, die Unterstützung verschiedener Sicherheitsmechanismen wie Verschlüsselung der Nachricht oder Authentifikation des Senders oder die Einbindung von Softwareagenten, die regelbasiert Funktionen wie das Weiterleiten von E-Mails, die bestimmten Kriterien genügen, oder das Einsortieren von E-Mails nach Schlüsselwörtern automatisch ausführen [vgl. Goecke 1997, S. 91; Padberg 1999, S. 44f.].

Zu (2) Konferenzsysteme

Unter Konferenzsystemen werden Groupwaresysteme verstanden, die dazu dienen, synchrone Kommunikation zwischen zwei oder mehreren, explizit adressierten Personen über räumliche Distanzen hinweg für einen begrenzten Zeitraum zu ermöglichen [vgl. Ellis/Gibbs/Rein 1991, S. 42f.; Teufel et al. 1995, S. 142; Ngwenyama/Lyytinen 1997, S. 85]. Systeme, die ausschließlich der Unterstützung von face-to-face Treffen dienen und somit auf die Raum-Zeit-Perspektive bezogen der Klasse der Systeme für synchrone Kommunikation an einem gemeinsamen Ort zuzurechnen sind (s.o.), werden in der Literatur zumeist als „Electronic Meeting Rooms" thematisiert [vgl. für eine Übersicht hierzu beispielsweise Petrovic 1993, S. 110ff.; Schwabe 1995]. Wegen ihrer nur geringen originären Relevanz für virtuelle Teams werden sie im folgenden nicht weiter behandelt, sofern sich nicht aus der oben dargelegten Konvergenz der verschiedenen Systemtypen heraus Anknüpfungspunkte ergeben.

Lassen sich Nachrichtensysteme plastisch als elektronische Pendants zur papiergestützten Briefkommunikation beschreiben [vgl. Petrovic 1996, S. 55], so sind Konferenzsysteme analog als Alternativen für unmittelbare face-to-face Kommunikation zu bezeichnen [vgl. Ngwenyama/Bryson/Mobolurin 1996, S. 85]. Sie unterscheiden sich voneinander zum einen danach, ob sie Text-, Audio- oder Videoübertragung ermöglichen, zum anderen, ob sie auf einer dedizierten Hardware- und Netzwerkinfrastruktur basieren und eventuell auch in speziellen Räumen installiert sind oder ob sie in die informationstechnische Ausstattung der jeweiligen Arbeitsplätze integriert sind („*Desktop Conferencing*").

Textbasierte Konferenzsysteme, sogenannte „Chat-Systeme“, stellen die relativ geringsten Anforderungen an die technische Infrastruktur. Die Teilnehmer lesen und schreiben die Diskussionsbeiträge, die zumeist in chronologischer Reihenfolge unter Angabe des Autors auf den Bildschirmen wiedergegeben werden, einige Systeme bieten ähnliche Sortier- und Filtermöglichkeiten zur Strukturierungsunterstützung wie E-Mail-Systeme. Neuere Entwicklungen erlauben auch das Übertragen von Grafiken oder Bildern, wobei diese in den Textfluß integriert sind [vgl. Petrovic 1993, S. 104]. Textbasierte Konferenzsysteme sind im außerbetrieblichen Kontext bereits relativ häufig vorzufinden, ihr Gebrauch wird aktuell besonders aus sozialpsychologischer Perspektive hinsichtlich verschiedener Fragestellungen, die in Teilen auch Relevanz für die vorliegende Arbeit aufweisen, thematisiert [vgl. für den deutschsprachigen Raum die Herausgeberwerke von Boos/Jonas/Sassenberg 2000 beziehungsweise Thiedeke 2000].
Audiokonferenzen mit mehr als zwei Teilnehmern werden zumeist auf infrastruktureller Grundlage der als Standardausstattung von Büroarbeitsplätzen und Haushalten zu betrachtenden Telefone intern durch unternehmenseigene Nebenstellenanlagen ermöglicht oder extern als Serviceleistung von Telefongesellschaften in Anspruch genommen [vgl. Hansen 2001], oder es werden vernetzte Arbeitsplatzcomputer mittels Mikrophon, Lautsprecher und entsprechender Konferenzsoftware ausgestattet [vgl. weiterführend Goecke 1997, S. 89f.].

Hinsichtlich der Annäherung an die Bedingungen von echter face-to-face Kommunikation stellen Video-Konferenzsysteme den avanciertesten Vertreter der Konferenzsysteme dar [vgl. Gassmann/Boutellier 1997, S. 30; Goecke 1997 S. 89]. Sie ermöglichen es den Anwendern, sich wechselseitig synchron wahrzunehmen und miteinander zu sprechen. Video-Konferenzsysteme stellen im Vergleich zu den anderen Konferenzsystemen deutlich höhere Anforderungen an die technische Infrastruktur, speziell an die Übertragungskapazität des Netzwerkes, die zudem überproportional ansteigen, wenn mehr als zwei Teilnehmer miteinander verbunden werden [Eine Gegenüberstellung der technischen Anforderungen von Video-Konferenzsystemen und den Leistungspotentialen der derzeitig verbreiteten Netzwerke wie das ISDN-Netz der Telefongesellschaften findet sich exemplarisch bei Padberg 1999, S. 54ff.; vgl. auch Müller 2000, S. 29f.].
Für Videokonferenzen mit mehreren Teilnehmern werden in der Regel spezielle Video-Konferenzräume eingerichtet, in denen die Möglichkeit besteht, entfernte Teilnehmer auf großflächigen Projektionsflächen darzustellen, um den Eindruck eines gemeinsamen Raumes zu schaffen. Sie basieren auf normalen Konferenzräumen, in denen zusätzlich eine in der Regel aufwendige und kostenintensive Ausstattung von Kameras und Mikrophonen sowie zugehöriger Steuerungseinheiten installiert ist, die insbesondere bei älteren Systemen den unterstützenden Einsatz von Technikern notwendig macht. Fortschrittlichere Systeme unterstützen

auch die Miteinbeziehung von in elektronischer Form vorliegenden Dokumenten in die Projektion.

Waren Desktop-Video-Konferenzsysteme bis vor kurzem insbesondere wegen nur unzureichend vorhandener Netzwerkkapazitäten nicht auf breiter Basis implementierbar, so gewinnen sie gegenwärtig mit zunehmender Verfügbarkeit leistungsfähiger Rechner und Netzwerke an Verbreitung, was sich unter anderem darin zeigt, daß Petrovic (1993, S. 107) sie noch „dem Bereich der Forschung“ zurechnet, während Padberg (1999, S. 57f.) oder van Marwyk (1999, S. 25 sowie S. 130ff.) sie gleichberechtigt behandeln und auf praktische Umsetzungen verweisen [vgl. auch Picot/Reichwald/Wigand 1998, S. 152]. Ebenso wie bei Video-Konferenzräumen wird den Anwendern ermöglicht, audiovisuell miteinander zu kommunizieren, jedoch nun, ohne den Arbeitsplatz zu verlassen und somit unter Beibehaltung aller anderen dortigen Arbeitsmöglichkeiten [vgl. Scholer 1997, S. 31; Reif-Mosel 2000, S. 101]. Die Integration in den Arbeitsplatz wird als wesentlicher Vorteil von Desktop-Konferenzsystemen gegenüber speziellen Konferenzräumen gesehen, der auch den Nachteil häufig noch signifikant schlechterer Übertragungsqualität auszugleichen vermag [vgl. Padberg 1999, S. 57]. Johannsen/Haake/Streitz (1998, S. 217f.) stellen als Weiterentwicklung ein Konzept vor, einen gemeinsamen logischen (virtuellen) Sitzungsraum für mehrere geographisch verteilte Konferenzteilnehmer aus einer heterogenen Systemstruktur, die sowohl Video-Konferenzräume als auch Desktop-Systeme umfassen kann, zu erzeugen („Ubiquitous Meeting Systems“).

Eine Sonderform der Videokonferenz-Systeme stellen „Video-Wände“ dar. Jeweils fest installierte Videokonferenz-Systeme ermöglichen an bestimmten Orten - beispielsweise in Aufenthaltsräumen oder auf Fluren - kontinuierlich audiovisuelle Kommunikation. Da die Systeme immer aktiv sind, kommunizieren Personen, die sich in den jeweiligen Sichtbereichen befinden, automatisch miteinander, sobald sie sich wechselseitig wahrnehmen (erinnert sei an das erste Axiom nach Watzlawick/Beavin/Jackson 2000, S. 53), wodurch ein „gemeinsamer (virtueller) Raum“ geschaffen wird. Derartige Systeme zielen darauf ab, räumlich getrennt arbeitenden Personen ein annäherndes Substitut für die zahlreichen beiläufigen unmittelbaren Kontakte, die charakteristisch für das Arbeiten in face-to-face Teams sind, anzubieten [vgl. McGrath/Hollingstead 1994, S. 13f.].

Videoübertragung ermöglicht im Vergleich zu den anderen Systemen zur Unterstützung synchroner Kommunikation eine relativ gute Annäherung an die Situation einer face-to-face Kommunikation. Bei den derzeitigen Umsetzungen dominieren derzeit Probleme überwiegend technischer Art, die den Kommunikationsfluß zwischen den Teilnehmern betreffen. Als Problembereiche gelten exemplarisch die Übertragung von Kontextinformationen über Vorgänge, die außerhalb des Bildbereiches der Kameras geschehen (wer betritt oder verläßt den Raum, wer gibt was für Zeichen), die Wirkung von minimalen, nichtsdestotrotz häufig als störend empfundenen Verzögerungen, die aus der Signallaufzeit bei großen Entfernungen resultieren, oder die Tatsache, daß die meisten der verfügbaren Systeme wegen des Abstandes zwischen Kamera und Bildschirm keinen direkten Blickkontakt der Anwender ermöglichen [vgl. u.a. Goecke 1997, S. 89; Meier 2000, S. 156; Reif-Mosel 2000, S. 101f.].

4.2.2.2 Systemklasse gemeinsamer Informationsraum

Groupware, die primär eine verteilte Nutzung von Informationsbeständen unterstützt, wird der Systemklasse „Gemeinsamer Informationsraum“ zugerechnet. Derartige Systeme sind dadurch gekennzeichnet, daß sie Informationen über eine längere Zeit in strukturierter oder unstrukturierter Form speichern und den jeweiligen Benutzern einen Zugriff mittels geeigneter Programme ermöglichen. Der Austausch von Informationen erfolgt somit auch implizit [vgl. Teufel et al. 1995, S. 28]. Die Zielsetzung von Systemen der Klasse „gemeinsamer Informationsraum“ beschreiben Haberstock (2000, S. 82) beziehungsweise Bornschein-Grass (1995, S. 62f.) so, daß durch eine verbesserte Erschließung, Nutzung und Verwertung gemeinsamer Informationsbestände Teamarbeit unterstützt und intensiviert wird, wobei zentrale Aspekte die Unterstützung der integrierten Gruppenkommunikation und die Archivierung, Verwaltung und Weiterverwendung teamspezifischer Informationsbestände darstellen. Systeme der Klasse „gemeinsamer Informationsraum“ können somit plastisch als *„elektronisches Gedächtnis“* [Scholer 1998, S. 33] der jeweiligen Anwendergruppe bezeichnet werden. Im folgenden werden (1) Bulletin Board- beziehungsweise Newsgroup Systeme und (2) verteilte Hypertext- beziehungsweise Hypermedia-Systeme unterschieden.

Zu (1) Bulletin Board- und Newsgroup- Systeme

Bei Bulletin Board Systemen handelt es sich um das elektronische Pendant zu Aushängen oder Anschlagbrettern, die für alle (berechtigten) Benutzer zugänglich sind [vgl. u.a. Bornschein-Grass 1994, S. 20; Teufel et al. 1995, S. 44f.; Fuchs 1998, S. 21; Scholer 1998, S. 34ff.; Padberg 1999, S. 46]. Bulletin Board Systeme dienen dazu, Informationen an einer zentralen Stelle in einem gemeinsamen Informationsraum zur Verfügung zu stellen, wobei dieser entweder allgemein zugänglich ist oder auf einen bestimmten Benutzerkreis beschränkt wird. Anstelle des Prinzips des „information pushes“, wie es beispielsweise beim Verschicken von E-Mails vorzufinden ist, tritt hier das Prinzip des „information pulls“, und der Sender hat demzufolge keinen direkten Einfluß darauf, wer aus dem potentiellen Empfängerkreis die Informationen abruft und zu welchem Zeitpunkt dies geschieht [vgl. Kunow/Schwickert 1999, S. 21f.]. Einige Bulletin Board Systeme ermöglichen es, daß Moderatoren die einzelnen Beiträge vor einer möglichen Einstellung in das System vorgelegt bekommen und über Veröffentlichung oder Ablehnung entscheiden, wodurch sie Einfluß auf die inhaltliche Ausgestaltung des Bulletin Boards nehmen können.

Die Möglichkeiten der Darstellung und der Handhabung entsprechen im wesentlichen denen von Nachrichtensystemen, so daß auf dem derzeitigen technischen Entwicklungsstand wiederum die Verwendung von Textnachrichten, die gegebenenfalls um multimediale Einbindungen, Dokumenteneinbindungen oder Verweise auf externe Objekte erweitert sind, dominiert [s.o., vgl. auch Padberg 1999, S. 46f.]. Bezogen auf einen einzelnen Beitrag in einem Bulletin Board System findet eine 1:n-Kommunikation statt. Haben mehrere Personen, beispielsweise die Mitglieder eines virtuellen Teams, die Möglichkeit, Informationen in das Bulletin Board System einzustellen, so bildet die Gesamtheit der Beiträge eine Form der n:m-Kommunikation aus, die dazu dienen kann, gemeinsame Informationen zentral zu bündeln [vgl. u.a. Scholer 1998, S. 34; Reif-Mosel 2000, S. 97].

Diskussionsforen, synonym häufig auch „Newsgroups", stellen eine Erweiterung von Bulletin Boards dar, die es ermöglichen, Informationen nicht mehr zusammenhanglos nebeneinander, sondern innerhalb von einzelnen Themengruppen strukturiert bereitzustellen [vgl. Teufel et al. 1995, S. 154f.; Padberg 1999, S. 47]. Newsgroups für offene Benutzergruppen haben im Internet einen hohen Verbreitungs- und Nutzungsgrad erreicht. In Erweiterung zu einfachen Bulletin Board Systemen werden in Newsgroup Systemen Reaktionen auf bereits vorhandene Beiträge über theoretisch beliebig viele Ebenen hinweg hierarchisch dargestellt, so daß asynchron geführte Diskussionen relativ gut verfolgt werden können [vgl. Padberg 1999, S. 47], auch wenn die latente Gefahr besteht, daß bei zu vielen Beiträgen über einen zu großen Zeitraum der Überblick verloren geht, die Aktualität nicht mehr gewährleistet ist oder sich die Diskussion in einer Vielzahl von Einzelaspekten verliert [vgl. Scholer 1998, S. 35]. So werden entsprechende Diskussionen als tendenziell lang, oft sogar mehrere Jahre andauernd, beschrieben [vgl. Maas 1991, S. 13; Johansen 1992, S. 11].

Zu (2) Verteilte Hypertext- beziehungsweise Hypermedia-Systeme /

Hypertext- beziehungsweise Hypermedia-Systeme dienen dazu, Dokumente, die nicht oder nur schwer in sequentieller Form dargestellt werden können, in Form von unabhängigen, miteinander verknüpften Informationseinheiten bereitzustellen, wobei die Verknüpfungen über Verweise erfolgen, die assoziative Sprünge zu den zugeordneten Informationseinheiten erlauben [vgl. Teufel et al. 1995, S. 110f.; Scholer 1998, S. 41]. Analog zu der oben skizzierten Entwicklung der Nachrichtensysteme unterstützen entsprechende frühe Systeme ausschließlich Textdarstellung, während aktuell zunehmend auch andere Medienformen mit einbezogen werden können, weshalb hier der Terminus Hypermedia als universellerer Begriff präferiert und Hypertext als spezielle Ausprägung hiervon betrachtet wird [vgl. Blumstengel 1998].

Die Struktur hypermedialer Dokumente ergibt sich aus den einzelnen Informationseinheiten, die als (Informations-)knoten bezeichnet werden, und aus den Querverweisen (Links) auf bestimmte Stellen, sogenannte Anker, in anderen oder auch im selben Knoten (vgl. Darstellung 28).

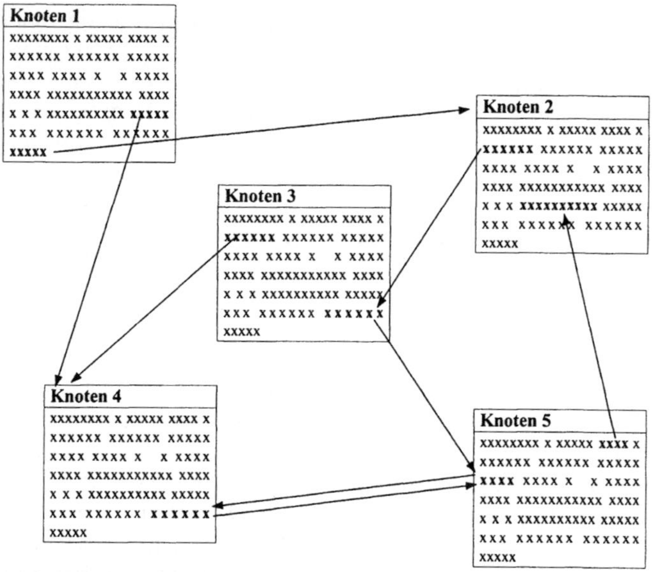

Darstellung 28: Beispiel für die Struktur eines hypermedialen Dokuments
Eigene Darstellung

Bei verteilten Hypermedia-Systemen werden einzelne Dokumentenbestandteile - die Knoten - auf verschiedenen Rechnern bereitgestellt, die örtliche Verteilung wird so für den Anwender irrelevant. Gegenwärtig kann das World Wide Web (WWW) sicherlich als das populärste und am weitesten verbreitete hypermediale System bezeichnet werden. Durch die konzeptbedingten Strukturierungsmöglichkeiten werden teamunterstützende Funktionen wie beispielsweise das Anbringen von Notizen oder situativ angepaßtes Gliedern in verschiedenen Kontexten ermöglicht. Hier bestehen Anknüpfungspunkte zu den weiter unten dargestellten Ko-Autoren-Systemen, die das gemeinsame Anlegen von Hypermedia-Dokumenten unterstützen. Das Prinzip der Miteinbeziehung von verschiedenen Knoten in ein Dokument wird zunehmend auf unterschiedliche Systemklassen ausgedehnt, und mittlerweile unterstützen zahlreiche aktuelle Eausgedehnt, und mittlerweile unterstützen zahlreiche aktuelle E-Mail- oder Newsgroup-Systeme die Einbindung von Links auf externe Knoten.

Einen zentralen Problembereich stellt die Navigation innerhalb von Hypermedia-Systemen dar: Nutzer „lesen“ ein Dokument nicht in einer festgelegten Sequenz, sondern sie können sich beliebig entlang der Links orientieren. Hierbei entstehen die beiden möglichen Probleme, daß Nutzer entweder den Überblick über die angebotenen Informationen verlieren („*getting lost in hyperspace*“, Scholer 1998, S. 41) oder daß sie bei der Berücksichtigung von zu vielen, unter Umständen im jeweiligen Kontext nur bedingt themenrelevanten Knoten ihre individuellen Informationsverarbeitungskapazitäten überschreiten und mental überfordert werden [vgl. Marmann 1993, S. 30]. Zur Handhabung dieser Probleme beinhalten Hypermedia-Systeme verschiedene Formen von Orientierungs- und Navigationshilfen. Erstere zielen darauf ab, dem Nutzer Überblick über die zur Verfügung stehende Dokumentenstruktur und seine Zugriffsmöglichkeiten hierauf zu verschaffen, letztere beziehen sich auf die gezielte Suche nach bestimmten Informationsinhalten und dem effizienten Zugriff hierauf.

4.2.2.3 Systemklasse Workgroup Computing

Systeme der Klasse „Workgroup Computing“ werden mit der Zielsetzung eingesetzt, Teams bei der Bewältigung von Aufgaben zumeist mittleren oder geringen Strukturierungsgrades und geringer Wiederholungshäufigkeit zu unterstützen, wobei hierzu auch Systeme gerechnet werden, die administrative Aufgaben erfüllen [vgl. u.a. Petrovic 1993,S. 3; Teufel et al. 1995, S. 209f.; Scholer 1998, S. 45; Haberstock 2000, S. 80f.]. Während Systeme der beiden oben skizzierten Klassen neben ihrer Anwendung durch Teams auch unabhängig von einer gemeinsamen Aufgabe und häufig auch außerhalb eines arbeitsorganisatorischen Kontextes Verwendung finden, sind Workgroup Computing Systeme durch ihre Fokussierung auf gemeinsame Aufgabeninhalte für Teams und hiermit assoziiertes gemeinsames Material in ihrer Anwendungsdomäne eingeschränkter und außerhalb dieses Kontext weniger verbreitet.
Die Metapher des gemeinsamen Informationsraums als *„elektronisches Gedächtnis“* wiederaufgreifend können Workgroup Computing-Systeme - zusammen mit den unten dargestellten Workflow Management Systemen - entsprechend als spezifische *elektronische Werkzeuge* für bestimmte Aufgaben beschrieben werden.

Im folgenden werden (1) Systeme der elektronischen Dokumentenverarbeitung und Co-Autoren-Systeme, (2) Entscheidungsunterstützungs-Systeme für Gruppen sowie (3) elektronische Gruppen-Terminkalender unterschieden.

Zu (1) Systeme der elektronischen Dokumentenverarbeitung und Co-Autoren-Systeme

Co-Autoren-Systeme, synonym häufig auch Gruppeneditoren oder Mehrbenutzereditoren, dienen der gemeinsamen Erstellung von Dokumenten, die aus Texten, Grafiken und anderen Medientypen bestehen können, durch die Mitglieder eines Teams, wobei die Bearbeitung synchron oder asynchron erfolgen kann [vgl. u.a. Petrovic 1993, S. 95ff.; Reif-Mosel 2000, S. 121ff.]. Teufel et al. (1995, S. 216ff.) unterscheiden weiter zwischen Systemen, deren primäre Funktion darin besteht, den Benutzern zu erlauben, Kommentare oder Korrekturen (beispielsweise mittels Hyperlinks, s.o.) an bestehende Dokumente anzufügen (sog. „Annotationssysteme"), und zwischen Systemen, die das grundlegende gemeinsame Neuerstellen beziehungsweise Verändern von Schriftstücken („Co-Autoren-Systeme im engeren Sinne") oder Bildern und Zeichnungen („gemeinsam verwendbare Zeichnungswerkzeuge) unterstützen. Petrovic (1993) unterscheidet ähnlich zwischen Systemen der elektronischen Dokumentenverarbeitung, die im wesentlichen der Erstellung, Bearbeitung, Übermittlung, Ein- und Ausgabe sowie der Archivierung semi-strukturierter Formulare dienen (id., S. 85), und Co-Autoren-Systemen, die primär auf die Erstellung von Dokumenten unabhängig von vorhandenen Strukturen ausgerichtet sind (id., S. 100).

Bei asynchronen Co-Autoren-Systemen kann jedes Teammitglied Ergänzungen oder Veränderungen am gemeinsam zu bearbeitenden Dokument vornehmen, die von dem System in der Regel derartig protokolliert werden, daß sie für alle Mitglieder transparent sind. Häufig werden Arbeitsschritte einzelner zunächst als Alternativentwurf zum aktuellen Bearbeitungszustand des Dokuments geführt, so daß temporär verschiedene Vorschlagsversionen existieren, die dann in einem weiteren Arbeitsschritt selektiv in das aktuelle Dokument überführt werden können [vgl. Petrovic 1993, S. 100; Schwabe/Krcmar 1996, S. 211ff.; Reif-Mosel 2000, S. 123], wobei in der Regel auch die Möglichkeit zur Rückverfolgung von Änderungen besteht, so daß auf frühere Dokumentenversionen zurückgegriffen werden kann [vgl. Kunow/Schwickert 1999, S. 28].
Werden Co-Autoren-Systeme synchron eingesetzt, dann werden innerhalb des zu bearbeitenden Dokuments zumeist einzelne logische Abschnitte für den jeweiligen Bearbeiter exklusiv reserviert, so daß andere Teammitglieder nur lesenden und somit passiven Zugriff hierauf haben. Erfolgt durch das Co-Autoren-System keine derartige Steuerung des Zugriffs, ist es erforderlich, daß die Benutzer ihre Aktivitäten direkt im persönlichen Kontakt koordinieren, womit für dezentral eingesetzte Co-Autoren-Systeme das Vorhandensein einer den Konferenzsystemen entsprechenden Systemkomponente indiziert wird [vgl. Petrovic 1993, S. 101]. So grenzen auch Sonderformen der Co-Autoren-Systeme wie Screen-Sharing-Systeme, mittels derer ausgewählte Bildschirminhalte auf die Bildschirme der

anderen Teilnehmer projiziert werden, an Konferenzsysteme an [vgl. u.a. Scholer 1998, S. 48; Kunow/Schwickert 1999, S. 28; Reif-Mosel 2000, S. 121].

Zu (2) Entscheidungsunterstützungs-Systeme für Gruppen

Entscheidungsunterstützungs-Systeme für Gruppen (GDSS: group decision support systems) dienen dazu, die Entscheidungsfindung in Gruppen entweder durch eine Beschleunigung von Enscheidungsprozessen oder durch eine Verbesserung der jeweiligen Entscheidungsqualität zu unterstützen [vgl. Ellis/Gibbs/Rein 1991, S. 420]. Sie zielen primär auf die inhaltliche Kommunikationskomponente, wobei im einzelnen und ohne Anspruch auf Vollständigkeit die Aufgabenbereiche Problemdefinition, Ermittlung von Konfliktpunkten, Ermittlung von Entscheidungskriterien, Alternativengenerierung und -evaluierung, Abstimmung und Meinungsbildermittlung unterschieden werden, für die jeweils ein Set von Strukturierungs-, Entscheidungs- und Planungstechniken zur Verfügung gestellt wird [vgl. u.a. Schwabe 1995, S. 150; Teufel et al. 1995, S. 227; Reif-Mosel 2000, S. 104]. Entscheidungsunterstützungs-Systeme für Gruppen werden hier als Weiterentwicklung von „klassischen" Entscheidungsunterstützungs-Systemen (DSS: decision support systems), die für Individualnutzer konzipiert sind, verstanden, wobei GDSS originär im Kontext von Entscheidungssituationen in face-to-face Settings diskutiert werden und erst in jüngerer Zeit auch eine Auseinandersetzung mit Systemen für räumlich verteilten Einsatz (DGDSS: distributed group decision support systems) stattfindet [vgl. hierzu und für einen Überblick über die Entwicklung von DSS hin zu DGDSS seit Anfang der siebziger Jahre Power 1999].
Komponenten eines (D)GDSS sind im allgemeinen eine Datenkomponente, die das zur Verfügung stehende Datenmaterial beinhaltet, eine Modellkomponente, die auf die Daten anzuwendende Entscheidungsmodelle beinhaltet, und eine Dialogkomponente, die die Kommunikation mit den Benutzern ermöglicht [vgl. weiterführend Teufel et al. 1995, S. 224ff. zu verschiedenen Architektur-Varianten von GDSS]. Anhand dieser Komponenten lassen sich Entscheidungsunterstützungs-Systeme von den oben erläuterten Konferenzsystemen im Ansatz konzeptionell abgrenzen, wobei eine eindeutige Abgrenzung realer Systeme häufig nicht möglich ist, da Entscheidungs- und Kommunikationsunterstützung eng miteinander verwoben sind [vgl. Teng/Ramarmurthy 1993; McGrath/Hollingshead 1995, S. 39; Reif-Mosel 2000, S. 104], weshalb einige Autoren tendenziell von einer Differenzierung absehen [vgl. u.a. Schwabe 1995, S. 149; Kunow/Schwickert 1999, S. 27; Reif-Mosel 2000, S. 104 - konträr hierzu und an einer Unterscheidung von kommunikations- versus entscheidungsunterstützenden Systemen festhaltend u.a. Kraemer/Pinsonneault 1990, S. 375; Petrovic 1993, S. 111f., insbes. Fn. 315; Syring 1994, S. 32f.]. Die als neuere Entwicklungslinie zu betrachtenden Systeme für räumlich verteilte Gruppen, denen von den hier skizzierten Formen von Entscheidungsunterstützungs-Systemen in bezug auf virtuelle Teams die höchste Relevanz zukommt, integrieren Funktio-

nalitäten von Konferenzsystemen, womit wiederum eine Konvergenz der Systemklassen festzustellen ist [vgl. Johannsen/Haake/Streitz 1998].

Zu (3) Elektronische Gruppen-Terminkalender

Elektronische Terminkalender sind „herkömmlichen“ Kalendern nachempfundene Programme, deren wesentliche Funktionalität darin besteht, Termine und Aufgabenlisten - gegebenenfalls mit unterschiedlichen Kategorien, Prioritäten und weiteren Informationen - zu verwalten und den Benutzer entsprechend zu erinnern, beziehungsweise, ihm verschiedene Ansichten, beispielsweise nach Tagen, Wochen oder Monaten, zur Verfügung zu stellen [vgl. van Marwyk 1999, S. 22]. Elektronische Gruppen-Terminkalender erweitern die Funktionalität zunächst dahingehend, daß Termine, die für alle Benutzer relevant sind, zentral verwaltet werden und so transparent sind, wobei sich diese Informationen auf Personen wie auch auf Ressourcen (Räume, Rechner- oder Netzkapazitäten) beziehen können [vgl. Teufel et al. 1995, S. 210, diese verwenden den Terminus „Planungssysteme“ als übergeordneten Begriff und unterscheiden Systeme der Ressourcenplanung und der Terminplanung, wobei auch hier eine Konvergenz festgestellt wird. Vgl. entsprechend auch Petrovic 1993, S. 118ff.]. Elektronische Gruppen-Terminkalender stellen derzeit eine der am weitesten verbreiteten Formen von Workgroup Computing Systemen für administrative Aufgaben dar [vgl. Scholer 1998, S. 45].

Terminkoordination geht insbesondere bei mehreren Teilnehmern traditionell mit einer Vielzahl von Kommunikationsprozessen einher, die zumeist per Telefon, Briefpost, Fax oder E-Mail geführt werden, und elektronische Gruppen-Terminkalender zielen auf eine Verkürzung und Vereinfachung der Vorlaufzeit und eine verbesserte Synchronisation der Individualtermine [vgl. Kunow/Schwickert 1999, S. 23f; Reif-Mosel 2000, S. 109f.]. Sie unterstützen hier, wenn die Teammitglieder ihre individuellen freien und belegten Zeiten sowie sonstige relevante Informationen in das Kalendersystem einstellen.
Im einfachsten Fall ermöglichen die Systeme die Bekanntgabe bereits belegter oder noch freier Zeiten, in weiteren Stufen können beispielsweise Informationen über Formen der Erreichbarkeit oder Aktivitäten während der belegten Zeiten bekanntgegeben werden, und auf einer fortgeschrittenen Anwendungsstufe stimmt das Kalendersystem Termine automatisch aufeinander ab [vgl. Padberg 1999, S. 51f.]. Systeme für Nutzer, die permanent Online sind, sind technisch relativ ausgereift, wohingegen mobile Nutzer insofern einen Problembereich darstellen, daß diese einerseits auf einen Zugriff auf das zentrale System angewiesen sind, andererseits jedoch auch die Flexibilität benötigen, Termine unabhängig von einer direkten Verbindung vereinbaren zu können [vgl. Scholer 1998, S. 47].

4.2.2.4 Systemklasse Workflow Management

Unter einem Workflow wird die endliche zeitlich-strukturelle Aneinanderreihung von einzelnen Aktivitäten verstanden, die durch eine Menge von Ausführungsregeln miteinander verbunden sind [vgl. u.a. Heilmann 1994, S. 9f.; Teufel et al. 1995, S. 182; Haberstock 2000, S. 78]. Weitgehend synonym werden unter anderem auch Begriffe wie Business Process, Vorgangskette, -management oder -bearbeitung, Prozeßkette, Geschäftsprozeß oder Geschäftsvorgang verwendet [vgl. u.a. WFMC 1999, S. 8ff.; Haberstock 2000, S. 78, Fn. 107; Reif-Mosel 2000, S. 112]. Auch wenn der Terminus „Workflow" sich im englischen Sprachgebrauch prinzipiell gleichberechtigt sowohl auf Material- als auch auf Informationsfluß bezieht, zeigt sich in der jüngeren Literatur eine verstärkte Hinwendung zu dem letzeren Verständnis [vgl. Ott 1998, S. 30; Reif-Mosel 2000, S. 113], und entsprechend erfolgt auch hier eine Einschränkung der Betrachtung auf Informationsflüsse.

Workflow Management umfaßt alle Aufgaben, die die Definition, Ausführung und Steuerung sowie die Simulation von Workflows betreffen und bezieht sich somit auf den technikorientierten, stark formalisierten Teil der breiter angelegten Diskussion des Prozeßmanagements [vgl. Teufel et al. 1995, S. 182; vgl. zur Diskussion des Verhältnisses der Konzepte „Prozeß Management" und „Workflow Management" zueinander auch Maurer 1996, S. 5 oder Ott 1998, S. 28ff.]. Workflow Management Systeme sind demnach rechnergestützte Systeme, die Workflows aktiv steuern. Ott (1998, S. 31) unterscheidet diesbezüglich fünf verschiedene Funktionsbereiche von Workflow Management Systemen: erstens Analyse- und Simulationswerkzeuge, zweitens Modellierungs-, Design- und Systembeschreibungstechniken, drittens die Kontrolle und Steuerung von Workflows, viertens die Bereitstellung von zur Laufzeit zur Bearbeitung und Weiterleitung der einzelnen Workflow-Instanzen notwendigen Dienste („*workflow enactment*") und fünftens die Beobachtung und ex-post Auswertung.

Marktgängige Produkte sind bereits seit den achtziger Jahren verfügbar, nichtsdestotrotz werden sie nach wie vor kontrovers diskutiert. In Anbetracht der Vielzahl an themenbezogenen Beiträgen, in denen eine „schillernde Begriffsvielfalt" herrscht [vgl. Koshafian/Buckiewicz 1995, S. 24], haben sich 1993 zahlreiche Forscher, Hersteller und Anwender zur „Workflow Management Coalition" (WFMC), einer internationalen, nicht-kommerziellen Organisation, zusammengeschlossen, um unter anderem einen konsistenten terminologischen Rahmen für die wissenschaftliche und praktische Diskussion des Workflow Managements zu schaffen und zu etablieren. Die WFMC definiert Workflow Management Systeme folgendermaßen:

„A system that defines, creates and manages the execution of workflows through the use of software, running on one or more workflow engines, which is able to interpret the process definition, interact with workflow participants and, where required, invoke the use of IT tools and applications." [WFMC 1999, S. 9]

Workflow Management Systeme werden mit der Zielsetzung eingesetzt, die Tätigkeiten einzelner Akteure möglichst durchgängig, das heißt über die gesamte Strecke der Leistungserstellung innerhalb der Unternehmung oder auch über die Unternehmensgrenzen hinweg, zu koordinieren und den Ablauf zu automatisieren. Picot/Reichwald/Wigand (1998, S. 153) beschreiben die Funktionsweise plastisch als ein System „elektronischer Umlaufmappen", in denen der Umlauf der Akten zu den einzelnen Bearbeitern automatisch erfolgt und diesen darüber hinaus eventuell außerdem die geeigneten Werkzeuge für den jeweiligen Arbeitsschritt zur Verfügung gestellt werden, wobei Workflow Management Systeme auch parallele Bearbeitung einzelner Dokumente ermöglichen, womit durch die dadurch potentiell kürzere Gesamtbearbeitungszeit ein Vorteil gegenüber der papiergebundenen Version besteht.

Eine Voraussetzung für den Einsatz von Workflow Management Systemen ist es, daß der auszuführende Workflow explizit in seinen einzelnen Arbeitsschritten definiert ist: Es muß vor der Ausführung bekannt und in einer formalen Beschreibung dargestellt sein, welcher Akteur zu welchem Zeitpunkt welche Daten benötigt. Die formale Modellierung stellt die konstituierende Funktionalität von Workflow Management Systemen dar [vgl. Maurer 1996, S. 19; Reif-Mosel 2000, S. 114]. Wie auch aus dem „Umlauf-Mappen-Bild" ableitbar ist, eignen sich Workflow Management Systeme daher primär für hoch strukturierte, stark arbeitsteilige Aufgaben, die oft unternehmensweit oder auch unternehmensübergreifend sind und die eine relativ hohe Wiederholungshäufigkeit aufweisen und in die außerdem eine größere Anzahl von Personen oder Anwendungen einbezogen werden [vgl. u.a. Teufel et al. 1995, S. 183; Scholer 1998, S 54f.; Derszteter 2000, S. 138f.; Reif-Mosel 2000, S. 115].

Betrachtet man die Indikatoren des Einsatzes von Workflow Management Systemen mit den für Teamarbeit typischen Bedingungen, so ergeben sich verschiedene Gegensätze, die Haberstock (2000, S. 81) dazu veranlassen, Workflow Management Systeme als „*Gegenpol*" zu Workgroup Computing Systemen zu beschreiben: Erstere dienen primär der Handlungssteuerung der Benutzer, während letztere die Ermöglichung gemeinsamen Handelns insbesondere auch im Kontext von Teamarbeit fokussieren [vgl. auch Hasenkamp/Syring 1994, S. 27; Scholer 1998, S. 54; Derszteler 2000, S. 133]. Darstellung 29 verdeutlicht die gegensätzlichen Betrachtungsperspektiven.

	Workflow Management Systeme	**Workgroup Computing Systeme**
Unterstützungsleistung	Management komplexer Büroprozesse	Management kooperativen Arbeitens
Steuerung und Verfolgung des Arbeitsfortschritts	Automatisierung von Aufgaben und Prozessen	Koordination der Aufgabenteilung, gleichzeitige und gemeinsame Bearbeitung von Aufgaben
Problemlösungsansatz	Unterteilung in einzelne Teilprobleme	Ganzheitliche Problemlösung
Primäre Zielsetzung	Effizienz	Flexibilität
Zeitliche Verteilung	Asynchron	Synchron oder asynchron
Anzahl der Beteiligten	Viele Beteiligte	Wenig Beteiligte
Strukturierungsgrad der Aufgaben	Strukturierte Aufgaben	Unstrukturierte Aufgaben
Wiederholungsrate	Hohe Wiederholungsrate (z.B. Routinetätigkeiten oder Sachbearbeitung)	Mittlere oder geringe Wiederholungsrate (z.B. Teamaufgaben)
Einbindung in die Gesamtorganisation	Hohe Einbindung	Geringe Einbindung, in der Regel nur auf gruppaler Ebene
Organisatorischer Bezug	Unternehmensweite Prozesse, auch unternehmensübergreifend	Gruppenprozesse

Darstellung 29: Workflow Management- vs. Workgroup Computing Systeme modifiziert nach Haberstock (2000, S. 82) [vgl. u.a. auch Hasenkamp/Syring 1994, S. 27; Scholer 1998, S. 54; Kunow/Schwickert 1999, S. 8]

In kritischen Auseinandersetzungen mit Workflow Management Systemen werden neben Problemfeldern wie häufige technische Integrationsprobleme unter anderem wegen heterogener Altanwendungen, die relativ hohen Aufwendungen für Entwicklung, Selektion und Implementierung, die Problematik der möglichen Zementierung von ineffizienten Organisationsstrukturen durch deren Fixierung in Workflow Management Systemen oder auch die verschiedenen rechtlichen Problembereiche, die unter anderem bei der Weiterverarbeitung schutzbedürftiger Daten oder der mitbestimmungspflichtigen Veränderung der Arbeitsorganisation zu beachten sind, an zentraler Stelle zum einen die Problematik der mangelnden Flexibilität und zum anderen Probleme sozialer beziehungsweise damit eng verbunden arbeitspsychologischer Art thematisiert [vgl. u.a. Maurer 1996, S. 20ff.; Derszteler 2000, S. 140ff.; Reif-Mosel 2000, S. 118ff.].
Die Notwendigkeit, im Rahmen von Workflow Management auch Flexibilität zu unterstützen, ist seit einigen Jahren erkannt worden, und so weisen „*ad hoc orientierte Workflow Management Systeme*“ [Haberstock 2000, S. 79] eine dergestalt erweiterte Funktionalität auf, daß sie den Benutzern während der Abläufe Veränderungsmöglichkeiten der jeweiligen Workflow-Instanzen einräumen und somit wesentlich flexibler gegenüber Ausnahmen sind, wobei sich in der Literatur unterschiedliche Ansätze finden, die jeweils zu unterstützenden Workflows zu charakterisieren, womit auch Aussagen über Konzeption der entsprechenden

Workflow Management Systeme getroffen werden [vgl. u.a. Hasenkamp/Syring 1994, S. 19; Ott 1998, S. 34f.; Scholer 1998, S. 54; Teege 1998; Huth/Nastansky 2000, S. 111]. So differenzieren Huth/Nastansky (2000, S. 111) exemplarisch sieben verschiedene Stufen zwischen vollständig vordefinierten und strukturierten Workflows einerseits und typischer Weise singulären, relativ kurzlebigen ad hoc Workflows andererseits. Indem ad hoc orientierte Workflow Management Systeme sich auf die Unterstützung tendenziell weniger strukturierter Aufgaben beziehen, die kurzlebiger sind und über deren konkrete Bearbeitung von den Anwendern weitgehend selbst entschieden wird, integrieren sie zunehmend Funktionen von Workgroup Computing Systemen beziehungsweise konvergieren funktional mit diesen (s.o.).

Die von Workflow Management Systemen erzwungene Formalisierung der Kommunikationsbeziehungen zwischen den einzelnen Akteuren reduziert die Möglichkeiten der informellen Kommunikation und kann so zu sinkender Zufriedenheit bei den Mitarbeitern führen [vgl. Maurer 1996, S. 23]. Teufel et al. (1995, S. 202) diagnostizieren, daß soziale Probleme, die mit der Einführung von Workflow Management Systemen einhergehen können, zwar erkannt sind, derzeitig aber zugunsten technischer Probleme noch weitgehend ignoriert werden. Prinzipiell wird auch hier der Ansatz darin gesehen, Applikationstypen der anderen Systemklassen zu integrieren, um informelle Kommunikation zu ermöglichen.

4.3 Kontextuelle Rahmenbedingungen des Einsatzes von Groupware in virtuellen Teams

Groupware als notwendige Voraussetzung für die Existenz virtueller Teams dient ihrer Ermöglichung und während der Existenzzeit auch ihrer Unterstützung hinsichtlich verschiedener Teamfunktionen, die ihrerseits weiter unterschieden werden können in solche mit primär aufgabenorientiertem Fokus und solche mit primär sozialer Funktion, wie sie im Rahmen der systemtheoretischen Betrachtung als systemerzeugende und -erhaltende Funktionen thematisiert werden (s.o.). So werden Workflow Management Systeme oder Entscheidungsunterstützungssysteme vorwiegend aufgabenorientiert betrachtet, während Kommunikationssysteme oder Systeme, die einen gemeinsamen Informationsraum zur Verfügung stellen, auch soziale Kommunikation ermöglichen. Das Vorhandensein einer leistungsfähigen technischen Infrastruktur ist jedoch keinesfalls eine hinreichende Voraussetzung für das Entstehen und Funktionieren virtueller Teams, die nur dann möglich sind, wenn die Groupware von den Teammitgliedern akzeptiert und eingesetzt wird und gleichzeitig hierfür die organisationalen Voraussetzungen gegeben sind [vgl. Lewis 1998, S. 11]. Die aktuelle Diskussion wird in weiten Teilen von der Zielsetzung, die Defizite groupware-gestützter Kommunikation im Vergleich zu unmittelbarer face-to-face Kommunikation zu minimieren, dominiert (s.o., vgl. auch Höflich 1996, S. 111). Quasi als Idealzustand wird angestrebt, daß die Nutzung von Groupware keinen „kommunikativen Mehraufwand" der Anwender erzwingt, sondern daß sie sich nahtlos und automatisch in den Informationsfluß integriert: „*The key to making good use of support tools (im Sinne von Groupware, Anm. d. Verf.) is that they should not require extra specific efford but must tap into the existing flow of information in the organization*" [Lewis 1998, S. 6]. Hierbei ist die ausschließliche Konzentration auf technisch-funktionale Aspekte nicht ausreichend, und so lassen sich in Anlehnung an Oberquelle (1991, S. 37ff.) analytisch vier Kontextfaktoren des Einsatzes von Groupware durch virtuelle Teams unterscheiden, die sich in der Realität jedoch wechselseitig bedingen und beeinflussen: die verfügbare Technik inklusive der Groupware selbst, die Teammitglieder, die Arbeitsaufgabe und die Organisationsstruktur [vgl. auch McGrath 1984, S. 61ff.]. Im Sinne einer kontingenztheoretischen Öffnung der Betrachtung ist weiterhin die Umwelt als weiterer Faktor zu berücksichtigen [vgl. Neuberger 1995, S. 69]. Diese Faktorengruppe bildet insgesamt als team- und groupwarespezifische Modifikation der Leavitt-Raute [vgl. Oberquelle 1991, S. 37ff.] einen Bestandteil des Bezugsrahmens zur Auseinandersetzung mit virtuellen Teams und wird in Darstellung 30 wiedergegeben.

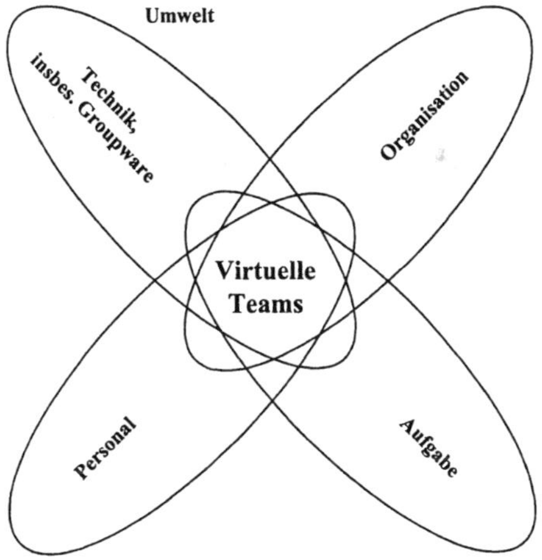

Darstellung 30: Virtuelle Teams im Kontext von Technik, Organisation, Aufgabe und Personal
Eigene Darstellung

4.3.1 Kontextfaktor Teammitglieder

Virtuelle Teams werden maßgeblich durch ihre Mitglieder charakterisiert [vgl. Lipnack/Stamps 1997, S. 14]. Aus den sich aus der Eigenschaft der Virtualität ergebenden Unterschieden kontrastiv zu face-to-face Teams resultieren zum einen Veränderungen hinsichtlich des Anforderungsprofils an die Mitglieder, zum anderen geht die Mitgliedschaft in einem virtuellen Team aus Akteursperspektive mit potentiellen „*sozio-emotionalen Veränderungen der Arbeitsbeziehungen*“ [vgl. Döring 2000, S. 36] einher, aus denen sich gegebenenfalls weitere Problemfelder ergeben. Die Anforderungen an die Mitglieder virtueller Teams werden in Anlehnung an Heckman (1998, S. 6ff.) in die vier Klassen technologische, konzeptionelle, soziale und spezielle aufgabenbezogene Anforderungen unterschieden und hinsichtlich potentieller Unterschiede zu face-to-face Teams problematisiert [vgl. hierzu u.a. auch Staehle 1994, S. 835; Katzenbach/Smith 1994, S. 47f.; Lang/Pigneuer 1997, S. 6; Picot/Reichwald/Wigand 1998, S. 455ff.]:

- Im Vergleich zu face-to-face Teams additive technologische Anforderungen an die Mitglieder virtueller Teams resultieren aus der Notwendigkeit, miteinander mittels der zur Verfügung stehenden informations- und kommunikationstechnischen Infrastruktur, hier also im wesentlichen mittels Groupware, kommunizieren zu können. Eine nahtlose und unbemerkte Integration von Groupware in den Kommunikationsfluß, wie sie von Lewis (1998, S. 6) als idealtypisch dargestellt wird (s.o.), ist derzeitig nicht gegeben, Mitglieder virtueller Teams benötigen somit spezielle Kenntnisse und Fähigkeiten für die Verwendung von Groupware sowie die Bereitschaft, diese einzusetzen. Die Anforderungsniveaus verschiedener Groupware-Systeme können sich hierbei in Abhängigkeit der erforderlichen Funktionalität erheblich unterscheiden, weiterhin können die technologischen Anforderungen dahingehend differenziert werden, daß der Umgang mit relativ stark verbreiteten Groupware-Systemen wie insbesondere E-Mail bereits eine „kommunikative Alltagserfahrung“ darstellt, während der Umgang mit komplexeren Anwendungen wie beispielsweise Entscheidungsunterstützungssystemen oder Workflow Management Systemen gegebenenfalls spezifischere Kenntnisse voraussetzt.
- Konzeptionelle Anforderungen beziehen sich überwiegend auf die analytischen Fähigkeiten des Planens, Bewertens und Entscheidens bezüglich eigener Aufgaben, Ergebnisse und Beiträge sowie auch auf die von anderen Teammitgliedern beziehungsweise die des gesamten Teams [vgl. Heckman 1998, S. 7]. Die Bewältigung konzeptioneller Herausforderungen ist häufig mit der methodischen Anwendung von Techniken und Verfahren verbunden, die auch in-

formationstechnologisch unterstützt sein können, prinzipiell werden sie jedoch als unabhängig von technischen Werkzeugen betrachtet, demzufolge sind hier keine signifikanten Unterschiede zischen virtuellen und face-to-face Teams anzunehmen.

- Die sozialen Anforderungen beziehen sich auf Fähigkeiten, effektiv im virtuellen Team zu agieren. Unterschieden werden von Heckman (1998, S. 7f.) die Beherrschung effektiver Kommunikation, gegenseitiger Beeinflussung, Gruppenführung und Pflege von Beziehungsnetzwerken. Die zur Begegnung dieser Anforderungen benötigten „Soft Skills" werden im Kontext der allgemeineren, nicht speziell auf virtuelle Organisationsformen ausgerichteten betriebswirtschaftlichen oder managementorientierten Literatur als Schlüsselqualifikationen für erfolgreiche interpersonale Zusammenarbeit diskutiert. Aus den signifikanten Unterschieden zwischen den Kommunikationsbedingungen von virtuellen Teams und face-to-face Teams (s.o.) ergibt sich, daß die Mitglieder virtueller Teams ihre jeweiligen kommunikativen Erfahrungen, die auf unmittelbarer Kommunikation aufbauen, nicht gänzlich auf diese neuartige Form der Zusammenarbeit übertragen können. Mangelndes Erfahrungswissen über die Eigenheiten des Zusammenarbeitens in virtuellen Teams kann zumindest begrenzt durch ein formales Problembewußtsein ausgeglichen werden, so daß Kommunikationsstörungen durch die Veränderungen der Kommunikationsbedingungen vermieden oder gegebenenfalls besser eingeschätzt werden können.
  Weiter bedingt der Wegfall physischer Präsenz anderer Teammitglieder und der damit einhergehende Verlust von direkter und sozialer Kontrolle durch Vorgesetzte und Kollegen, daß Teammitglieder unter anderem Selbstkontrolle und effizientes Selbstmanagement beherrschen müssen. Gleichzeitig ergibt sich hieraus die Notwendigkeit eines hohen Vertrauens in die entsprechenden Eigenschaften der anderen Teammitglieder [vgl. u.a. Polack 1998, S. 25ff.; Picot/Reichwald/Wigand 1998, S. 458f.].
- Aus der Aufgabenorientierung virtueller Teams ergibt sich, daß die allgemeineren technologischen, konzeptionellen oder sozialen Anforderungen durch spezielle aufgabenbezogene Anforderungen dominiert werden. Die sich aus der transaktionskosten-orientierten Betrachtung ergebende Annahme eines hohen Spezialisierungsgrades der einzelnen Mitglieder virtueller Teams (s.o.) verweist darauf, daß es sich hierbei um Expertenwissen handelt [vgl. auch Jörges/Süß 2000, S. 3]. Bei marktnahen Konzeptionalisierungen virtueller Organisationsformen wird entsprechend deren „Kernkompetenzorientierung" diskutiert [vgl. Wagner 1999, insbes.

S. 73ff. bzw. 92ff. sowie Scholz 2002, S. 27f., der virtuelle Teams als „marktnah" beschreibt]. Hoher Bedarf und knappe Verfügbarkeit von Expertenwissen werden hier als eine treibende Kraft für virtuelle Teams betrachtet, da bei lokaler Verfügbarkeit entsprechenden Expertenwissens face-to-face Teams gegenüber virtuellen Teams als vorzuziehendes da effizientes organisationales Arrangement betrachtet werden.

Die Erfüllung der speziellen aufgabenbezogenen Anforderungen setzt die der sozialen und konzeptionellen Anforderungen voraus, wobei die Erfüllung der technologischen Anforderungen eine notwendige Basis darstellt (siehe Darstellung 31).

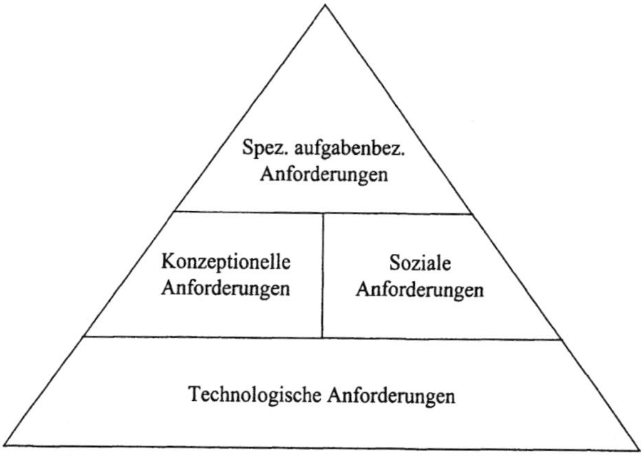

Darstellung 31: Anforderungen an Mitglieder virtueller Teams modifiziert nach Heckmann (1997, S. 6)

Als Fazit wird festgehalten, daß virtuelle Teams ein insgesamt erhöhtes Anforderungsprofil hinsichtlich der Mitglieder aufweisen als face-to-face Teams [vgl. auch Jörges/Süß 2000, S. 4]. Zu der – für die Mitgliedschaft in einem face-to-face Team nicht vorhandenen - Notwendigkeit, die zur Verfügung stehende Groupware-Infrastruktur nutzen zu können, was unter Umständen erhebliches Anwenderwissen voraussetzt, gewinnen zusätzlich weitere Fähigkeiten essentiell an Bedeutung, da Qualifikationen wie beispielsweise „Kommunikationsfähigkeit", die für face-to-face Situationen als zumindest auf basalem Niveau vorhanden vorausgesetzt werden können, unter Umständen neu aufgebaut werden müssen. So sind hier die „Zusatzspezifikationen" zur Realisierung eines virtuellen Teams im Sinne von Scholz (1994) in Teilen als zusätzliche Anforderungen an die Mitglieder zu betrachten, wobei zu problematisieren ist, wann diese dahingehend kritische

Ausmaße annehmen, daß Teammitglieder bei Erfüllung sonstiger aufgabenbezogener Anforderungen von ihnen überfordert werden.

4.3.2 Kontextfaktor Arbeitsaufgabe

Aus Makroperspektive stellen Arbeitsgruppen und damit auch virtuelle Teams ein Instrument dar, dessen unmittelbarer Zweck in der Ausführung von Aufgaben besteht (s.o.). Die Art einer Arbeitsaufgabe beeinflußt die jeweilige Arbeitsgruppe dahingehend, daß aufgabeninhärente Merkmale als Restriktionsparameter auf die Möglichkeiten der Ausgestaltung der Arbeitsgruppe insgesamt und speziell auch auf die Anforderungen an die Groupware-Infrastruktur wirken [vgl. u.a. McGrath/Hollingshead 1994, S. 66; Reif-Mosel 2000, S. 187f.]. Umgekehrt ist nicht jede teamorientierte Organisationsform gleichermaßen für die Ausführung aller Aufgabentypen geeignet, und aus den Virtualitätsbedingungen resultieren Einschränkungen hinsichtlich der Zuweisungsmöglichkeiten von Aufgaben an virtuelle Teams. Gehört die Einsicht, daß eine Veränderung der Eigenschaften einer Aufgabe häufig auch die Veränderung im Sinne von Anpassung des jeweiligen Aufgabenträgers indiziert, zu den wichtigsten Ergebnissen der situativen Organisationsforschung [vgl. Picot/Reichwald/Wigand 1998, S. 241], so ist gleichermaßen zu betrachten, welche Aufgaben mittels neuartiger Organisationsformen, zu denen virtuelle Teams zu zählen sind, bearbeitet werden können, weshalb eine Aufgaben-Taxonomie als Bestandteil eines Bezugsrahmens zur Auseinandersetzung mit virtuellen Teams zu berücksichtigen ist.

Es existiert eine Vielzahl verschiedener Ansätze der Aufgabentypologisierung, von denen hier zwei konzeptionell unterschiedlichen Strängen im Zusammenhang mit der Diskussion virtueller Teams und deren Ermöglichung und Unterstützung durch Groupware besondere Relevanz zugeschrieben wird [vgl. für einen Überblick über verschiedene Typologisierungsvorschläge McGrath 1984, S. 53ff.; Reif-Mosel 2000, S. 190]: Zum einen die Auseinandersetzung mit den Merkmalen von Gruppenaufgaben im Rahmen der allgemeineren Gruppenforschung, zum anderen die der Wirtschaftsinformatik zuzurechnende Beschäftigung mit dem Technikeinsatz im Bürobereich und der Suche nach Gestaltungsaussagen auf Grundlage von bestimmten Grundtypen von (Büro-)Aufgaben. Der Gütemaßstab einzelner Typologisierungsansätze ergibt sich hierbei daraus, inwieweit eine gegebene Aufgabe eindeutig einer bestimmten Typklasse zugeordnet werden kann, inwieweit alle kontextrelevanten Aufgaben jeweils einer der Typklassen zugeordnet werden können, inwieweit die einzelnen Typklassen in logischer Beziehung zueinander stehen und letztlich auch daraus, inwieweit der Typologisierungsansatz dazu geeignet ist, Unterschiede und Gemeinsamkeiten zwischen Aufgaben zu entdecken, die anderweitig verborgen bleiben [vgl. McGrath 1984, S. 60f.].

Für die *„Groupware-Literatur“* diagnostiziert Schiestl (1997, S. 59), daß eine kritische und umfassende Behandlung der Wechselwirkungen zwischen Groupware, Aufgabe und Aufgabenbearbeitung bis heute weitgehend aussteht und daß für die aufgabenfokussierte Gestaltung von Groupware zumeist die Aufgabentypen Individual- versus Gemeinschaftsaufgaben, strukturierte versus unstrukturierte Aufgaben sowie primäre und sekundäre Aufgaben unterschieden werden, wobei weitere Verfeinerungen, wie sie beispielsweise die Bürokommunikationsforschung kennt, wenig Beachtung finden [vgl. jedoch auch Picot/Reichwald 1985, insbes. S. 63ff.; Nippa 1988, S. 81]:

- Individualaufgaben sind demgemäß Aufgaben, die von einer Person allein bearbeitet werden können, während Gemeinschaftsaufgaben zwingend das Zusammenwirken von mehreren Personen erfordern. Bezogen auf einzelne Teammitglieder treten bei „echter“ Teamarbeit (s.o.) beide Aufgabenarten als Bestandteile der Teamgesamtaufgabe auf.
- Ausgehend vom Strukturierungsgrad werden algorithmische Aufgaben als eindeutig hinsichtlich des Ziels, der einzusetzenden Instrumente und der anzuwendenden Verfahren beschrieben, weshalb sie weitgehend automatisierbar sind. Starkstrukturierte Aufgaben sind dadurch gekennzeichnet, daß das Ziel klar definiert und ein bestimmtes Set an Mitteln, Verfahren und Materialien gegeben ist. Die Bearbeitung stark strukturierter Aufgaben ist partiell automatisierbar, erfordert jedoch situatives Eingreifen und die Ausführung nicht-automatisierbarer Teilhandlungen. Bei schwachstrukturierten Aufgaben ist das Ziel ungenau definiert, und die notwendigen Instrumente und Verfahren sind nur unvollständig bekannt.
- Bei einer Unterscheidung von primären und sekundären Aufgaben beziehen sich die primären Aufgaben auf das extern vorgegebene Ziel, dessen Erreichung der originäre Grund für die Initiierung des (formalen) Teams ist, wie beispielsweise das Erbringen einer bestimmten Dienstleistung, während sekundäre Aufgaben sich auf die Schaffung, Reflexion und Anpassung der notwendigen Arbeitsbedingungen beziehen. Letztere sind im Sinne der vorhergegangenen systemtheoretischen Reflexionen analog den systemkonstituierenden und -erhaltenden Funktionen eines virtuellen Teams zu betrachten. Mit dem Einsatz von Groupware treten weitere Aufgaben hinzu, die mit deren Kennenlernen und Einsatz verbunden sind und die Oberquelle (1991, S. 42) analog als Sach- beziehungsweise Interaktionsaufgaben bezeichnet.

Im Rahmen der Gruppenforschung werden Gruppenaufgaben nach dem Arbeitsprozeß, nach dem zu erzeugenden Produkt oder nach der Stellung der Arbeitenden zueinander unterschieden, weiterhin lassen sich beispielsweise Unterscheidungen nach dem Arbeitsmaterial oder nach den Arbeitsmitteln vornehmen [vgl. Schwabe 1995, S. 131ff. für eine Diskussion verschiedener Möglichkeiten der Aufgabentypologisierung]. Einen die ersten drei Aspekte integrierenden Ansatz stellt McGrath (1984, S. 60ff.) mit dem *„Group Task Circumplex“* vor, dessen graphische Repräsentation in der Darstellung 32 wiedergegeben wird.

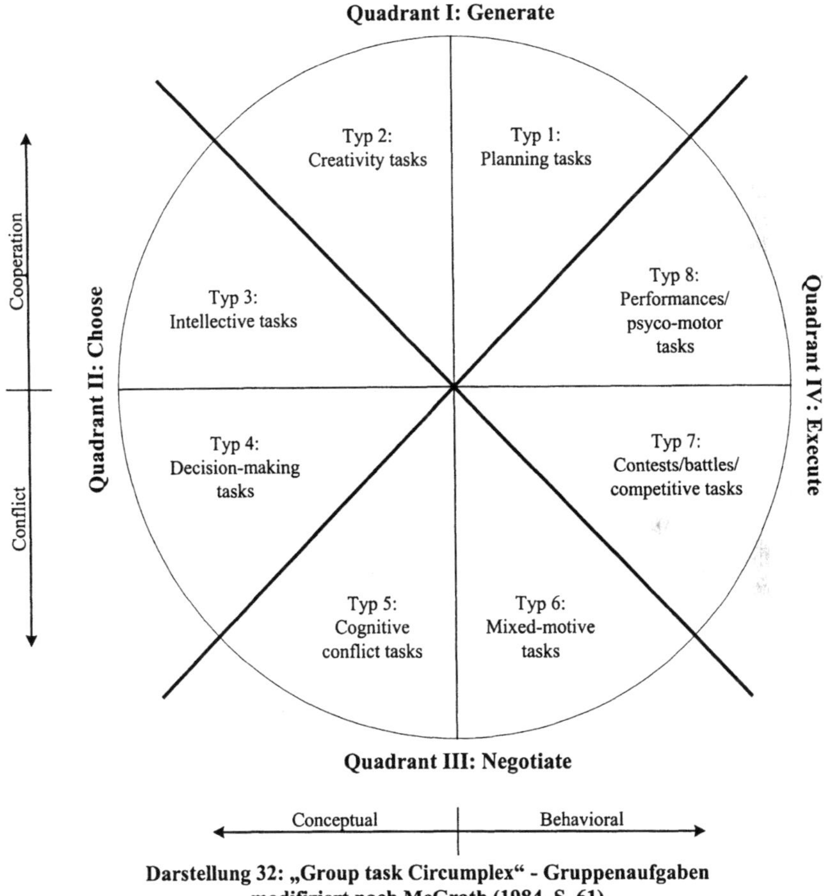

Darstellung 32: „Group task Circumplex“ - Gruppenaufgaben modifiziert nach McGrath (1984, S. 61)

Es werden zunächst die vier Gruppenaufgaben-Grundtypen „Generierende Aufgaben“, „Selektionsaufgaben“, „Verhandlungsaufgaben“ und „Ausführungsaufgaben" und dann weiter jeweils zwei Subtypen unterschieden. Anhand der so insgesamt acht unterschiedenen Aufgabentypen lassen sich Gruppenaufgaben danach voneinander abgrenzen, ob sie vorwiegend darauf abzielen, daß neue Ideen oder Pläne erzeugt werden sollen, ob richtige Antworten oder präferierte Lösungen aus einer Menge von Alternativen ermittelt und ausgewählt werden sollen, ob konfligierende Standpunkte oder Interessengegensätze verhandelt werden sollen oder ob Aufgaben im Wettbewerb mit Dritten oder gegen absolute Leistungsstandards gemessen ausgeführt werden sollen. Die Aufgabentypen werden im einzelnen wie folgt beschrieben [vgl. McGrath 1984, S. 62]:

Typ 1: Aufgabe ist es, einen Plan im Sinne einer strukturierten Handlungsfestlegung für die Zukunft zu generieren.
Typ 2: Aufgabe ist es, möglichst viele kreative Ideen zu einem Problem zu generieren.
Typ 3: Aufgabe ist es, bei einem Problem mit richtiger Lösung diese zu finden.
Typ 4: Aufgabe ist es, eine Entscheidung für eine Lösung zu ermitteln, für die keine objektiv richtige Lösung existiert.
Typ 5: Aufgabe ist es, Konflikte bei unterschiedlichen Sichtweisen (nicht: Interessen) durch Herbeiführung einer übereinstimmenden Sichtweise handzuhaben.
Typ 6: Aufgabe ist es, bei sich widersprechenden Interessen einen Kompromiß zu finden.
Typ 7: Aufgabe ist es, Machtkonflikte mit Dritten im Wettbewerb insbesondere bei „*winner takes it all*"-Situationen zu handhaben beziehungsweise die eigenen Interessen durchzusetzen.
Typ 8: Aufgabe ist es, psycho-motorische Aufgaben auszuführen.

Jede Gruppenaufgabe kann innerhalb des „*Group Task Circumplex*" zunächst einem der vier Grundtypen und dann dem der jeweiligen Subtypen zugeordnet werden. Die zwei Dimension der Aufgabentypologie explizieren in der Horizontalen den Gegensatz von handlungsorientierten („*behavioral or action tasks*") versus intellektuellen Aufgaben („*conceptual or intellectual tasks*") und in der Vertikalen den Gegensatz von Kooperation („*cooperation or facilitative compliance*") versus Konflikt („*conflict or contrient interdependence*") [vgl. McGrath 1984, S. 66].

Im Zusammenhang mit der Diskussion der Wechselwirkungen zwischen Aufgabe und weiteren Kontextfaktoren virtueller Teams ist festzustellen, daß die Aufgabentypen hinsichtlich des für die Bearbeitung notwendigen Informations- und Kommunikationsbedarfs dahingehend differieren, daß in unterschiedlichem Maße neben objektiven Daten auch Werte, Meinungen und sonstige interpretationspflichtige Inhalte zwischen den Teammitgliedern ausgetauscht werden müssen [vgl. Hollingshead/McGrath 1995, S. 51]. Transparenz und wechselseitige Übereinstimmung bezüglich der Aufgabeninhalte und Aufgabenart reduzieren die Wahrscheinlichkeit von kommunikativen Mißverständnissen zwischen den Mitgliedern virtueller Teams und unterstützen die aufgaben- und situationsadäquate Wahl von Groupware.

4.3.3 Kontextfaktor Organisationsstruktur

Groupware stellt einen Bestandteil der gesamten technischen Infrastruktur dar und dient so auch der Erzeugung, Aufrechterhaltung und Weiterentwicklung formaler Organisationsstrukturen, die sich aus der Gesamtheit formaler Regeln hinsichtlich der Kompetenzen für Planung, Entscheidung, Ausführung und Kontrolle zur Bearbeitung der primären Teamaufgabe ergeben und hierbei bewußt geschaffen, personenunabhängig und durch übergeordnete Instanzen legitimiert sind; nicht berücksichtigt werden hierunter interaktive, spontane und ungeplant entstandene Regeln [vgl. Oberquelle 1991, S. 45; Hill/Fehlbaum/Ulrich 1994, S. 25f. und 122ff.; Staehle 1994, S. 426; Kieser 1999, S. 173f.; Reif-Mosel 2000, S. 155f.]. Virtuelle Teams selbst sind ebenfalls als ein Teilbereich der formalen Gesamtorganisation zu betrachten, ihre Formalität bezieht sich im wesentlichen auf das Außenverhältnis. Sie sind dann als abstrakte „Black Boxes" konzeptualisiert und werden so unter anderem in der Diskussion virtueller Unternehmen als deren „Bausteine" betrachtet, wobei diese Perspektive außerhalb des hiesigen Betrachtungsrahmens liegt (vgl. Kapitel 2.2). Das Innenverhältnis von Teams ist durch den Wegfall zahlreicher formaler Regelungen charakterisiert (vgl. Kapitel 2.3). Reif-Mosel (2000, S. 252) beschreibt für eine Unterstützung durch Groupware günstige Strukturen so, daß hier die Teammitglieder relativ weitreichende Handlungsräume haben und daß die Planungs- und Handlungskompetenzen hinsichtlich der Aufgabenerfüllung dezentral verteilt sind.

Groupware kann durch ihre funktionalen Potentiale zum einen verändernd auf bisherige Organisationsstrukturen wirken, wie oben anhand der „Virtualisierungstendenz" dargestellt wird, aus den verschiedenen Leitbildern der sie einsetzenden Anwender ergibt sich jedoch auch die Forderung nach strukturneutraler Gestaltung, die es ermöglicht, flexibel auf organisationale Veränderungen reagieren zu können [vgl. Schiestl 1997, S. 60]. So ist Groupware vor dem Hintergrund der Frage zu betrachten, auf welchen Annahmen über Organisationsstrukturen sie beruht und ob sie bestimmte Strukturen festschreibt oder besonders unterstützt. Einerseits kann sie kommunikationsermöglichend eingesetzt werden, andererseits ist es jedoch auch möglich, informale Kommunikation über die Strukturierung der Kommunikationswege oder die Überwachung der Kommunikationsinhalte einzuschränken und so Groupware zur Kontrolle der Einhaltung formaler Regeln zu nutzen [vgl. Oberquelle 1991, S. 45]. In diesem Zusammenhang ist auch zu betrachten, inwieweit organisatorisch vertrauliche Kommunikation gewährleistet werden kann.

4.3.4 Kontextfaktor Technik

Die teamspezifische informations- und kommunikationstechnische Infrastruktur ist eingebettet in die der übergeordneten Gesamtorganisation. Sind virtuelle Teams organisationsübergreifend zusammengesetzt, so potenziert dies bei heterogenen Infrastrukturen unter Miteinbeziehung interorganisationaler und öffentlicher Techniken die diesbezügliche Gesamtkomplexität [vgl. u.a. Picot/Reichwald/Wigand 1998, S. 164ff. zur „Globalisierung informationstechnischer Infrastrukturen]. Groupware ist hierbei als Teil des Gesamtarsenals der Kommunikationsmöglichkeiten zu betrachten, das um Medien wie beispielsweise Telefon und Telefax oder auch nicht-technische Medien wie Briefpost ergänzt wird. Wenn Oberquelle (1991, S. 48) eine wissenschaftliche Vernachlässigung der Untersuchung von Wechselwirkungen zwischen Groupware und anderen technischen Kommunikationsmöglichkeiten diagnostiziert, so werden aktuell jedoch insgesamt vielfältige Integrationstendenzen technischer Kommunikationsmittel auf den Ebenen der Netzwerke, der Dienste, der Inhalte, der Endgeräte und der Anwendungsprogramme festgestellt, die insgesamt eine Konzentration auf Groupware als relevante informations- und kommunikationstechnische Dimension indizieren [vgl. u.a. Goecke 1997, S. 94f.; Picot/Reichwald/Wigand 1998, S. 153ff. oder ähnlich auch Finger 1999; Padberg 1999 zu „integrierten Telekooperationssystemen“]. Kompatibilität verschiedener technischer Austauschformate ist zwingende Voraussetzung für die Kommunikation der Mitglieder virtueller Teams, und da die Annahme einer homogenen technischen Infrastruktur derzeit allenfalls als idealtypisch anzusehen ist (s.o.), können entsprechende Kommunikationsprobleme potentiell auf allen oben unterschiedenen Ebenen auftreten (vgl. hierzu auch das Nachrichtentechnische Kommunikationsmodell, Kapitel 3). Neben der Kompatibilität beziehungsweise der hiermit eng zusammenhängenden Standardisierung sowie natürlich der Leistungsfähigkeit sind der jeweilige Verfügbarkeitsgrad sowie die Zuverlässigkeit und die Anpaßbarkeit an situative Erfordernisse wichtige Strukturparameter des technischen Kontexts virtueller Teams [vgl. Oberquelle 1991, S. 48ff.; Reif-Mosel 2000, S. 167].

Mit zunehmender Verfügbarkeit der technischen Infrastruktur steigt die Möglichkeit der potentiellen Teamkonfigurationen, da so mehr Personen als potentielle Mitglieder integriert werden können, womit das Nutzenpotential der jeweiligen Technik steigt, während andererseits die „Grenzenlosigkeit“ bei der Wahl von Konfigurationen virtueller Organisationsformen (s.o.) dort ihre Grenzen findet, wo keine entsprechende technische Infrastruktur vorhanden ist – Grudin (1991) verweist hier auf die „kritische Masse“ an Benutzern, ab deren Erreichung eine Kommunikationstechnik erst zweckmäßig eingesetzt werden kann [vgl. u.a. Höflich 1996, S. 232ff.; Englberger 2000b, S. 87]. In engem Zusammenhang mit dem

Verbreitungsgrad ist der Grad der Zuverlässigkeit der technischen Infrastruktur zu betrachten, wobei mit hoher Zuverlässigkeit hinsichtlich der Spezifikationserfüllung positiver Einfluß auf die Akzeptanz technisch gestützter Kommunikation angenommen wird. Anpaßbarkeit bezieht sich auf sich verändernde Situationsbedingungen wie beispielsweise technische Normen oder Weiterentwicklungen im Bereich der Nachrichtentechnik sowie auf Veränderungen, die aus Wechseln in der Teamkonfiguration resultieren.

4.3.5 Kontextfaktor Umsystem

Bei der Betrachtung virtueller Teams und des Einsatzes von Groupware sind auch Aspekte aus dem Umsystem der Unternehmen zu berücksichtigen, wie bereits in Kapitel 1 mit Hinweis auf allgemeinere gesellschaftliche Entwicklungstendenzen, hier beispielsweise die zunehmend positive Bewertung teamorientierter Arbeitsorganisation, aufgezeigt wird. Von den verschiedenen Segmenten des Umsystems, wie sie beispielweise Hentze/Kammel (2001 S. 25ff.) unterscheiden, wird hier der dem politisch-rechtlichen besondere Bedeutung zugemessen, wobei in bezug auf virtuelle Teams speziell arbeitsrechtliche Fragestellungen im Vordergrund stehen, bei denen sich in Anlehnung an Beckschulze (2001) verschiedene individualarbeitsrechtliche Problemfelder eröffnen, die hier in Anbetracht ihrer immensen Gesamtkomplexität nur in Teilen exemplarisch dargestellt werden können:

- Die Schaffung eines „elektronischen Pendants" der eigenhändigen Unterschrift, wie sie im Rechtsgeschäftsverkehr weithin geübte und in Teilen auch rechtlich vorgeschriebene Praxis ist, um nachweisbar persönliche Erklärungen zu autorisieren, wird auf nationaler wie auf internationaler Ebene diskutiert. Die Diskussion „elektronischer Signaturen" zielt primär auf die Schaffung einer Grundlage für den Geschäftsverkehr ab, bei dem Rechtsvertrauen und -sicherheit als Voraussetzung für das Zustandekommen von Verträgen gesehen wird [siehe hierzu auch die *„Richtlinie 1999/93/EG des europäischen Parlaments und des Rates vom 13. Dezember 1999 über gemeinschaftliche Rahmenbedingungen für elektronische Signaturen*"]. Sie ist jedoch auch auf den Problembereich der Authentifizierung, Autorisierung und Integrität entsprechender Kommunikation in virtuellen Teams übertragbar.
- Wegen der zumindest partiellen Nutzbarkeit der informations- und kommunikationstechnischen Infrastruktur virtueller Teams sowohl für aufgabenbezogene als auch für private Zwecke ist, so Beckschulze (2001, S. 1491), vertraglich zu regeln, ob und gegebenenfalls zu welchen Modalitäten private Nutzung erfolgen darf. Inwiefern die interne Kommunikation virtueller Teams derartig reglementiert werden kann, und in welchem Ausmaß dies vor dem Hin-

tergrund der hohen Bedeutung informeller und damit tendenziell dann auch privater Kommunikationsbeziehungen zweckmäßig ist, ist unklar, andererseits indiziert die zunehmende Gefährdung betrieblicher Informations- und Kommunikationssysteme beispielsweise durch „Viren" entsprechenden Regelungsbedarf.

- Eine etwaige Umsetzung der oben angesprochenen prinzipiellen Protokollier- und Überwachbarkeit jeglicher elektronisch mediierter Kommunikation wird – bezogen auf die Bundesrepublik Deutschland – durch verschiedene Bereiche insbesondere des Bundesdatenschutzgesetzes, des Telekommunikationsgesetzes und des sich aus dem Grundgesetz ergebenden Persönlichkeitsrechts reglementiert [vgl. Beckschulze 2001, S. 1492ff.]. Insbesondere die Überprüfung personenbezogener Daten, die eine Identifizierung und Überwachung des Benutzers ermöglichen und die sich unterscheiden lassen in Bestandsdaten, Verbindungsdaten, für Abrechnungszwecke vorgesehene Entgeltdaten sowie die Inhaltsdaten, setzt in den meisten Fällen eine Zustimmung der Betroffenen voraus. Umstritten ist darüber hinaus auch, inwieweit E-Mails gegebenenfalls unter den Schutz des Briefgeheimnisses fallen, zumal eine inhaltliche Trennung geschäftlicher und privater E-Mails ohne Einsichtnahme in den Inhalt häufig nicht möglich ist.
- Regelungen über Verschlüsselungsmöglichkeiten können auch das individualarbeitsrechtliche Verhältnis und damit gegebenenfalls die interne Kommunikation virtueller Teams betreffen. Ebenfalls von Relevanz sind hier im internationalen Kontext gegebenenfalls die Bestrebungen einiger Regierungen, Verschlüsselung nur in einem Ausmaß zuzulassen, der Strafverfolgungsbehörden gegebenenfalls Zugriff ermöglicht [beispielsweise ist der Einsatz „starker kryptographischer Verfahren" in den USA und Frankreich derzeit, anders als in Deutschland, rechtlich beschränkt. Die Bundesregierung hat mit dem Eckpunktepapier vom 2. Juni 1999 Kryptographie als "*eine entscheidende Voraussetzung für den Datenschutz der Bürger*" besonders hervorgehoben und ihr Ziel, die Leichtigkeit des elektronischen Rechts- und Geschäftsverkehrs zu fördern, mit der Verabschiedung des „*Beschluß zur Sicherheit im elektronischen Rechts- und Geschäftsverkehr mit der Bundesverwaltung*" vom 16. Januar 2002 nochmals unterstrichen].

4.4 Ausgewählte Aspekte virtueller Teams

In Ermangelung einer umfassenden und als etabliert zu betrachtenden „Theorie der Arbeitsgruppe" (vgl. Kapitel 2) werden auch in der Auseinandersetzung mit virtuellen Teams in Abhängigkeit des jeweiligen Betrachtungsstandpunktes verschiedene Aspekte fokussiert, wie dies jeweils die in Kapitel 3 vorgenommene transaktionskosten-orientierte, die systemtheoretisch-orientierte und die kommunikationswissenschaftlich-orientierte Annäherung zeigt. In den folgenden Abschnitten erfolgt eine Auseinandersetzung mit ausgewählten Aspekten virtueller Teams insbesondere kontrastierend zu face-to-face Teams unter Berücksichtigung entsprechender theoretischer Implikationen mit Hinweis auf jeweilige Anwendungs- und Einflußpotentiale von Groupware. Hierbei wird darauf abgezielt, potentielle Besonderheiten beziehungsweise Unterschiede darzustellen und gegebenenfalls entsprechende Problembereiche, die auf das Spannungsfeld zwischen Virtualisierung und Teamorientierung verweisen (s.o.) herauszustellen, womit der Funktion von Bezugsrahmen entsprochen wird, Hinweise auf mögliche zentrale Elemente einer „Theorie virtueller Teams" zu liefern. Dem pragmatischen Anspruch wird Rechnung getragen, indem dem Praktiker vorsichtige Hinweise auf mögliche Gestaltungs- und Strukturierungsaspekte gegeben werden, wobei hierbei entsprechend der Vorgehensweise keinerlei Wahrheitsanspruch der Aussagen erhoben, sondern allenfalls auf deren logisch-pragmatisch gesehene, theoretisch gestützte Begründung verwiesen werden kann.

Die Auswahl der hier nachfolgend betrachteten Partialaspekte berücksichtigt zunächst jene Charakteristika, mittels derer Gruppen allgemein entsprechend der Ausführungen in Abschnitt 2.1.2 beschrieben werden, wobei eine eigenständige Darstellung des Aspektes der Kommunikation nicht erfolgt, da dieser in den vorhergehenden und nachfolgenden Kapiteln und Abschnitten immer wiederkehrend aufgegriffen wird. Anschließend werden weitere Aspekte hinzugezogen, deren Relevanz sich entweder aus den theoretischen Vorüberlegungen (Kapitel 3) oder aus der Diskussion in der Fachliteratur ergibt. Dieser Katalog ist entsprechend dem Bezugsrahmenkonzept offen für Erweiterungen. Anzumerken ist weiterhin, daß die hier isoliert betrachteten Aspekte in realiter zumeist in Wechselbeziehungen stehen, so daß Redundanzen in der Betrachtung unausweichlich sind.

4.4.1 Aspekte der Bildung und Bedeutung von Normen in virtuellen Teams

Die Ausbildung stabiler kohäsiver Strukturen ist in virtuellen Teams wie in face-to-face Teams eng mit den Problembereich der Bildung und Handhabung von Normen verbunden [vgl. Thiedeke 2000, S. 16; siehe auch Kapitel 2], und so betonen Krystek/Redel/Reppegather (1997, S. 157f.), daß der Erfolg virtueller Unternehmen auf intraorganisationaler Ebene und damit auf Ebene der virtuellen Teams (s.o.) maßgeblich auf gemeinsamen Werten und Normen beruht.
Mit Hinweis auf die Konzeption von Unternehmenskultur nach Schein (1995) merken Scherm/Süß (1999, S. 16ff.) jedoch kritisch an, daß sich Normen als Grundprämissen gemeinsamen Verhaltens *„im Laufe der Zeit bewährt"* haben müssen, daß sie sich auf verhaltensmäßige, emotionale und kognitive Elemente

beziehen und daß sie dabei gemeinsame Erfahrungen voraussetzen, die auf einer stabilen Mitgliedschaft beruhen, während für virtuelle Teams charakteristisch ist, daß die Mitglieder vorher noch nicht zusammengearbeitet haben und insgesamt konzeptionell die Voraussetzungen für die Bildung einer „Teamkultur“ nicht gegeben sind, wobei problemverschärfend hinzutritt, daß in virtuellen Teams tendenziell eher Menschen unterschiedlicher Kulturkreise aufeinandertreffen als in face-to-face Teams (siehe Kapitel 3).
Die Möglichkeiten der Herausbildung von Normen in virtuellen Teams werden von anderen Autoren jedoch deutlich positiver betrachtet, und so diskutieren exemplarisch Ratcheva/Vyakarnam (2001, S. 105f.), inwieweit die Mitglieder virtueller Teams individuelle Arbeitsverhaltensweisen kulturspezifischen Einflusses in ihre Teams „importieren“, Sole/Applegate (2000, S. 583) untersuchen Normbildungsprozesse hinsichtlich des Einsatzes von Groupware und nach Thiedeke (2000, S. 17) ist die Existenz spezifischer Normen in virtuellen Teams nicht zu negieren, sondern vielmehr anzunehmen, daß entsprechend der sozio-technischen Eigenschaften virtueller Beziehungen beispielsweise die teamspezifische Nutzung von Groupware Anlaß zur Ausprägung von teamspezifischen Verhaltensnormen ist [vgl. ergänzend u.a. DeSanctis/Jackson1994; George 1996; Orlikowski/Yates 1998; Döring/Schestag 2000 oder auch Scholz 2000, S. 381ff. zum Verhältnis von Unternehmenskultur und Virtualität].
Der Einfluß von Normen auf das Verhalten der Mitglieder virtueller Teams wird zunächst zwar geringer als in face-to-face Teams gesehen [vgl. McGuire/Kiesler/Siegel 1987, S. 927], und zu Beginn stehen primär aufgabenorientierte und entpersonalisierte Themen im Vordergrund, während soziale Aspekte erst später hinzutreten [vgl. Ratcheva/Vyakarnam 2001, S. 113]. Einmal gefestigte Normen werden jedoch mit hoher Konformität eingehalten, was in der „deindividualisierten Situation“ begründet gesehen wird, in der das In-Frage-Stellen bestehender Normen durch einzelne Mitglieder schwieriger ist als in face-to-face Situationen [vgl. Lea/Spears 1992, S. 323]. Letztlich finden, so Thiedeke (2000, S. 17), virtuelle Teams eine Position zwischen Aufgabenbezug und Sozialbezug und übersetzen diese in akzeptierte Normen, die es ermöglichen, sowohl aufgabenbezogene als auch soziale Themen zu diskutieren. Hierbei erfüllen teamspezifische Normen aus systemtheoretischer Perspektive zum einen Funktionen der Komplexitätsreduktion, zum anderen unterstützen sie die Abgrenzung des virtuellen Teams vom Außensystem und dienen somit der Grenzbildung (s.o.). Aus Perspektive des Transaktionskosten-Ansatzes ist festzustellen, daß Normen Such- und Vereinbarungsprozesse verkürzen und damit kostensenkend wirken, womit sie einen Faktor situativer Vorteilhaftigkeit von Teams darstellen.

Hinsichtlich potentieller Unterschiede zwischen virtuellen und face-to-face Teams im Normengefüge ist zwingend anzunehmen, daß einerseits Normen, die im Zusammenhang mit unmittelbarer Kommunikation relevant sind, in virtuellen Teams – unter anderem in Abhängigkeit von der eingesetzten Groupware – in ihrer Bedeutsamkeit variieren oder wegfallen, während andererseits neue hinzukommen [siehe Kapitel 3; vgl. auch das „Viermerkmalsschema der Virtualität " nach Scholz 1994]. So erübrigen sich in virtuellen Teams Normen, die beispielsweise Kleidungswahl, Gesten oder Mimik betreffen, dann, wenn die Mitglieder sich nicht visuell wahrnehmen. Normen, die physische Aspekte wie beispielsweise Händedruck zum Gruß oder Abschied beinhalten, erscheinen gänzlich inkompatibel zur Situation virtueller Teams. Jedoch wird die Entwicklung virtueller Pendants wie Gruß- und Abschiedsformen insbesondere in öffentlichen Bereichen des Internets seit langem beobachtet und läßt darauf schließen, daß die Mitglieder virtueller Teams durchaus teamspezifische „virtuelle Substitute" für notwenig erachtete Normen finden, die im jeweiligen Kontext sonst nicht anwendbar sind [vgl. Boos/Jonas/Sassenberg 2000; Thiedeke 2000].

Im Vergleich zu face-to-face Teams additive Normen betreffen in virtuellen Teams unter anderem den Umgang mit der jeweilig zur Verfügung stehenden Groupware. So wird die situative Wahl von Groupware-Anwendungen zum einen von Nützlichkeits- und Adäquatheitsüberlegungen, zum anderen jedoch auch von normativen Einflüssen bestimmt, wie besonders aus Perspektive der *„social influence theory"* [Fulk/Schmitz/Steinfield 1990] thematisiert wird. So werden Normbildungsprozesse beobachtet, die beispielsweise bei asynchroner Kommunikation die Antwortzeiten auf E-Mails sowie die Handhandhabung besonders dringlicher Anfragen betreffen, andere Normen betreffen den situativen Einsatz von verschiedenen Groupware-Anwendungen, deren Gebrauch jeweils unterschiedlicher Symbolcharakter zugeschrieben wird (s.o.), die Gewährleistung der Erreichbarkeit von Teammitgliedern insbesondere aus verschiedenen Zeitzonen, die Trennung aufgabenbezogener und privater Kommunikationsinhalte oder den Formalitätsgrad textbasierter Kommunikation [vgl. u.a. Goecke 1997, S. 68f.; Höflich 1996, S. 147ff.; Döring 2000, S. 30ff; Kayworth/Leidner 2000; Kleinberger/Thimm 2000, S. 268ff.].

Mit Qureshi/Vogel (1999, S. 35ff.) ist festzuhalten, daß virtuelle Teams nachweisbar spezifische Normgerüste entwickeln und reproduzieren, letztlich wird jedoch erst empirische Forschung zeigen können, wie diese sich zukünftig unter dem Einfluß der zunehmenden Erfahrung der Mitglieder mit der Eingebundenheit in diese innovative Arbeitsform entwickeln und welche weiteren Einflußfaktoren – beispielsweise bei interkulturellen Teamkonfigurationen – wirksam sind (id., S. 41f.).

4.4.2 Aspekte der Rollendifferenzierung in virtuellen Teams

Teammitgliedern werden neben gemeinsamen Verhaltenserwartungen, den Normen, auch individuelle, sich in der jeweiligen Rolle ausdrückende Verhaltenserwartungen entgegengebracht, die sowohl das Verhalten des jeweiligen Mitgliedes als auch das seiner Kommunikationspartner ihm gegenüber beeinflussen (s.o.).

Ausgehend von der Unterscheidung aufgabenbezogener und sozio-emotionaler Verhaltenskomponenten, die aus der jeweiligen Rolle resultieren, wird aus Perspektive des Virtualitätskonzepts mit der Betrachtung von Teammitgliedern als Leistungslieferanten, die konkret spezifizierte Beiträge einbringen, der Aspekt aufgabenbezogenen Verhaltens fokussiert, hierüber hinausgehende individuelle Verhaltens-Eigenschaften werden ausgeblendet [vgl. Mowshowitz 1997a, S. 374f., siehe auch Kapitel 2]. Konträr hierzu beruht das Teamkonzept jedoch auf der Annahme, daß die Leistung von Teams sich nicht additiv aus der Summe der Einzelleistungen der Mitglieder ermitteln läßt, sondern daß eine nicht-separierbare Teamleistung vorhanden ist (s.o.). Voraussetzung hierfür ist, daß die Mitglieder miteinander kommunizieren und hierbei auch individuelle - sozio-emotionale Komponenten beinhaltende - Verhaltens-Eigenschaften einbringen, die der Erzeugung und Aufrechterhaltung des Systems „virtuelles Team" dienen [vgl. Lang/Pigneur 1997, S. 7f.], wie sich auch insgesamt die Funktionen von Rollen und Normen sowohl aus systemtheoretischer als auch aus transaktionskostentheoretischer Perspektive zueinander ergänzend verhalten (s.o.). So zeigen Untersuchungen von Belbin (1981), daß Teams aus aufgabenbezogen hochqualifizierten Mitgliedern solchen mit insgesamt weniger qualifizierten Mitarbeitern unterlegen sind, wenn die jeweiligen als Teamrollen beschriebenen Verhaltensweisen nicht zueinander „kompatibel" (id., S. 126) sind, woraus Belbin (1981) eine Unterscheidung von neun jeweils mit positiven wie negativen Eigenschaften besetzte Teamrollen ableitet, die in situativer Abhängigkeit von den Mitgliedern neben den aufgabeninduzierten funktionalen Rollen zu besetzen sind. Wird das Rollenkonzept von manchen Soziologen als wesentlicher Baustein sozialer Systeme begriffen [vgl. Staehle 1999 S. 273], so überrascht es nicht, daß verschiedene Arbeiten sich mit Fragestellungen beschäftigen, die auch Aufschluß über potentielle Veränderungen der Bedeutung der Rollenstruktur in virtuellen Teams unter Einfluß des Einsatzes von Groupware liefern [vgl. u.a. Schiestl 1997, S. 157ff.; Duarte/Snyder 1999, S. 121ff.; Utz 2000].
Exemplarisch zitiert Höflich (1996, S. 134) Studien, denen zufolge groupware-basierte Kommunikation sachlicher und aufgabenbezogener ist als in vergleichbaren face-to-face Situationen, was darin begründet gesehen wird, daß Rolleneinflüsse überwiegend nonverbal vermittelt werden, weshalb hier in Abhängigkeit der jeweiligen Medien individuelle Züge der Kommunikationspartner wie Geschlecht, Alter, Rasse, körperliche Konstitution, Aggressivität beziehungsweise Passivität oder Konservativität beziehungsweise Liberalität [vgl. Nohria/Eccles 1992, S. 294] weniger zum Tragen kommen und so sozio-emotionale Rollenbestandteile in den Hintergrund treten, worin insgesamt ein potentieller Vorteil von groupware-gestützter Kommunikation gesehen wird [vgl. u.a. auch Wellmann 2000, S. 150 oder konträr Nohria/Eccles 1992, S. 294, die den Standpunkt vertreten, daß groupware-gestützte Kommunikation zu unvollständiger Rollendifferenzierung und damit tendenziell zu Beziehungsinstabilität führt]. So fordert Schiestl

(1997, S. 159), daß Groupware Rollenunterschiede nicht fördern soll, um entsprechende pathogene Einflüsse zu minimieren.
Höflich (1996, S. 134) merkt an, daß Groupware auch emotionale Nutzung nicht ausschließt, weshalb die Annahme der Sachbezogenheit mit Hinweis auf Beobachtungen eskalierender Kommunikationsverläufe wechselseitiger Beleidigungen insbesondere in Newsgroups oder im E-Mail-Verkehr, sogenanntes *„Flaming“*, zumindest zu relativieren ist.
Hinsichtlich des positiv konnotierten Effekts der Egalisierung von Statusunterschieden wird ebenfalls mit relativierender Tendenz festgestellt, daß zum einen nicht auszuschließen ist, daß sich mit zunehmender Etablierung entsprechender Kommunikations- und Arbeitssituationen neuartige rollenbeeinflussende Formen von Dominanzausübung oder Statusdarstellung ausbilden, wie dies bereits Studien über Effekte der Signatur von E-Mails vermuten lassen, zum anderen wird beobachtet, daß soziale Merkmale, sobald sie einmal - beispielsweise aus face-to-face Treffen oder durch den Einsatz von Videokonferenzsystemen - bekannt sind, die weitere Rollenverteilung beeinflussen [vgl. u.a. Höflich 1996, S. 135; Wallmann 2000, S. 150]. Bezieht man sich darauf, daß groupware-gestützte Kommunikation im Idealfall nicht einschränkend wirkt (s.o.), dann ist zwingend anzunehmen, daß Mitglieder virtueller Teams über die gleichen Eigenschaftsinformationen bezüglich anderer Angehöriger des Teams verfügen wie in face-to-face Teams, weshalb Aussagen über groupware-bedingte Veränderungen der Rollenstruktur oder des Rollenverhaltens in virtuellen Teams kritisch hinsichtlich der jeweilig berücksichtigten Technik zu betrachten sind. Lipnack/Stamps (1997, S. 117f.) zufolge gewinnt die Betrachtung von Rollen in virtuellen Teams an Bedeutung, da sie hier expliziter definiert werden müssen als in face-to-face Teams. Weiterhin übertragen Lipnack/Stamps (1997, S. 117f.) das dynamische Zuordnungsprinzip (s.o.) auf Rollen, so daß von den Mitgliedern erhöhte Rollenflexibilität gefordert wird [vgl. auch Duarte/Snyder 1999, S. 121ff.]. Eine völlige Reduktion des Rollenverhaltens der Mitglieder virtueller Teams auf aufgabenbezogene Aspekte widerspricht dem Teamkonzept, sozio-emotionale Rollenaspekte liegen zwingend vor.
Vor dem Hintergrund der Beobachtung auch positiver Effekte nicht-vorhandener oder unvollständiger Eigenschaftsinformationen auf das Kommunikationsverhalten fordert Schiestl (1997, S. 159), daß durch Groupware situativ (formale) Rollenunterschiede, die *„pathogene Einflüsse“* (ibd.) aufweisen, minimiert werden sollen. Insbesondere bewußt geschaffene Möglichkeiten, anonymisiert beispielsweise in Newsgroups oder in (textbasierten) Synchronkonferenzen zu kommunizieren, können dies ermöglichen (s.u.).

4.4.3 Aspekte des Teambewußtseins in virtuellen Teams

Das Teambewußtsein – synonym auch Wir-Gefühl oder Teamkohäsion - bringt die Teamidentität zum Ausdruck und wird durch die engen sozialen Wechselwirkungen kontinuierlicher Kommunikation der Mitglieder bewirkt [vgl. Thiedeke

2000, S. 37]. Wird die generelle Bedeutung des Teambewußtseins beziehungsweise der Teamkohäsion als zentrales Merkmal der Kleingruppe (s.o.) auch in bezug auf virtuelle Teams unter anderem von Knoll/Jarvenpaa (1996), Lipnack/Stamps (1997, S. 147ff. u. 193ff.), Guß (1998) oder Duarte/Snyder (1999, S. 92) betont, so wird beispielsweise von Picot/Reichwald/Wigand (1998, S. 385ff.) darauf hingewiesen, daß groupware-gestützte Kommunikation nur bedingt dazu geeignet ist, die Ausbildung eines Teambewußtseins zu fördern, was bereits die Frage nach potentiellen Unterschieden zwischen face-to-face Teams und virtuellen Teams hinsichtlich der charakteristischen Ausprägung dieses Merkmals aufwirft. Da Teambewußtsein durch fortgesetzte affektive Kommunikation der Teammitglieder begründet wird [vgl. Thiedeke 2000, S. 44], ist wiederum ausgehend von der Defizithypothese elektronisch vermittelter Kommunikation die Ausprägung des Teambewußtseins in virtuellen Teams unter ceteris paribus Bedingungen als tendenziell geringer anzunehmen als in face-to-face Teams. Mit Dollhausen/Wehner (2000, S. 87) wirkt die Idee der Herausbildung eines stabilen, langfristigen Teambewußtseins, das in einer stabilen und überschaubaren „sozialen Nahwelt" verankert ist, angesichts der aktuellen sich wandelnden Anforderungen, wie sie auch im Virtualitätskonzept ihren Niederschlag finden, insgesamt nicht zeitgemäß, so daß die prinzipiell als geringer anzunehmende Ausprägung dieses Charakteristikums virtueller Teams als Ausdruck der *„allgemein abnehmenden Bindungen und Loyalitäten im Rahmen neuer Teamkonzepte" (ibd.)* zu betrachten ist.

Mit Hinweis auf die systemtheoretisch orientierte Betrachtung virtueller Teams in Kapitel 3 ist die Existenz eines Teambewußtseins jedoch zwingend, wenn virtuelle Teams als „echte Teams" interpretiert werden und sie sich somit eben durch ihre eigenständige Identität über die Ebene der isolierten Interaktionen setzen [vgl. Tyrell 1983, S. 82]. Teambewußtsein bedeutet auch, daß ein Team sich selbst zum Thema seiner Auseinandersetzung macht, womit dem Konzept der Selbstreferenz entsprochen wird (s.o.). Hierbei wird wegen weitgehender Entsprechungen auf die Diskussion des *„Kernprinzips der Zusammengehörigkeit des Systemtypus Gruppe beziehungsweise virtuelles Team*" in Kapitel 3 verwiesen. Die Bedingungen für die Existenz eines Teambewußtseins in virtuellen Teams sind logisch eng verknüpft mit denen der Existenz spezifischer Rollen und Normen, die entsprechenden Überlegungen über mögliche Unterschiede virtueller Teams im Vergleich zu face-to-face Teams, wie sie beispielsweise auf die Einsatzpotentiale von Groupware bezogen sind, werden daher in weiten Teilen als wechselseitig übertragbar betrachtet.
Förderlich für die Entwicklung des Teambewußtseins sind [vgl. Gebert 1992, Sp. 122; Staehle 1999, S. 283]: Häufige wechselseitige Kontakte der Teammitglieder, eine für die Mitglieder attraktive und – beispielsweise hinsichtlich des Ausbildungsstandes oder der Einstellungen – homogene Teamstruktur, das Vorhandensein eines Intergruppen-Wettbewerbs, Einigkeit über die Teamziele und -aufgaben sowie Erfolg und Anerkennung für die Teamleistungen. Insgesamt wird den Inter-

aktionen zwischen den Teammitgliedern hier die wichtigste teambewußtseinfördernde Funktion zugeschrieben. Hemmend wirken entsprechend: Eine zu hohe Teamgröße, „Einzelkämpfertum“ der Mitglieder, individueller Leistungswettbewerb innerhalb des Teams sowie Zielkonflikte und Mißerfolge.
Es ist keine generelle Aussage darüber, ob eine hohe Teamkohäsion aus betriebswirtschaftlicher Perspektive positiv oder negativ zu bewerten ist, möglich [vgl. Gebert/v. Rosenstiel 1992, S. 123ff.; Staehle 1999, S. 283]. Mit zunehmender Teamkohäsion nimmt zwar die Streuung der Einzelleistungen um den Teamdurchschnitt ab, weshalb eine positive Auswirkung auf die Leistung zu erwarten ist, wenn das Team sich mit seinen vorgegebenen Zielen identifiziert, hohe Kohäsion kann jedoch auch zu einer Leistungsnivellierung auf niedrigem Niveau führen. Mit hoher Teamkohäsion geht weiterhin ein Konformitätsdruck einher, infolgedessen als negativer Effekt insbesondere das Phänomen der Gruppenbefangenheit beziehungsweise des Groupthinks [Janis 1982] beobachtet wird. Hierbei nehmen infolge hoher Gruppenkohäsion die Fähigkeiten der Problemerkenntnis und -lösung und der Urteilsfähigkeit ab.

Die Bildung des Teambewußtseins in face-to-face Teams findet in einem gemeinsamen raum-zeitlichen Kontext der Mitglieder statt, in dem sich – geplante wie spontane - gemeinsame Treffen ereignen. Mitglieder erwarten hier, auf andere Mitglieder zu treffen, ein gemeinsamer „Teamraum“ wirkt gegebenenfalls unterstützend hinsichtlich der Abgrenzung zum Umsystem und fördert die Identitätsbildung. Verschiedene Anwendungsszenarien von Groupware zielen darauf ab, virtuellen Teams funktionale Pendants für einen gemeinsamen physikalischen Treffpunkt oder „Teamraum“ zur Verfügung zu stellen [vgl. hierzu auch Döring/Schestag 2000, S. 318f. u. S. 354, die in diesem Zusammenhang von „virtuellen Territorien“ sprechen]. Wird die Ausbildung von Teambewußtsein bereits in – technisch häufig auch recht einfachen - öffentlichen Newsgroups, E-Mail-Verteilern oder Bulletin-Boards und insbesondere auch in Chat-Groups beobachtet [vgl. Thiedeke 2000], so läßt sich dieses auch auf den organisatorischen Kontext übertragen und dort durch die Bereitstellung von entsprechenden teamexklusiven Ressourcen gegebenenfalls weiter fördern. Negative Effekte wie „Groupthink“ können wiederum durch den bewußten situativen Einsatz von Anonymität abgeschwächt werden (s.u.).

4.4.4 Aspekte der Teamgröße virtueller Teams

Die sich summarisch aus der Anzahl der Mitglieder ergebende Größe von Teams wird entsprechend der Ausführungen in Kapitel 2.1.2 als begrenzt angenommen, und auch wenn keine allgemein akzeptierte konkrete „obere Grenze“ aus der Literatur zu ermitteln ist, so herrscht doch ein breiter dahingehender Konsens, daß Teams zumeist eine Größe von weniger als ca. 15 Personen haben, da mit wachsender Teamgröße die Wahrscheinlichkeit der Teamauflösung zunimmt, weshalb dieser Größe insgesamt eine kritische Bedeutung zukommt [vgl. u.a. Guzzo/Shea 1990, S. 273; Hill/Fehlbaum/Ulrich 1994, S. 90; Yukl 1994, S. 409].

Ob und inwiefern sich virtuelle Teams und face-to-face Teams hinsichtlich des Aspektes Teamgröße unterscheiden, wird in der Literatur mit geringer Frequenz und dann mit unterschiedlichen Ergebnissen thematisiert. Dies mag in der tendenziellen Fruchtlosigkeit einer diesbezüglichen „Grundsatzdebatte" begründet sein (s.o.). Aus betriebswirtschaftlicher Perspektive ist jedoch unter anderem die Frage, ob ein virtuelles Team unter sonst gleichen Bedingungen mehr oder weniger Mitglieder zur Aufgabenbearbeitung benötigt als ein face-to-face Team, von hoher pragmatischer Bedeutung, da mit erhöhtem Personalbedarf erhöhte Personalkosten anzunehmen sind. Hiermit in engem Zusammenhang steht auch die Frage, ob Unterschiede hinsichtlich des Effektes des abnehmenden „Grenznutzens" zusätzlicher Teammitglieder bestehen [vgl. Marsden/Mathiyalakan 1999, S. 197ff.].
Tendenziell von besagter Grundsätzlichkeit sind Beiträge, in denen Aussagen über prinzipiell mögliche Teamgrößen getroffen werden, wobei hier auch Annahmen radikaler Veränderungen im Vergleich zu face-to-face Teams zu finden sind. So spiegelt sich die Annahme, daß sich die „Grenzenlosigkeit virtueller Organisationsformen" (s.o.) offenbar auch auf die Grenze der Mitgliederanzahl von Teams bezieht, in Beiträgen wider, in denen Kooperationsformen mit mehr als 1000 Mitgliedern als virtuelle Teams bezeichnet werden [vgl. Lipnack/Stamps 1997, S. 78 – auf S. 124ff. wird jedoch eine Teamgröße von nur bis zu 25 Mitgliedern angenommen] oder in denen die Mitgliederanzahl gar als unbegrenzt beschrieben wird [vgl. Oravec 1996, S. 151f; Eom/Lee 1999, S. 12]. Hält man daran fest, virtuelle Teams als Spezialisierungsform der Kleingruppe zu betrachten, so erscheint zumindest unklar, wie eine derartige Veränderung der Teamgröße mit dem Kernprinzip der „Zusammengehörigkeit" kompatibel ist, vor dem Hintergrund der utopischen Forschungsfunktion ist diese Annahme jedoch nicht a priori zu negieren.
Auf der anderen Seiten weisen Ergebnisse der CSCW- beziehungsweise der Kleingruppenforschung auf weniger spektakuläre Unterschiede zischen virtuellen und face-to-face Teams bezüglich der Teamgröße hin. So stellen Valacich et al. (1995, S. 318ff.) fest, daß für face-to-face Teams, die Ideenfindungsaufgaben (entsprechend den „creativity tasks", s.o.) bearbeiten, gilt, daß zunehmende Teamgröße zu keiner oder allenfalls zu einer geringen Leistungssteigerung führt, während bei computerunterstützten Teams solche mit einer größeren Mitgliederanzahl dahingehend leistungsfähiger sind, daß sie insgesamt mehr Beiträge leisten. Dies wird darauf zurückgeführt, daß entsprechende Groupware es den Mitgliedern ermöglicht, parallel Beiträge einzubringen, während dies in face-to-face Situationen sequentiell erfolgt und daher die Zeitspanne, während derer individuelle Beiträge geleistet werden, stärker begrenzt ist. Valacich et al. (1995, S. 318ff.) gehen jedoch keinesfalls von unbegrenzt großen Teams aus: Für face-

to-face Teams werden fünf Mitglieder angenommen, die größeren computerunterstützten Teams haben acht bis zehn Mitglieder [vgl. ähnlich auch Mennecke/Brian 1997]. Auch bei Marsden/Mathiyalakan (1999, S. 174) finden sich in einer die Ergebnisse von 19 empirischen Studien gegenüberstellenden Untersuchung keine Hinweise darauf, daß sich beim Einsatz von Groupware die Teamgröße in den oben angenommenen Dimensionen verändert.

Aus Perspektive des Transaktionskostenansatzes wird mit zunehmender Teamgröße auch ein Anwachsen der Teamkomplexität und damit des Koordinationsaufwandes angenommen. Aus dem dann analytisch ermittelbaren „Grenznutzen" zusätzlicher Teammitglieder ergibt sich eine theoretische optimale Teamgröße. Für den Einsatz von Groupware ist festgestellt worden, daß diese unter ceteris paribus Annahme zu einer Erhöhung der Koordinationseffizienz führt (siehe Kapitel 3.2). Ein gegensätzlicher Effekt ergibt sich aus der Virtualität: Die Komplexität des Konzeptes Teamarbeit wird durch die des Konzeptes Virtualität weiter erhöht [vgl. Igbaria/Shayo/Olfmann 1999, S. 33], was bei angenommenen fixem Koordinationsgesamtaufwand eine Reduktion der Teamgröße indiziert. Eine wie oben angenommene drastische Vergrößerung der charakteristischen Teamgröße von virtuellen Teams wäre dann nur aus einer stark dominierenden Wirkung des Groupware-Einsatzes zu erklären.
Aus systemtheoretischer Perspektive ergibt sich ein ähnliches Argumentationsmuster, das einer drastischen Erhöhung der Größe virtueller Teams entgegensteht: Teams sind komplexitätsreduzierend gegenüber ihrer Umwelt, konstituierend sind die Funktionen Grenzbildung und -erhalt. Zunehmende Teamgröße bedingt eine zunehmende Komplexität auch virtueller Teams, woraus bei einer angenommenen Begrenzung der Teamkomplexität auch eine Begrenztheit ihrer Teamgröße resultiert. Die in der Virtualitätskonzeption von Mowshowitz (s.o.) vorgesehene Standardisierung sozialer Kommunikation hat eine komplexitätsreduzierende Funktion. Eine gänzliche Standardisierung der Kommunikationsprozesse entkräftet dann die Argumente für eine Teamgrößenobergrenze virtueller Teams, die jener von face-to-face Teams ähnlich ist. Wie bereits dargelegt, widerspricht Standardisierung jedoch partiell dem Teamkonzept, so daß insgesamt auch für virtuelle Teams die Teamgröße als kritisch betrachtet wird.

4.4.5 Aspekte der Existenzdauer virtueller Teams

Der Aspekt der Existenzdauer bezieht sich auf die Zeitdauer der formalen Institutionalisierung von Teams. Unterscheidet man permanente und temporäre Institutionalisierungen (siehe Kapitel 2), so sind virtuelle Teams mit Hinweis auf das sich aus ihrer Aufgabenbezogenheit ergebende explizite Auflösungskriterium als temporär zu betrachten, was auch kompatibel zu dem zentralen „*Switching-Prinzip*" des Virtualitäts-Konzepts von Mowshowitz steht (s.o.). Die Existenz eines klar definierten Auflösungskriteriums wird auch von Scholz (2002, S. 31) betont.

Unterschiede zwischen virtuellen Teams und face-to-face Teams hinsichtlich ihrer Existenzdauer sind daher insbesondere auf die benötigte Zeit zur Bearbeitung der Teamaufgabe zurückzuführen. So verweisen McGrath/Hollingshead (1994, insbes. S. 70ff.) auf eine Zahl von unterschiedlichen Studien, in denen der Einfluß von Groupware auf die Bearbeitungszeit verschiedener Aufgabetypen durch face-to-face und virtuelle Teams ermittelt wird, wobei vergleichend sowohl Verkürzungen als auch Verlängerungen beobachtet werden, so daß sich hier keine eindeutigen Aussagen treffen lassen. Dieselben Autoren betonen, daß eine ausschließliche Betrachtung der Ausführungszeit einzelner Aufgaben ohnehin nicht genügt, den Aspekt der „Zeit“ in Teams ausreichend zu berücksichtigen, und sprechen hier von der Gefahr der „*overconcentration*“ (S. 70). Vielmehr durchlaufen virtuelle Teams als komplexe soziale Systeme natürliche oder auch durch Interventionsmaßnahmen beeinflußte Entwicklungs- und Veränderungsprozesse, die vollständiger von verschiedenen Theorien der Gruppen- beziehungsweise Teamentwicklung thematisiert werden [vgl. Eberhardt 1998, S. 95ff.].

Ein auch im Kontext der Diskussion virtueller Teams verbreitetes Entwicklungsmodell stellt das „*Group Development Modell*“ von Tuckmann (1965) beziehungsweise Tuckmann/Jensen (1977) dar, das als Vertreter der „*traditionellen Modelle der Gruppenentwicklung*“ [Furst/Blackburn/Rosen 1999, S. 264] ein phasisches Modell ist, dem die Annahme zugrunde liegt, daß sich Gruppen- beziehungsweise Teamentwicklung in einer relativ festen Abfolge einzelner Phasen abspielt, die nacheinander durchlaufen werden müssen [vgl. u.a. Eberhardt 1998, S. 99; Warkentin/Beranek 1999, S. 271; Zur Diskussion im Zusammenhang mit virtuellen Teams siehe u.a. Lipnack/Stamps 1997, S. 140; Caouette/O'Connor 1998, S. 57ff.; Furst/Blackburn/Rosen 1999, S. 264; Duarte/Snyder 1999, S. 179ff.].

Aufbauend auf einer Literaturanalyse unterscheidet Tuckmann (1965) zunächst vier verschiedene Phasen, die Teams demnach relativ unabhängig von Faktoren wie der Mitgliederzusammensetzung, der Aufgabe und anderen Kontextfaktoren (s.o.) durchlaufen und während derer sie sich in regelmäßiger und vorhersagbarer Weise ändern. Eine fünfte Phase ist später zu dem Modell hinzugefügt worden. In jeder Stufe wird jeweils betrachtet, wie sich zum einen die Teamstruktur, beschrieben über das interpersonelle Beziehungsmuster, und zum anderen das aufgabenbezogene Teamverhalten, beschrieben über die Art der Aufgabenbewältigung, verändert:

(1)Die erste Phase, die <u>Forming-Phase,</u> ist dadurch gekennzeichnet, daß die Teammitglieder Verhaltensmuster ausprobieren und sie sich eventuell einem (formalen oder informalen) „Führer“ unterordnen. Die Mitglieder definieren in dieser Phase die Aufgaben, Regeln und Methoden des Teams, das Teamverhalten wird wesentlich durch den Führer determiniert und als *„orientation and testing"* beschrieben.

(2)In der Storming-Phase ereignen sich Intragruppenkonflikte: Die Teammitglieder opponieren mit dem Führer, Meinungen polarisieren sich. Die an das Team gestellten Aufgaben werden emotional abgelehnt.

(3)Teamkohäsion und -normen entstehen in der Norming-Phase. Die Mitglieder akzeptieren gegenseitig ihre Rollen und das gemeinsame Normengefüge (s.o.), wodurch interne Konflikte abgebaut werden. Die Teamaufgabe wird durch Informationsaustausch und Bereitstellung individueller Fähigkeiten und Kenntnisse vorbereitet.

(4)In der Performing-Phase hat das Team seine Struktur gefestigt und widmet sich primär der Aufgabenbearbeitung. Es wird auch von der „Hauptarbeitsphase" gesprochen.

(5)Die Adjourning-Phase, die in der überarbeiteten Version des Modells von 1977 hinzugefügt wird, bezieht sich auf die Auflösung des Teams.

Eine grundlegende Annahme dieses Modells ist, daß sich das soziale und aufgabenbezogene Verhalten eines Teams von Phase eins bis Phase vier zunehmend verbessert und so ein Team, das die ersten drei Phasen schneller durchläuft als ein Vergleichsteam und so schneller in die „Hauptarbeitsphase" gelangt, letzterem gegenüber als effizient anzunehmen ist [vgl. Furst/Blackburn/Rosen 1999, S. 264]. Empirische Studien können die Annahme einer streng phasischen Entwicklung von Teams jedoch nicht generell bestätigen [vgl. u.a. Eberhardt 1999, S. 99]. McGrath/Hollingshead (1994, S. 70) erklären die von ihnen beobachten Fälle, in denen ausschließlich groupware-basiert kommunizierende Teams face-to-face Teams bei der Ausführung bestimmter Aufgaben überlegen waren so, daß hier unter Laborbedingungen in Abhängigkeit von der Aufgabe nicht alle Phasen der Teambildung durchlaufen werden müssen, wobei jedoch dann letztlich fraglich ist, ob die so betrachtete Personenmehrheit ein Team im engeren Begriffsverständnis darstellt, wenn beispielsweise keine teamspezifische Normen- und Identitätsbildung erfolgt.

Im Zusammenhang der CSCW-Forschung wird anstelle des *„Group Development Model"* häufig auch auf das *„Drexler/Sibbet-Team Performace Model"* verwiesen, das als Weiterentwicklung zu betrachten ist und in dem nunmehr sieben verschiedene Phasen unterschieden werden [vgl. u.a. Johansen1992, S. 7; Teufel et al. 1995, S. 56f.; Hohheisel/Renken1997, S. 17; mit direktem Bezug zu virtuellen Teams Warkentin/Beranik 1999, S. 275; siehe auch Darstellung 33]. Eine wichtige Erweiterung besteht darin, daß die einzelnen Phasen nicht zwangsläufig linear durchlaufen werden, sondern daß die Gruppe jeweils phasenspezifische „Gruppenbildungsaufgaben" – die Beantwortung der in der Darstellung 33 wiedergegebenen Fragen - zu erfüllen hat und bei Nichterfüllung in ihrer Entwicklung in die jeweils vorgelagerte Phase zurückfällt. Die „zentrale Frage“ der einzelnen Phasen kann zweckdienliche Hinweise für den jeweilig phasenadäquaten Einsatz von Groupware in virtuellen Teams geben. So legen beispielsweise die Orientierungs- und Vertrauensbildungsphasen den Einsatz reichhaltiger, soziale Kommunikation unterstützender Groupware nahe, während in späteren Phasen zunehmend aufgabenorientierte Applikationstypen oder solche der Systemklasse „gemeinsamer Informationsraum“ zum Einsatz kommen.

Ingesamt zeigen verschiedene Untersuchungen von face-to-face Teams, daß Faktoren wie Zufriedenheit, Aufgabenstrukturierung, Anonymität, Parallelkommunikation und die Existenz einer gemeinsamen „Gruppenhistorie“ mit zunehmender Existenzdauer positiven Einfluß haben, wobei die jeweilige Übertragbarkeit auf virtuelle Teams zwar noch ungeklärt ist [vgl. Qureshi/Vogel 2000, S. 14f.]. Es existieren jedoch starke Anzeichen dafür, daß virtuelle Teams, denen *adäquate Zeit* gegeben wird, ein starkes soziales Beziehungsgefüge und die Kriterien für „echte Gruppen“ entwickeln können [vgl. auch Warkentin/Beranek 1999, S. 274].

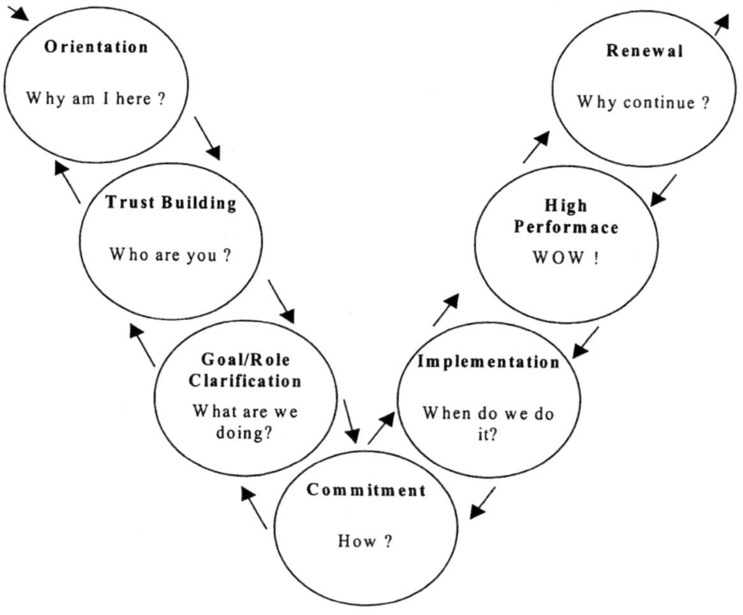

Darstellung 33: Drexler/Sibbet-Team Performace Model modifiziert nach Johansen (1992, S. 7)

4.4.6 Aspekte des Vertrauens in virtuellen Teams

Nimmt der Aspekt „Vertrauen" in der allgemeinen Diskussion virtueller Organisationen bereits eine zentrale Rolle ein, dessen Bedeutung in diesem Zusammenhang beispielsweise dadurch verdeutlicht wird, daß Krystek/Redel/Reppegather (1997, S. 366f.) die „Vertrauensorganisation" als Beispiel und Voraussetzung für virtuelle Organisationen bezeichnen und hier eine – wenn auch selbst von den Autoren als „holzschnittartig" bezeichnete – Gleichsetzung vornehmen [vgl. zur Diskussion von Vertrauen in virtuellen Organisationen im Allgemeinen beziehungsweise speziell in virtuellen Unternehmen u.a. Byrne 1992, S. 36f.; Schrader 1996, S. 61ff.; Holland 1998, S. 53ff.; Picot/Reichwald/Wigand 1998, S. 410f.], so überrascht es nicht, daß auch in Beiträgen, in denen eine Auseinandersetzung mit virtuellen Teams erfolgt, nahezu durchgängig die Bedeutsamkeit von Vertrauen thematisiert wird [vgl. u.a. Handy 1995; Kristof et al. 1995, insbes. S. 242ff.; Lipnack/Stamps 1997; Henry/Hartler 1998; Jarvenpaa/Knoll/Leidner 1998; Jarvenpaa/Shaw 1998; Ishaya/Macaulay 1999; Jackson 1999, insbes. S. 328ff.; Hertel/Konradt 2001, S. 42; Scholz 2002]. Mit Ishaya/Macaulay (1999, S. 141) stellt Vertrauen einen Schlüsselfaktor für die Existenz virtueller Teams dar, und Sjurts (1998, S. 284) faßt die positive Konnotation, die dem Vertrauensbegriff vielfach anhaftet, in der These: „*Kontrolle ist gut, Vertrauen ist besser!*" [ibd.] zusammen.

Die Auseinandersetzung mit Vertrauen als grundlegende Kategorie menschlichen Zusammenlebens findet auf Basis eines breiten, heterogenen und unscharfen Spektrums von Begriffsvarianten statt, deren gemeinsames Grundverständnis darin ausgemacht werden kann, daß Vertrauen dann vorliegt, wenn in einer sozialen Beziehung zwischen eigennutzorientierten Akteuren ein Partner dem anderen eine einseitige Vorleistung erbringt und letzterem so vorübergehende Dispositionsbefugnis über eigene Ressourcen einräumt [vgl. u.a. Jarvenpaa/Shaw 1998, S. 36ff.; Sjurts 1998, S. 285; Krystek/Redel/Reppegather 1997, S. 367f.]. Vertrauen wird hierbei sowohl in bezug auf interpersonale Beziehungen, aber auch in bezug auf Vertrauensverhältnisse gegenüber Institutionen wie Gruppen, Organisationen oder auch Rechtssystemen verwendet. Charakteristisch ist, daß der Vertrauende keine Gewißheit darüber hat, ob die Vertrauensperson oder die Vertrauensinstitution wunschgemäß handelt oder ob sie ihn enttäuscht und derartig handelt, daß ihm ein Schaden entsteht, der in seiner potentiellen Höhe das Vertrauensrisiko bezeichnet. Vertrauensvolles Handeln erfüllt verschiedene Funktionen und ist von unterschiedlichen Faktoren abhängig. So werden folgende vorteilhafte Wirkungen mit Krystek/Redel/Reppegather (1997, S. 369ff.) angenommen: Vertrauen dient der Komplexitätsreduktion, spornt zur Übernahme von Verantwortung an, verbessert die Kommunikation und das Kooperationsverhalten von Gruppen und dient der Reduktion von (Transaktions-)Kosten, da mit vertrauensvollem Verhalten eine Reduktion der Anbahnungs-, Vereinbarungs- und Kontrollkosten angenommen wird [vgl. u.a. auch Picot 1998, S. 272]. Vertrauen innerhalb von Teams läßt sich

als funktionales Äquivalent für Formalisierung begreifen [vgl. Neidhardt 1979, S. 117], an deren Stelle ein häufig nicht konkretisiertes diffuses Gefühl als sozial konstruiertes Phänomen tritt [s.o., vgl. auch Scholz 2002, S. 30].
Als wichtige Einflußfaktoren darauf, ob Individuen sich vertrauensvoll verhalten, nennt Sjurts (1998, S. 286f.) Merkmale der Beziehung wie insbesondere deren Dauer und die hiermit in engem Zusammenhang stehende Wahrscheinlichkeit des „Wiedersehens", die wechselseitigen Abhängigkeiten der Partner voneinander sowie die Interdependenzen von Handlungen und Ergebnis. Weiter sind hier das kulturelle Umfeld, die wechselseitigen subjektiven Einschätzungen der Personen sowie die Selbsteinschätzung des Vertrauenden von Bedeutung [ibd.].
Anhand einiger genannter Einflußfaktoren wird exemplarisch verdeutlicht, weshalb die Bedingungen der Bildung von Vertrauen in virtuellen Teams gegenüber face-to-face Teams zumindest als problematisch angenommen werden [vgl. Jarvenpaa/Shaw 1998]. So ist die „Wahrscheinlichkeit des Wiedersehens" zwischen den Mitgliedern virtueller Teams als geringer anzunehmen als für die Mitglieder von face-to-face Teams. Weiterhin nehmen die wechselseitigen Abhängigkeiten mit zunehmender Standardisierung im Sinne der Konzeption von Mowshowitz (s.o.) ab - allerdings reduziert sich dann mit aufgabenorientiertem Fokus auch deren funktionale Notwendigkeit, und das Teamkonzept wird so zunehmend durch marktnahe Koordinationsmechanismen substituiert [vgl. auch Scholz 2002, S. 27, dort erfolgt eine „eindeutige Zuordnung von virtuellen Teams zum Prinzip des Marktes"]. Weiter beeinträchtigen die tendenziell als kurz angenommene Existenzdauer virtueller Teams durch häufiges „Switching" (s.o.) sowie wiederum der Wegfall unmittelbarer wechselseitiger Wahrnehmung die Intensität des Vertrauens zwischen den Mitgliedern negativ.
Vertrauen stellt vermutlich den am intensivsten diskutierten Partialaspekt virtueller Teams dar, und die breit angelegte Diskussion der Bedeutung wird dahingehend zusammengefaßt, daß es zum einen „wichtig" ist und daß zum anderen gerade in virtuellen Teams der Aufbau besonderen Schwierigkeiten unterworfen ist: *„Although trust is important in any team, it is more essential in a virtual team"* [Ishaya/Macaulay 1999, S. 141, vgl. auch Scherm/Süß 2000, S. 79ff.; Scholz 2002, S. 29 oder Jackson 1999, 328: *„Indeed, some accounts seem to presume that trust will simple develop because it is so important*" - Hervorhebung im Original], und auch wenn Scholz (2002, S. 29) kritisch-juvenalisch resümiert, daß Vertrauen in virtuellen Teams zwar schön *„wie ein Lottogewinn"*, aber unwahrscheinlich *„wie der Weihnachtsmann"* sei (sic!), so wird doch von der Mehrzahl der Autoren (s.o.) daran festgehalten, daß Vertrauen auch in virtuellen Teams - gegebenenfalls in der besonderen Situation angepaßter Form – möglich ist.

Dadurch, daß die Kommunikationsbeziehungen in virtuellen Teams groupwarevermittelt sind, ergibt sich ein weiterer spezifischer Aspekt: Interpersonales Vertrauen in virtuellen Teams ist auch davon abhängig, wieweit die Mitglieder der technischen Zuverlässigkeit, der Leistungsfähigkeit und der Verfügbarkeit der eingesetzten Groupware sowie in die entsprechenden Anwender-Kompetenzen der anderen Teammitglieder vertrauen [vgl. u.a. Krystek/Redel/Reppegather 1997, S. 398f.; Ishaya/Macaulay 1999, S. 149ff.; Jackson 1999, S. 328f.]. Wegen der prinzipiellen Dokumentierbarkeit und Überwachbarkeit jeglicher groupware-vermittelter Kommunikation (s.o.) setzt offener Austausch zwischen den Mitgliedern virtueller Teams voraus, daß sie dahingehendes Vertrauen haben, daß keine Überwachung und Auswertung vertraulicher Kommunikation auf ihnen schädliche Weise erfolgt und daß auch die Mitglieder entsprechenden integeren Umgang mit teambezogenen Kommunikationsinhalten pflegen [vgl. u.a. Krystek/Redel/Reppegather 1997, S. 384ff.]. Die erfolgreiche Anwendung von Groupware-Funktionen, die anonyme Beiträge beispielsweise bei der Bearbeitung von Kreativitätsaufgaben ermöglichen, bedingt dahingehendes Vertrauen der Anwender, daß nicht doch eine Identifikation und Zuordnung einzelner Beiträge erfolgt. Zeigen verschiedene Studien, daß in Situationen anonymisierter Kommunikation zuweilen jedoch auch „bar jeglicher sozialen Kontrolle" kommuniziert wird und Beleidigungen oder Verleumdungen verbreitet werden (die ihrerseits unter Umständen vertrauensschädigend wirken), wie dies in face-to-face Situationen in der Regel nicht geschieht, so verweist dies zum einen auf einen notwendigen Reifegrad der Teammitglieder und auf notwendiges Vertrauen in die Kompetenz des verantwortungsvollen Umganges mit entsprechender Groupware, zum anderen zeigen sich bei dem berechtigten Anspruch, die Identität des Absenders einzelner Beiträge zu offenbaren, Spannungen zwischen dem technisch Möglichem und dem des Systemvertrauens in die Anonymisierfunktion [vgl. zu möglichen Wechselwirkungen zwischen den Aspekten Vertrauen und Groupware-vermittelter Anonymität beispielsweise auch Jackson 1999, S. 329; Gräslund 2001].

4.4.7 Aspekte der Awareness in virtuellen Teams

Die Mitglieder von Teams benötigen Informationen über ihre mittels der oben unterschiedenen Kontextfaktoren Teammitglieder, Teamaufgabe, Organisationsstruktur, Technik und Umsystem beschreibbare Umgebung. Diese Informationen werden als Gruppenwahrnehmung oder – in Anlehnung an den Sprachgebrauch der CSCW-Forschungsgemeinde – als Awareness bezeichnet [vgl. u.a. Dourish/Bellotti 1992, S. 1; Fuchs 1998, S. 7; Groß/Prinz 2000, S. 115f.]. Nach Gutwin/Greenberg (2001, S. 8ff.) ist Awareness prägnant das „*knowing what is going on*" und läßt sich beschreiben als Wissen über die aktuelle Teamumgebung in Abhängigkeit von Zeit und Raum und als Wissen über dessen Veränderungen in der Vergangenheit, wobei Teammitglieder Awareness durch Interaktion und Erforschung der Teamumwelt aufbauen und pflegen. Awareness als Wissen über die Aktivitäten anderer Teammitglieder ermöglicht weiterhin auch Einschätzungen über die Auswirkungen individuellen Verhaltens auf das Teamgeschehen und die Prognose zukünftiger Entwicklungen [vgl. Dourish/Bellotti 1992, S. 1]. Aus einer prozeßorientierten Betrachtungsweise ist Awareness dann gegeben, wenn Akteure erstens Informationen über einzelne Elemente ihrer Umgebung wahrnehmen und hinsichtlich der situativen – beispielsweise aufgabeninduzierten - Relevanz selektieren können, wenn sie zweitens diese Informationen auf Grundlage ihres Erfahrungsschatzes in sinnhafte Bezüge zur Gesamtsituation setzen können und wenn sie drittens hieraus zukünftige Zustände antizipieren können [vgl. Endsley 2000, S. 3f.]. Gutwin/Greenberg (1996) unterscheiden vier Arten von Awareness, die für erfolgreiche Teamarbeit nötig sind: „Informal Awareness", „Social Awareness", „Group structural Awareness" und „Workspace Awareness".

- „Informal Awareness" bezieht sich auf die Wahrnehmung des Aufenthaltsorts anderer Teammitglieder beziehungsweise auf die Wahrnehmung ihrer Anwesenheit an einem gemeinsamen Ort. Mit Verweis auf die systemtheoretische Diskussion der Bedeutungsdimensionen des Kernprinzips Zusammengehörigkeit ist hervorzuheben, daß hier auch die Wahrnehmung ihrer Abwesenheit zu nennen ist (s.o.). Gemeinsames Arbeiten beispielsweise in einem gemeinsamen Büro bedingt per se „Informal Awareness", relevant für die Diskussion von Teamarbeit ist sie deshalb, weil sie spontane und beiläufige Kommunikation zwischen den Teammitgliedern fördert, in der eine der Ursachen für die Leistungsfähigkeit von face-to-face Teams gesehen wird. Um sie auch für virtuelle Teams zu ermöglichen, werden sogenannte Media Spaces wie die oben erwähnten „Video-Wände" als Vertreter von Groupware der Klasse Kommunikation eingesetzt, um „Informal Awareness" in Situationen räumlicher Verteiltheit zu erzeugen.
- „Social Awareness" bezieht sich darauf, welche Informationen Teammitglieder über andere Personen in einer konkreten Situation erhalten wie beispielsweise über deren Aufmerksamkeit, deren emotionalen Status oder deren Interesse an dem aktuellen Thema. Typischer Weise wird „Social Awareness" bei medienvermittelter Kommunikation durch (Desktop-) Video-Konferenzsysteme unterstützt, die – anders als text- oder audiobasierte Systeme – reichhaltige Kommunikation ermöglichen (s.o.).
- „Group structural Awareness" bezieht sich auf Informationen über die Teamstruktur, die Rollenverteilung, sowie über Verantwortungen und Aufgaben- und Kompetenzbereiche innerhalb des Teams. Groupware kann die „Group structural Awareness" in virtuellen Teams fördern, indem entsprechende Informationen beispielsweise in gemeinsamen Informationsräumen (s.o.) expliziert werden.
- „Workspace Awareness" bezieht sich unmittelbar auf Informationen über die gemeinsame Bearbeitung einer Teamaufgabe innerhalb eines gemeinsamen, durch zeitliche und physikalische Gren-

zen umrissenen Arbeitsbereichs. Gutwin/Greenberg (2001, S. 10) definieren sie als *„up-to-the-moment understanding of another person's interaction with the shared workspace"* und identifizieren verschiedene gegenwarts- und vergangenheitsbezogene Elemente der „Workspace Awareness", die in den Darstellungen 34 und 35 wiedergegeben werden.

Category	Element	Specific questions
Who	Presence	Is anyone in the workspace?
	Identity	Who is participating? Who is that?
	Authorship	Who is doing that?
What	Action	What are they doing?
	Intention	What goal is that action part of?
	Artifact	What object are they working on?
Where	Location	Where are they working?
	Gaze	Where are they looking?
	View	Where can they see?
	Reach	Where can they reach?

Darstellung 34: Elemente der "Workspace Awareness" in bezug auf die Gegenwart modifiziert nach Gutwin/Greenberg (2001, S. 15)

Category	Element	Specific questions
How	Action history	How did that operation happen?
	Artifact history	How did this artifact come to be in this state?
When	Event history	When did that event happen?
Who (past)	Presence history	Who was here, and when?
Where (past)	Location history	Where has a person been?
What (past)	Action history	What has a person been doing?

Darstellung 35: Elemente der "Workspace Awareness" in bezug auf die Vergangenheit modifiziert nach Gutwin/Greenberg (2001, S. 15)

Während in face-to-face Situationen Awareness quasi von allein existent ist und die Teammitglieder auf natürliche, spontane und unbewußte Weise in ihrem Verhalten beeinflußt, ist eine spezielle Unterstützung in virtuellen Teams notwendig, jedoch nicht unproblematisch, da nur ein Bruchteil der Informationen, die in einer face-to-face Situation verfügbar sind, durch Groupware vermittelt werden. Daher wird aus Perspektive der CSCW-Forschung untersucht, wie mittels Groupware Awareness in verschiedenen Anwendungssituationen geschaffen werden kann, wobei dann besonders auch technische Probleme thematisiert werden [vgl. Dourish/Bellotti 1992, S. 1; Fuchs 1998, S. 7; Groß/Prinz 2000, S. 115f.].

Über den Aspekt der Awareness erschließen sich bei einer vergleichenden Betrachtung von virtuellen und face-to-face Teams verschiedene potentielle Problembereiche, mit denen sich virtuelle Teams konfrontiert sehen können. Jang/Steinfield/Pfaff (2000, S. 81) identifizieren vier spezifische Felder von „Awareness Defiziten“: Erstens beklagen Mitglieder virtueller Teams häufig generell, daß sie über die Aktivitäten der anderen Mitglieder nicht aktuell informiert sind, was unter anderem durch den für explizites Informieren über den eigenen „aktuellen Zustand“ notwendigen Aufwand – beispielsweise mittels Groupware wie E-Mail- oder Newsgroup-Systemen oder Projektkalendern (s.o.) – begründet wird. Kommunikationsverzögerungen aufgrund von Kommunikation über verschiedene Zeitzonen können dieses Defizit verstärken. Ein zweiter Typ defizitärer Awareness in virtuellen Teams resultiert aus Schwierigkeiten der Mitglieder, Informationen über Erreichbarkeits- und Verfügbarkeitszeiten anderer Mitglieder zu erhalten, weshalb Probleme beobachtet werden, die unter anderem das Planen von Situationen synchroner Kommunikation – virtuellen Sitzungen (s.o.) – betreffen. Verstärkend können hier wieder Teamkompositionen mit Mitgliedern aus verschiedenen Zeitzonen wirken. Drittens werden Probleme aufgrund von individuellen nicht-transparenten unterschiedlichen institutionellen Anforderungen und Regelungen oder viertens aufgrund von individuellen nicht-transparenten unterschiedlichen kulturellen Hintergründen oder unterschiedlichen Bildungs- oder Erfahrungshintergründen beschrieben.

4.4.8 Aspekte der Anonymität in virtuellen Teams

Wechselseitige Wahrnehmung – Awareness – beeinflußt das Verhalten von Teammitgliedern in hohem Maße, da sie in dem Bewußtsein handeln, daß eine jeweilig wechselseitige Bewertung – beispielsweise vor dem Hintergrund des Rollen- und Normengefüges stattfindet (s.o.). Ist dieses für Teams als soziale Systeme insgesamt von großer Bedeutung, so werden in der Gruppenforschung und in der betrieblichen Praxis verschiedene Problembereiche der Teamarbeit wie beispielsweise situative Überbetonung sozio-emotionaler Beziehungsaspekte unter Vernachlässigung des Aufgabenbezuges oder Reduzierung der Kreativität durch Konformitätsdruck beobachtet, denen durch die bewußte Einschränkung der wechselseitigen Wahrnehmung und somit durch bewußte Schaffung von Situationen des Handelns unter der Bedingung der Anonymität begegnet wird. In diesem Sinne bezeichnet Gräslund (2001, S. 114) Anonymität als „Gegenstück zur Awareness“.

Arbeiten auch face-to-face Team ohne Computerunterstützung teilweise beispielsweise bei Abstimmungen oder Kreativitätssitzungen anonym, so wird diesem Aspekt der Teamarbeit besonders im Rahmen der CSCW-Forschung wegen den innewohnenden Möglichkeiten von Groupware Aufmerksamkeit geschenkt, und es werden Möglichkeiten sowie Vor- und Nachteile der Unterstützung von Anonymität durch den Einsatz von Groupware zunächst im Kontext räumlich-zeitlich gemeinsamen, zunehmend jedoch auch im Kontext von getrennten Gruppenarbeitssituationen diskutiert [s.o., vgl. u.a. auch Nunamaker et al. 1991, S. 733f.; Fuchs 1998, S. 66f.; Reif-Mosel 2000, S. 104].
Bei anonymer Kommunikation ist – unter Rückgriff auf das nachrichtentechnische Kommunikationsmodell (s.o.) – eine Nachricht keinem Teammitglied als Sender zuzuordnen, mit Schwabe/Krcmar (1996, S. 210f.) werden „Beitrag und Autor voneinander getrennt". Gräslund (2001, S. 114) bezeichnet durch Groupware erzeugte Anonymität als „technisch vermittelte Anonymität" und unterscheidet diese weiter in „Beitragsanonymität", die dadurch gekennzeichnet ist, daß einzelne Beiträge den ansonsten bekannten Quellen nicht zugeordnet werden können,und in „Prozeßanonymität", bei der auch die Quellen selbst unbekannt sind. Letztere erscheint primär bei der Betrachtung öffentlicher Dienste im Internet (s.o.) relevant, da die Mitglieder virtueller Teams sich per definitionem kennen. Weiterführend unterscheiden Flinn/Maurer (1995) sechs Ebenen technischer Anonymität, von denen insbesondere die Ebene 2, die Ebene der „Identifikation per Pseudonym" erwähnt werden soll (id., S. 36): Identifizieren sich die Mitglieder virtueller Teams unter Pseudonymen, so sind sie hierüber „ansprechbar", d.h., die Bezugnahme auf entsprechende Beiträge wird gegebenenfalls erleichtert, außerdem können von einer Person mehrere Pseudonyme genutzt werden, wodurch es ihr ermöglicht wird, sich beispielsweise mit verschiedenen Ideen zu einem Thema zu äußern oder verschiedene Positionen einzunehmen [vgl. auch Marx 2001].

Im Zusammenhang der Betrachtung virtueller Teams erscheint die Betonung von Anonymität als relevanter Teilaspekt zunächst paradox, da bei der Diskussion eines Großteils der Problembereiche virtueller Teams auf defizitäre Kommunikationsbedingungen und auf konzeptionell bedingte schwach ausgeprägte Beziehungsgefüge und damit eben auf „unzureichende Awareness" beziehungsweise im Sinne der „Gegenstück-Annahme" (s.o.) auf „graduelle Anonymität" rekurriert wird. Sie kann jedoch auch als ein Instrument betrachtet werden, mit dem typischen Problemen der Gruppenarbeit begegnet werden kann.

5 Zusammenfassung und Ausblick

Ziel der vorliegenden Arbeit ist es, der wissenschaftlichen Fundierung der Auseinandersetzung mit virtuellen Teams beizutragen. Ausgangspunkt ist die Feststellung, daß virtuelle Teams als ein im Rahmen des Aufeinandertreffens der organisationalen Veränderungstendenzen Virtualisierung und Teamorientierung auftretendes Phänomen identifiziert werden, das in praxisorientierten Beiträgen mit zuweilen euphorischer Konnotation aufgegriffen wird, während hinsichtlich der wissenschaftlichen Fundierung insbesondere im Rahmen der betriebswirtschaftlichen Diskussion ein Forschungsdefizit ausgemacht wird. Vor diesem Hintergrund sollen und können virtuelle Teams im Sinne einer bezugsrahmenorientierten Vorgehensweise zunächst als komplexe Phänomene durch eine Diskussion und In-Bezug-Setzung der Konzepte „Virtualität" beziehungsweise „Teamorientierung" begrifflich-konzeptionell faßbar und gedanklich manipulierbar gemacht werden. Es zeigt sich, daß virtuelle Teams zum einen im Zusammenhang der Übertragung des Virtualitätskonzeptes auf unterschiedliche Organisationsformen betrachtet werden können, zum anderen auch als Spezialisierungsform der Kleingruppe, wie sie im Kontext des als „Teamorientierung" bezeichneten Trends organisatorischen Wandels thematisiert wird, wobei sich aus den unterschiedlichen konzeptionellen Grundlagen verschiedene Spannungsfelder ergeben, innerhalb derer sie als *„unkonventionelle soziale Konfigurationen"* (vgl. Abschnitt 2.1.1.2) stehen.

Aufbauend auf Hinweisen zu möglichen Weiterentwicklungs- und Konvergenzlinien der Team- und Virtualitätskonzepte, die geeignet erscheinen, zu einer Minderung dieser Spannungen beizutragen zu können, wird in einem nächsten Schritt das heterogene Begriffsverständnis hinsichtlich des Terminus „virtuelles Team" mittels einer Diskussion verschiedener Definitionsvorschläge aus der Literatur aufgezeigt und um eine eigene begriffliche Empfehlung ergänzt. Als virtuell wird ein Team dann bezeichnet, wenn sowohl die aufgabenbezogene wie auch die soziale Kommunikation der Mitglieder informations- und kommunikationstechnisch vermittelt stattfindet und die Mitglieder räumlich wie gegebenenfalls auch zeitlich verteilt sind, wenn die Existenz des Teams mit einer zeitlich befristeten Aufgabe verbunden ist und wenn keine vollständige Zurechenbarkeit individueller Leistungsbeiträge möglich ist. Es wird angesichts der aufgezeigten in der Literatur verbreiteten Tendenz der Trivialisierung des Gruppenbegriffs betont, daß hierbei an der sozialwissenschaftlichen Basiskonzeption des Team- beziehungsweise Kleingruppenkonzeptes, das sich im Kernprinzip der „Zusammengehörigkeit" ausdrückt, festgehalten wird.

Aus Perspektive des Transaktionskosten-Ansatzes als einen ersten möglichen *„Theoriebaustein"* werden virtuelle Teams als alternative organisationale Arrangements insbesondere im Vergleich zu face-to-face Teams diskutiert. Dieser Ansatz ist für eine erste komparative Betrachtung besonders geeignet, weil sich virtuelle Teams und face-to-face Teams fundamental in ihren Informations- und Kommunikationsbedingungen unterscheiden und somit unmittelbar eine von diesem Ansatz fokussierte Untersuchungsvariable betroffen ist, womit insbesondere auch die Wirkpotentiale des Einsatzes entsprechender Technik analytisch gut faßbar sind. Außer Reflexionen zu jeweiligen potentiellen ökonomischen Vor- und Nachteilen, die theoriegestützt eine unter ceteris paribus Bedingung grundsätzlich anzunehmende Effizienz von Teams mit face-to-face Kontakt gegenüber virtuellen Teams aufzeigen, wird auf Anknüpfungspunkte für Überlegungen, unter welchen Bedingungen die Initiierung virtueller Teams indiziert ist, hingewiesen. Weiterhin werden Aspekte des Einsatzes von Informations- und Kommunikationstechnik innerhalb virtueller Teams thematisiert.

Ausgehend von der Kritik am Transaktionskosten-Ansatz, die zeigt, daß aus dieser Perspektive zwar wichtige theoretische Erkenntnisse über virtuelle Teams gewonnen werden können, letztlich jedoch auch weitere, von diesem Ansatz nicht erfaßte Aspekte untersuchungszielbezogene Relevanz aufweisen, wird aus Perspektive einer systemtheoretischen Betrachtung als weiteren möglichen „Theoriebaustein" ein ganzheitlicheres Bild von virtuellen Teams entworfen. Zunächst werden über eine Rekonstruktion der Eigenständigkeit des Systemtypus virtuelle Teams dessen Eigenschaften in Abgrenzung zu virtuellen Interaktionen und virtuellen Organisationen expliziert. Mit Hinweis auf die einleitend aufgezeigte, gelegentlich synonymartige Verwendung der Termini Team und Organisation wird in Konfrontation der Bedeutungsdimensionen des gruppalen Kernprinzips „Zusammengehörigkeit" mit Konzeptaussagen der Virtualitätsentwürfe insbesondere auf eine Unterscheidung verwiesen, die Teams zwar partiell organisationsartige Eigenschaften zugesteht, jedoch auch wesentliche konzeptionelle Unterschiede zu Organisationen aufzeigt: „*A team is an organization in itself, but at the same time it is also part of a larger system*" [Hertog/Tolner 1996, S. 1709]. Entlang der zentralen systemtheoretischen Begriffe Komplexität, Sinn, Grenze, Element und Selbstreferenz wird wiederum unter Verweis auf Virtualitätskonzeptionen und singuläre Literaturaussagen die Konstitution und Rekonstruktion des Systemtypus virtuelle Teams kritisch diskutiert.

Dem Aspekt der Kommunikationsbeziehungen wird sowohl aus Perspektive des Transaktionskosten-Ansatzes als auch aus systemtheoretischer Perspektive große Bedeutung für die Betrachtung virtueller Teams zugemessen, und so werden in einem weiteren Schritt theoretische Grundlagen der Kommunikation in virtuellen Teams erörtert. Kommunikation wird instrumental mit transmissionsorientiertem wie mit psychologischem Fokus und als Symbolvermittlung konzeptualisiert und die jeweiligen Aussagen werden in bezug auf virtuelle Teams kontrastierend zu face-to-face Teams diskutiert. Als mögliche Problembereiche werden hier neben den insbesondere aus der transmissionsorientierten Perspektive festzumachenden technischen Problemen auch potentielle mitgliederbezogene Charakteristika identifiziert. Weiter werden die Notwendigkeit sowie Möglichkeiten und Grenzen der Ausprägung virtueller Teamkultur beziehungsweise teamspezifischen Symbolgebrauchs diskutiert.

Aufbauend auf den theoretischen Beiträgen wird dann Groupware als informations- und kommunikationstechnische Komponente virtueller Teams im Kontext des Forschungsfeldes „*Computer Supported Cooperative Work*" (CSCW) thematisiert, wobei von einer funktionalen Unterscheidung ausgehend mögliche für virtuelle Teams relevante Wirkpotentiale unter Rückgriff auf verschiedene Aspekte der zuvor berücksichtigten theoretischen Perspektiven dargestellt werden. Hierbei werden personale, aufgabenbezogene, organisatorische, technische sowie umweltbezogene Kontextbezüge des Einsatzes von Groupware durch virtuelle Teams unterschieden.

Abschließend erfolgt eine Auseinandersetzung mit einem Katalog ausgewählter Aspekte virtueller Teams insbesondere kontrastierend zu face-to-face Teams auf Basis der zuvor vorgenommenen theoretischen Annäherungen unter Berücksichtigung möglicher Einflußpotentiale von Groupware. Es werden potentielle Besonderheiten beziehungsweise Unterschiede und gegebenenfalls entsprechende Problembereiche aufgezeigt, die auf das Spannungsfeld zwischen Virtualisierung und Teamorientierung verweisen. Hierbei wird zum einen dem Anspruch der Arbeit entsprochen, mögliche zentrale Elemente einer „Theorie virtueller Teams" zu identifizieren, zum anderen wird dem pragmatischen Anspruch Rechnung getragen, indem dem Praktiker Orientierungshilfen mit vorsichtigen Hinweisen auf mögliche Gestaltungs- und Strukturierungsaspekte gegeben werden. Darüber hinaus werden durch die Diskussion und In-Bezug-Setzung von Erkenntnissen, die aus den verschiedenen theoretischen Perspektiven heraus gewonnen werden, einzelne vorgefundene Partialaussagen über virtuelle Teams zumindest in Frage gestellt, womit der kritischen Funktion wissenschaftlichen Arbeitens entsprochen wird, während im Sinne der utopischen Funktion Hinweise und Inspirationen auf zukünftige, derzeitig gegebenenfalls wegen verschiedener Restriktionen nicht realisierter oder nicht realisierbarer Sachverhalte oder Gestaltungsoptionen gegeben werden.

Es bleibt der beinahe obligatorische Hinweis, daß zum einen der Trend der Entwicklung zur Informationsgesellschaft, dessen Abreißen gegenwärtig nicht absehbar ist, unter anderem mit einer zunehmenden Verbreitung des Einsatzes von Informations- und Kommunikationstechnik am Arbeitsplatz wie auch im Privatleben einhergeht und in diesem Zusammenhang heute neuartige Kommunikationsformen wie eben solche, die durch Groupware ermöglicht werden, zukünftig möglicher Bestandteil der Alltäglichkeit sind. Zum anderen bietet die rasende Entwicklung im Bereich der Informations- und Kommunikationstechnik ständig neue Möglichkeiten, deren Einsatzpotentiale auch hinsichtlich ihres Ermöglichungs- und Unterstützungspotentials von virtuellen Teams zu prüfen sind. Weite Teile der hiesigen Überlegungen und Darlegungen können daher zunächst nur eine Momentaufnahme darstellen, die vor dem Hintergrund der aktuellen Situation – den technischen, gesellschaftlichen und organisatorischen Rahmenbedingungen und den bisherigen Erkenntnissen über Arbeitsgruppen beziehungsweise Teams – entstanden ist. Letztlich werden virtuelle Teams als maßgeblich von dem „Einfußfaktor Mensch" geprägt betrachtet, dessen Eigenschaften – beispielsweise Fähigkeiten und Kenntnisse, Gewohnheiten, Bedürfnisse - sich weniger dynamisch wandeln wie die des technischen Umfelds und wie es im Sinne eines Virtualitätskonzepts technisch-rationalen Zuschnitts indiziert wäre. Vor diesem Hintergrund wird davon ausgegangen, daß die Beiträge der theoretischen Fundierung des Konzeptes virtueller Teams ebenso wie die Überlegungen potentieller „Besonderheiten" virtueller Teams kontrastiv zu face-to-face Teams eine „gewisse zeitliche Stabilität" über die Momentaufnahme hinaus haben.

6 Literaturverzeichnis

Ackermann, F.; de Vreede, G. J. (Hrsg.) (1999): *Proceedings of the 1999 EuroGDSS workshop.* Delft.

Afsarmanesh, H.; Camarinha-Matos, L.M. (1997): *Federated Information Management for Cooperative Virtual Organizations.* In: Lecture notes in computer science, Band 13 (1997), Heft 8, S. 561-572.

Alexander, E. R. (1992): *A Transaction Cost Theory of Planning.* In: Journal of the American Planning Association, Band 58 (1992), Heft 2, S. 190-200.

Alexander, M. (1997): *Brief Case-Getting to Grips with the Virtual Organization.* In: Long range planning, Band 30 (1997), Heft 1, S. 122-124.

Allcorn, S. (1997): *Parallel Virtual Organizations: Managing and Working in the Virtual Workplace.* In: Administration & Society, Band 29 (1997), Heft 4, S. 412-439.

Antoni, C. (1996): *Teilautonome Arbeitsgruppen-Ein Königsweg zu mehr Produktivität und einer menschengerechten Arbeit?* Weinheim.

Appel, W. Ph. (1997): *The contribution of multi-media communication systems on the formation and work of Virtual Organisations.* In: Proceedings of IT-Vision-European Conference on Virtual Enterprises an Networked Solutions (1997), Paderborn.

Appel, W. Ph.; Behr, R. (1996): *Towards the theory of Virtual Organisations: A description of their formation and figure.* Arbeitspapiere WI, Nr. 12/1996 des Lehrstuhls für Allg. BWL und Wirtschaftsinformatik, Johannes Gutenberg-Universität, Mainz.

Arnold, O.; Faisst, W.; Härtling. M.; Sieber, P. (1995): *Virtuelle Unternehmen als Unternehmenstyp der Zukunft?* Arbeitspapier "Informations-und Kommunikationssysteme als Gestaltungselement Virtueller Unternehmen", Nr. 2/1995, Universitäten Bern, Leipzig, Erlangen-Nürnberg.

Arnold, O.; Härtling, M. (1995): *Virtuelle Organisation: Begriffsbildung und -diskussion.* Arbeitspapier "Informations-und Kommunikationssysteme als Gestaltungselement Virtueller Unternehmen", Nr. 3/1995, Universitäten Bern, Leipzig, Erlangen-Nürnberg.

Avison, D.; Fitzgerald, G. (1999): *Editorial zum Sonderheft "Virtual Teamworking".* In: Information System Journal, Band 9 (1999), Heft 4, S. 243.

Baecker, R. M. (1993): *Preface.* In: Baecker, R. M. (Hrsg.) (1993): Readings in groupware and computer-supported cooperative work assisting human-human collaboration. San Francisco.

Baecker, R. M. (Hrsg.) (1993): *Readings in groupware and computer-supported cooperative work assisting human-human collaboration.* San Francisco.

Bair, J. H. (1989): *Supporting Cooperative Work with Computers: Addressing Meeting Mania.* In: Proceedings of the 34th IEEE Computer Society (1989). San Francisco. S. 208-217.

Bannon, L. J.; Schmidt, K. (1991): *CSCW: Four Charakters in Search of a Context.* In: Baecker, R. M. (Hrsg.) (1993): Readings in groupware and computer-supported cooperative work assisting human-human collaboration. San Francisco.

Barnatt, C. (1995): *Office Space, Cyberspace and Virtual Organization.* In: Journal of General Management, Band 20 (1995), Heft 4, S. 78-91.

Barnatt, C. (1997): *Virtual Organisation in the Small Business Sector: The Case of Cavendish Management Resources.* In: International Small Business Journal, Jg. 15, Bd. 4, S. 36-47.

Bartölke, K. (1992): *Teilautonome Arbeitsgruppen.* In: Frese, E. (Hrsg.) (1992): Handwörterbuch der Organisation, 3. Auflage. Stuttgart. Sp. 2384-2399.

Bartsch-Beuerlein, S.; Klee, O. (2001): *Projektmanagement mit dem Internet: Konzepte und Lösungen für virtuelle Teams.* München, Wien.

Becker, F. (1992): *Grundlagen betrieblicher Leistungsbeurteilungen.* Stuttgart.

Becker, T. E. (1998): *Integrity in Organizations: Beyond Honesty and Conscientiousness.* In: Academy of Management Review, Band 23 (1998), Heft 1, S. 154-161.

Beckschulze, M. (2001): *Der Einfluss des Internets auf das Arbeitsrecht.* In: Der Betrieb, 2001, Heft 27/28, S. 1491-1506.

Belbin, R. (1981): *Management Teams. Why they succeed or fail.* Oxford u.a.

Bellan, J. M.; Scheurman, G. (1998): *Actual and Virtual Reality: Making the Most of Field Trips.* In: Social education, Band 62 (1998), Heft 1, S. 35-40.

Benjamin, R.; Wigand, R. (1995): *Electronic Markets and Virtual Value Chains on the Information Superhighway.* In: Sloan Management Review, Band 36 (1995), Heft 2, S. 62-72.

Bertalanffy, L. von (1968): *General System Theory: Foundations, development, application.* New York.

Bleecker, S. E. (1994): *The Virtual Organization.* In: The Futurist, Band 27 (1994), Heft 2, S. 9-12.

Bleicher, K. (1996): *Neue Arbeits-und Organisationsformen: Der Weg zum virtuellen Unternehmen.* In: OM: Office-Management 1996, Heft 1/2, S. 10-15.

Blumstengel, A. (1998): *Entwicklung hypermedialer Lernsysteme.* Diss. Uni Paderborn. Auch über: http://dsor.uni-paderborn.de/organisation/blum_diss (11.01.2001).

BMBF (1998): *Telearbeit-Definition, Potential und Probleme: BMBF-Studie.* http://www.iid.de/informationstechnik/telearbeit/bmbf_studie/index.html (Stand: 03.08.1998).

Boos, M.; Jonas, K. J.; Sassenberg, K. (Hrsg.) (1999): *Computervermittelte Kommunikation in Organisationen.* Göttingen u.a.

Börner, A. (1998): *Kommunikationsmanagement: Theoretische Bestandsaufnahme und Ansätze zur Weiterentwicklung.* Bayreuth.

Bornschein-Grass, C. (1995): *Groupware und computergestützte Zusammenarbeit.* Wiesbaden.

Bostrom, R. P.; Watson, R. T.; Kinney, S. T. (Hrsg.) (1992): *Computer augmented teamwork-a guided tour.* New York.

Briggs, R. O.; Nunamaker, J. F. (1994): *Getting a Grip on Groupware.* In: Lloys, P. (Hrsg.) (1994): Groupware in the 21st Century. London.

Brill, A. (2000): *Paradoxe Kommunikation im Netz: Zwischen virtueller Gemeinschaft, Cyberspace und virtuellen Gruppen.* In: Thiedeke, U. (Hrsg.) (2000): Virtuelle Gruppen: Charakteristika und Problemdimensionen. Opladen. S. 94-112.

Brill, A.; Vries, M. de (Hrsg.) (1998): *Virtuelle Wirtschaft: virtuelle Unternehmen, virtuelle Produkte, virtuelles Geld und virtuelle Kommunikation.* Opladen.

Bruns, W (1996): *Grasping, Communicating, Understanding: Connecting Reality and Virtuality.* In: AI & Society: The journal of human and machine, Band 10 (1996), Heft 1, S. 6-14.

Brütsch, D.; Frigo-Mosca, F. (1996): *Virtuelle Organisation in der Praxis.* In: io Management Zeitschrift+J176, Band 65 (1996), Heft 9, S. 33-35.

Bühl, A. (2000): *Die virtuelle Gesellschaft des 21. Jahrhunderts-Sozialer Wandel im digitalen Zeitalter, 2. Auflage.* Wiesbaden.

Bühner, R. (1994): *Betriebswirtschaftliche Organisationslehre, 7. Auflage.* München, Wien.

Bühner, R. (1998): *Mitarbeiterführung als Qualitätsfaktor.* München, Wien.

Bühner, R.; Tuschke, A. (1999): *Organisation-Entwicklungstendenzen und Zukunftsperspektiven.* In: Die Unternehmung, Band 53 (1999), Heft 6, S. 449-464.

Bull, G.; Garofalo, J.; Sigmon, T. (1998): *Virtual Conferences.* In: Computing teacher, 1998, S. 36-39.

Bullen, C.; Bennett, J. L.(1990): *Learning from User Experience With Groupware.* In: Proceedings of the CSCW90. Los Angeles. S. 291-302.

Bultje, R.; van Wiek, J. (1998): *Taxonomy of Virtual Orgaisations, based on definitions, characteristics and typology.* In: Virtual-Organization.net-Newsletter; Band 2 (1998), Heft 3, S. 7-20; http://www.virtual-organization.net.

Büschken, J (1999): *Virtuelle Unternehmen-die Zukunft?* In: DBW: Die Betriebswirtschaft, Band 59 (1999), Heft 6, S. 778-791.

Byrne, J. A. (1993): *The futurists who fathered the ideas.* In: Business Week, 08. Feb. 1993, S. 41.

Byrne, J. A.; Brandt, R.; Port, O. (1993): *The Virtual Corporation.* In: Business Week, 08. Feb. 1993, S. 36-40.

Caouette, M. J.; O'Connor, B. N. (1998): *The Impact of Group Support Systems on Corporate Teams' Stages of Development.* In: Journal of Organizational Computing and Electronic Commerce, Band 8 (1998), Heft 1, S. 57-81.

Carnap, R. (1959): *Introduction to semantics.* Cambridge.

Carroll, L. A. (1999): *Distributed Mission Training: Teams, Virtual Reality, and Real-Time Networking-Multimodal Integrated Team Training.* In: CACM: Communications of the ACM, Band 42 (1999), Heft 9, S. 68-71.

Chang, S. K. (Hrsg.) (1984): *Management of Office Information Systems.* New York.

Chesbrough, H. W.; Teece, D. J. (1996): *When Is Virtual Virtuous? Organizing For Innovation.* In: Harvard Business Review, Band 74 (1996), Heft 1, S. 65-74.

Chidambaram, L.; Jones, B. (1993): *Impact of Communication Medium and Computer Support on Group Perceptions and Performace: A Comparison of fact-to-Face and Dispersed Meetings.* In: MIS Quarterly, Band 17 (1993), Heft 4, S. 465-491.

Chiesa, V.; Manzini, R. (1997): *Managing virtual R&D organizations: Lessons from the pharmaceutical industry.* In: International journal of technology management, Band 13 (1997), Heft 3, S. 471-485.

Chmielecz, K. (1994): *Forschungskonzeptionen der Wirtschaftswissenschaft, 3. Auflage.* Stuttgart.

Claessens, D. (1983): *Die Gruppe unter innerem und äußerem Organisationsdruck.* In: KZfSS: Kölner Zeitschrift für Soziologie und Sozialpsychologie-Sonderheft 25 (1983)-Gruppensoziologie, S. 484-496.

Coase, R.H. (1937): *The Nature of The Firm.* In: Economia, Nr. 4, 1937, S. 386-405.

Cohen, S. G. (1994): *Designing effective self-managing work teams.* In: Beyerlein, M. M.; Johnson, D. A. (Hrsg.) (1994): Advances in interdisciplinary studies of work teams: Theories of self-managed work-teams. London. S. 71-102.

Cohen, S. G. (1997): *On Becoming Virtual.* In: Training & Development, Band 51 (1997), Heft 5, S. 30-37.

Cohen, S. G.; Mankin, D. (1998): *The Changing Nature of Work.* In: Mohrman, S. A.; Galbraith, J. R.; Lawler III E. E. (Hrsg.) (1998): Tomorrow's Organization. San Francisco/Ca. S. 154-178.

Comelli, G.; Rosenstiel, L. von (1995): *Führung durch Motivation*. München.

Contractor, N. S.; Seibold, D. R. (1993): *Theoretical Frameworks for the Study of Structuring Processes in Group Decision Support Systems-Adapitive Structuration Theory and Self-Organizing Systems Theory.* In: Human Communication Research, Band 19 (1993), Heft 4, S. 528-563.

Cortes, M. (1994): *CSCW Survey: Concepts, Applications and Programming Tools.* Arbeitspapier, Department of computer science, State University New York.

Coutu, D. L. (1998): *Organization: Trust in Virtual Teams-Review of: Is Anybody Out There?* In: Harvard Business Review, Band 76, (1998), Heft 3, S. 20-22.

Cross, R. L.; Yan, A.; Louis, M. R. (2000): *Boundary activities in 'boundaryless' organizations: A case study of a transformation to a team-based structure.* In: Human Relations, Band 53 (2000), Heft 6, S. 841-868.

Crott, H. (1979): *Soziale Interaktion und Gruppenprozesse.* Stuttgart u.a.

Crowston, K. (1997): *A Coordination Theory Approach to Organizational Process Design.* In: Organization Science, Band 8 (1997), Heft 2, S. 157-175.

Daft, R. L. (1983): *Symbols in Organizations: A Dual-Content Framework for Analysis.* In: Pondy, L. R. et al. (Hrsg.) (1983): Organizational Symbolism. London. S. 199-206.

Daft, R. L. (1995): *Organization Theory and Design, 5. Ed.* Minneapolis/St. Paul u.a.

Daft, R. L.; Lengel, R. H. (1986): *Organizational Information Requirements, Media Richness and Structural Design.* In: Management Science, Band 32 (1986), Heft 5, S. 554-571.

Davidow, W. H.; Malone, M. S. (1992): *The Virtual Corporation: Structuring and Revitalizing the Corporation for the 21st Century.* New York.

Davidow, W. H.; Malone, M. S. (1997): *Das virtuelle Unternehmen, 2. Auflage.* Frankfurt/Main.

Dennis, A. R.; Pootheri, S. K.; Natarajan, V. L. (1998): *Lessons from the early adopters of web groupware.* In: JMIS: Journal of Management Information Systems, Band 14 (1998), Heft 4, S. 65-86.

Derszteler, G. (2000): *Prozeßmanagement auf Basis von Workflow-Systemen: ein integrierter Ansatz zur Modellierung, Steuerung und Überwachung von Geschägtsprozessen.* Köln.

DeSanctis, G.; Jackson, B. M. (1994): *Coordination of Information Technology Management-Team Based Structures and Computer-Based Communication Systems.* In: JMIS: Journal of Management Information Systems, Band 10 (1994), Heft 4, S. 85-110.

Deutsch, M. (1976): *Konfliktregelung: Konstruktive und destruktive Prozesse*. München, Basel.

Dodson, W. R. (1998): *Virtually International-Managing Globalized Project Teams*. In: PM Network, Band 12 (1998), Heft 4, S. 29-32.

Dollhausen, K.; Wehner, J. (2000): *Virtuelle Gruppen: gesellschafts- und medientheoretische Überlegungen zu einem neuen Gegenstand soziologischer Forschung*. In: Thiedeke, U. (Hrsg.) (2000): Virtuelle Gruppen: Charakteristika und Problemdimensionen. Opladen. S. 74-93.

Dombrowski, T. (2000): *Gruppenarbeit und Entgeltsysteme: Ein Beitrag zur Untersuchung der Wirkung von Entgeltsystemen auf die Personaleinsatzflexibilität*. München, Mering.

Döring, N. (1999): *Sozialpsychologie des Internet*. Göttingen u.a.

Döring, N.; Schestag, A. (2000): *Soziale Normen in virtuellen Gruppen: Eine empirische Untersuchung am Beispiel ausgewählter Chat-Channel*. In: Thiedeke, U. (Hrsg.) (2000): Virtuelle Gruppen: Charakteristika und Problemdimensionen. Opladen. S. 355-392.

Dourish, P. (1994): *A Divergence-Based Model of Synchrony and Distribution in Collaborative Systems*. Arbeitspapier Ranx Xerox EuroParc, Cambridge.

Dourish, P.; Bellotti, V. (1992): *Awareness and Coordination in Shared Workspaces*. In: Proceedings ACM Conference on Computer-Supported Cooperative Work CSCW'92 (Toronto, Ontario), New York.

Dourish, P.; Bly, S. (1992): *Portholes: Supporting Awareness in a Distributed Work Group*. In: Baecker, R. M. (Hrsg.) (1993): Readings in groupware and computer-supported cooperative work assisting human-human collaboration. San Francisco. S. 809-815.

Drexler, A. B.; Sibbet, D.; Forrester, R. H. (1988): *The Team Perfomance Modell*. In: Reddy, W. B.; Jamison, K. (Hrsg.) (1988): Blueprints for Productivity and Satisfaction. Alexandria.

Drumm, H.-J. (1998): *Virtualität in Organisation und Personalmanagement*. In: zfo: Zeitschrift Führung + Organisation, Band 67 (1998), Heft 4, S. 196-200.

Drumm, H.-J. (1996): *Das Paradigma der Neuen Dezentralisation*. In: DBW: Die Betriebswirtschaft, Band 56 (1996), Heft 1, S. 7-20.

Duarte, D. L.; Snyder, N. T. (1999): *Mastering Virtual Teams*. San Francisco.

Dunette, I.; Hough, M. D. II. (Hrsg.) (1990a): *Handbook of industrial and organizational psychology, Vol. 1*. Palo Alto.

Dunette, I.; Hough, M. D. II. (Hrsg.) (1990b): *Handbook of industrial and organizational psychology, Vol. 2*. Palo Alto.

Dunette, I.; Hough, M. D. II. (Hrsg.) (1990c): *Handbook of industrial and organizational psychology, Vol. 3*. Palo Alto.

Dyer, W. G. (1995): *Team Building, 3. Auflage*. Reading, Ms. u.a.

Eberhardt (1998): *Kleingruppenorientiertes Projektmanagement*. München, Mering.

Ebers, M.; Gotsch, W. (1999): *Institutionenökonomische Theorien der Organisation*. In: Kieser, A. (Hrsg.) (1999): Organisationstheorien, 3. Auflage. Stuttgart, Berlin, Köln. S. 199-251.

Eckert, R. (1996): *Innovationen in organisierten Sozialsystemen: Technikgenese in der Perspektive der neueren Systemtheorie*. Diss., Dortmund.

Eherlich, K. (1998): *Designing Groupware Applications: A Work-Centered Design Approach: Lotus-Technical Report 98-01*. Cambridge.

Eicher, J. P. (1997): *Post-Heroic Leadership: Managing the Virtual Organization*. In: Performance & Instruction, Band 36 (1997), Heft 2, S. 5-10.

Eisenhardt, K. M.; Kahwajy, J. L.; Bourgeois Ill, L. J. (1997): *How Management Teams can have a good fight*. In: Harvard Business Review, Band 75 (1997), Heft 4, S. 77-85.

Elgass, P.(1996): *Teambasierte Geschäftsplanung*. Diss. Univ. Hohenheim, Wiesbaden.

Ellis, C. A.; Gibbs, S. J.; Rein, G. L. (1991): *Groupware: Some Issues and Experiences*. In: CACM: Communications of the ACM, Band 34 (1991), Heft 1, S. 38-58.

Endsley, M. R. (2000): *Theoretical underpinnings of situation awareness: A critical review*. In: M. R. Endsley & D. J. Garland (Eds.): Situation awareness analysis and measurement. Mahwah, NJ: LEA. auch über: http://www.satechnologies.com/Papers/pdf/SATheory-chapter.pdf (14.03.2002).

Engelbart, D.; Lehtman, H. (1988): *Working Together*. In: BYTE, Dez. 1988, S. 245-252.

Engeström, Y.; Middleton, D. (Hrsg.) (1996): *Cognition an communication at work*. Cambridge.

Englberger, H. J. (2000): *Kommunikation von Innovationsbarrieren: eine interaktive Diagnose in telekooperativen Reorganisationsprozessen*. Wiesbaden.

Englberger, H. J. (2000b): *Funktionalität, Ökonomie und Akzeptanz-Zu den Innovationsbarrieren bei der Projektierung verteilten Arbeitens*. In: Schlichter, J.; Reicwald, R. (Hrsg.) (2000): Verteiltes Arbeiten-Arbeit der Zukunft, Tagungsband der D-CSCW 2000. Stuttgart. S. 77-90.

Eom, S. B.; Lee, C. K. (1999): *Virtual Teams: An Information Age Opportunity for Mobilizing Hidden Manpower*. In: SAM advanced management journal, Band 64 (1999), Heft 2, S. 12-15.

Erben, R. F.; Däfler, M.-N. (1998): *Chancen und Risiken der Telearbeit*. In: Wirtschaftsinformatik, Band 40 (1998), Heft 3, S. 191-199.

Faisst, W. (1995): *Welche IV-Systeme sollte ein Virtuelles Unternehmen haben.* Arbeitspapier "Informations-und Kommunikationssysteme als Gestaltungselement Virtueller Unternehmen", Nr. 1/1995, Universitäten Bern, Leipzig, Erlangen-Nürnberg.

Faisst, W. (1997): *Information Technology as an Enabler of Virtual Enterprises: A Life-cycle-oriented Description.* Proceedings of IT-Vision-European Conference on Virtual Enterprises an Networked Solutions (1997), Paderborn.

Faucheux, C. (1997): *How Virtual Organizing Is Transforming Management Science.* In: CACM: Communications of the ACM, Band 40 (1997), Heft 9, S. 50-55.

Ferrán-Urdaneta, C. (1999): *Teams or communities? Organizational structures for knowledge management.* In: Prasad, J. (Hrsg.) (1999): Proceedings of the 1999 Acm Sigcpr Conference. New York. S. 128-134.

Fink, D. H. (1998): *Virtuelle Unternehmensstrukturen: strategische Wettbewerbsvorteile durch Telearbeit und Telekooperation.* Wiesbaden.

Fischer, S. (1997): *Management in virtuellen Organisationen: Virtuelle Unternehmen brauchen einen Fixpunkt.* In: Gablers Magazin, Band 10 (1997), Heft 3, S. 16-19.

Fittkau, B.; Müller-Wolf, H. M.; Schulz von Thun, F. (Hrsg.) (1994): *Kommunizieren lernen (und umlernen), 7. Auflage.* Aachen-Hahn.

Flinn, B., Maurer, H. (1995): *Levels of Anonymity.* In: Journal of Universal Computer Science, Band 1 (1995), Heft 1, 35-47.

Frank, U. (1998): *Wissenschaftstheoretische Herausforderungen in der Wirtschaftsinformatik.* In: Gerum, E. (Hrsg.) (1998): Innovationen in der Betriebswirtschaftslehre: Tagung der Kommission für Wissenschaftstheorie. Wiesbaden. S. 101ff.

Frese, E. (Hrsg.) (1992): *Handwörterbuch der Organisation, 3. Auflage.* Stuttgart.

Friedrich, C. (1998): *Auswirkungen von Telearbeit auf kulturbewußte Führung.* In: zfo: Zeitschrift Führung + Organisation, Band 67 (1998), Heft 4, S. 207-212.

Frigo-Mosca, F.; Brütsch, D.; Tettamanti, S. (1996): *Organisationskonzepte-Vorwärts zur virtuellen Organisation.* In: OM: Office-Management 1996, Heft 9, S. 46-50.

Fritz, W. (2001) (Hrsg): *Internet-Marketing, 2. Auflage.* Wiesbaden.

Fritz, M. B.; Manheim, M. L.(1998): *Managing Virtual Work: A Framework for Managerial Action.* In: Sieber, P.; Griese, J. (Hrsg.) (1998): Organizational Virtualness: Proceedings of the international VoNet-Workshop. Bern. S. 123-136.

Fröhlich, D. (1983): *Machtprobleme in teilautonomen Arbeitsgruppen.* In: KZfSS: Kölner Zeitschrift für Soziologie und Sozialpsychologie-Sonderheft 25 (1983)-Gruppensoziologie, S. 532-551.

Fuchs, L. (1998): *Situationsorientierte Unterstützung von Gruppenwahrnehmung in CSCW-Systemen*. Sankt Augustin.

Fulk, J.; Schmitz, J.; Steinfield, C.W. (1990): *A social influence model of technology use*. In: Fulk, J.; Steinfield, C. (Hrsg.) (1990): Organizations and communication technology. Newbury Park. S. 117-140.

Furst, S.; Blackburn, R.; Rosen, B. (1999): *Virtual team effectiveness: A proposed research agenda*. In: ISF: Information Systems Journal, Band 9 (1999), Heft 4, S. 249-270.

Galegher, J.; Kraut, R. (1990): *Technology for Intellectual Teamwork: Perspectives on Research and Design*. In: Galegher, J.; Kraut, R. E.; Egido, C. (Hrsg.) (1990): Intellectual teamwork: social and technological foundations of cooperative work. Hillsdale, NJ. S. 1-20.

Galegher, J.; Kraut, R. E.; Egido, C. (Hrsg.) (1990): *Intellectual teamwork: social and technological foundations of cooperative work*. Hillsdale, NJ.

Gallegos F.; Powell S. R. (1997): *Telecommunications Networks in Virtual Corporations*. In: IS Audit & Control Journal, (1997), Heft 3 S. 26-28.

Gappmaier, M.; Heinrich, L. J. (1992): *Computerunterstützung kooperativen Arbeitens (CSCW)*. In: Wirtschaftsinformatik, Band 34 (1992), Heft 3, S. 340-343.

Gassmann, O.; Boutellier, R. (1997): *Informationstechnologien in virtuellen F&E-Teams*. In: Technologie & Management, Band 46 (1997), Heft 4, S. 28-31.

Gaugler, E.; Weber, W. (Hrsg.) (1992): *Handwörterbuch des Personalwesens, 2. Auflage*. Stuttgart.

Gebert, D. (1992): *Arbeitsgruppe*. In: Gaugler, E.; Weber, W. (Hrsg.) (1992): Handwörterbuch des Personalwesens, 2. Auflage. Stuttgart. Sp. 120-129.

Gebert, D.; Rostenstiel, L. v. (1992): *Organisationspsychologie: Person und Organisation, 3. Auflage*. Stuttgart, Berlin, Köln.

Geist, M.-R.; Popp, H. (1998): *Virtual Reality (VR)-Anwendungssysteme zur Verkaufsunterstützung*. In: Wirtschaftsinformatik, Band 40 (1998), Heft 1, S. 33-38.

Gemünden, H. G.; Högl, M. (1998): *Teamarbeit in innovativen Projekten: Eine kritische Bestandsaufnahme der empirischen Forschung*. In: ZfP: Zeitschrift für Personalforschung, Band 12 (1998), Heft 3, S. 277-301.

George, J. A. (1996): *Virtual Best Practice*. In: Teams Magazine, November 1996, S.38-45.

Gerum, E. (Hrsg.) (1998): *Innovationen in der Betriebswirtschaftslehre: Tagung der Kommission für Wissenschaftstheorie*. Wiesbaden.

Goecke, R. (1997): *Kommunikation von Führungskräften*. Wiesbaden.

Goldman, S. L.; Nagel, R. N.; Preiss, K.; Warnecke, H.-J.(1996): *Agil im Wettbewerb.* Heidelberg.

Gora, W. (1996): *An der Schwelle zur Informationsgesellschaft.* In: Gora, W. (Hrsg.) (1996): Auf dem Weg zum virtuellen Unternehmen-Konsequenzen der Dezentralisierung. Köln. S. 19-26.

Gora, W. (Hrsg.) (1996): *Auf dem Weg zum virtuellen Unternehmen-Konsequenzen der Dezentralisierung.* Köln.

Gora, W.; Meinders, R. (1996): *Erfolgsschlüssel zur Virtualisierung von Organisationen.* In: Gora, W. (Hrsg.) (1996): Auf dem Weg zum virtuellen Unternehmen-Konsequenzen der Dezentralisierung. Köln. S. 37-52.

Gorton, I.; Motwani, S. (1996): *Issues in co-operative software engineering using globally distributed teams.* In: Information and Software Technology, Band 38 (1996), Heft 10, S. 647-655.

Gräslund, K. (2001): *Anonymitätseffekte bei Groupware-Nutzung – Eine strukturationstheoretische empirische Analyse.* Wiesbaden.

Greenbaum, J. (1988): *In Search of Cooperation: An Historical Analysis of Work Organization and Management Strategies.* Proceedings of CSCW 1988 Conference. New York. S. 102 – 114.

Greenberg, S. (1989): *The 1988 Conference on Computer.Supported Cooperative Work: Trip Report.* In: ACM SIGCHI Bulletin, Band 20 (1989), Heft 5, S. 49-55.

Greenberg, S. (1991): *Personalizable Groupware: Accomodating individual roles and group differences.* In: Proceedings of the European Conference of Computer Supported Cooperative Work; Amsterdam; S. 17-32.

Greif, I. (1988): *Computer Supported Cooperative Work-A Book of Readings.* San Mateo, CS.

Grochla, E. (1982): *Grundlagen der organisatorischen Gestaltung.* Stuttgart.

Grudin, J. (1988): *Perils and Pitfalls.* In: BYTE, Dez. 1988, S. 261-264.

Grudin, J. (1990): *Groupware and Cooperative Work: Problems and Prospects.* In: Baecker, R. M. (Hrsg.) (1993): Readings in groupware and computer-supported cooperative work assisting human-human collaboration. San Francisco. S. 97-105.

Grudin, J. (1991): *CSCW: An Introduction.* In: CACM: Communications of the ACM, Band 34 (1991), Heft 1, S. 30-34.

Guss, C. L. (1996): *Managing When People are a Commons Dilemma.* In: Working Paper, The University of Calgary, Project Management Specialization; Department of Civil Engeneering, Calgary, Alberta; auch: http://www.acs.ucalgary.ca/-clguss/cpool96.html.

Guss, C. L. (1998): *The Virtual Project Environment and success-research and results.* In: Virtual-Organization.net-Newsletter; Band 2 (1998), Heft 3; S. 21-29; http://www.virtual-organization.net.

Gutwin, C.; Greenberg, S. (2001): *A Descriptive Framework of Workspace Awareness for Real-Time Groupware-Computer Supported Cooperative Work.* Kluwer Academic Press.

Guzzo, R. A.; Salas, E. and Assoc. (Hrsg.) (1995): *Team effectiveness and decision making in organizations*. San Francisco.

Guzzo, R. A.; Shea, G. P. (1990): *Group Performance and Intergroup Relations in Organizations*. In: Dunette, I.; Hough, M. D. II. (Hrsg.) (1990c): Handbook of industrial and organizational psychology, Vol. 3. Palo Alto. S. 269-313.

Haberstock, P. (2000): *Executive Information Systems und Groupware im Controlling: Integration durch das prozessorientierte Team-Controllingsystem (ProTeCos)*. Wiesbaden.

Hackert, B. (1999): *Kooperation in Arbeitsgruppen-Bausteine einer ökonomischen Analyse.* Berlin.

Hackmann, J. R. (1990): *Group Influences on Individual in Organizations*. In: Dunette, I.; Hough, M. D. II. (Hrsg.) (1990c): Handbook of industrial and organizational psychology, Vol. 3. Palo Alto. S. 199-267.

Hahn, D.; Kaufmann, L. (Hrsg.) (1999): *Handbuch internationales Beschaffungsmanagement.* Wiesbaden.

Hahne, A. (1998): *Kommunikation in der Organisation-Grundlagen und Analyse-ein kritischer Überblick*. Opladen.

Hammer, M.; Champy, J. (1993): *Reengineering the corporation*. New York.

Handy, C. (1995): *Trust and The Virtual Organization*. In: Harvard Business Review, Band 73 (1995), Heft 3, S. 40-54.

Hansen, H. R. (2001): *Wirtschaftsinformatik-Grundlagen der betrieblichen Informationsverarbeitung, 8. Auflage.* Stuttgart.

Harrison, D. A.; Price, K. H.; Bell, M. P. (1998): *Beyond relational demography: Time and the effects of surface-and deep-level diversity on work group cohesion*. In: Academy of Management Journal, Band 41 (1998), Heft 1, S. 96-107.

Härtling, M. (1996): *Führungsinformationssysteme zur Unterstützung des Managements Virtueller Unternehmen.* Arbeitspapier "Informations-und Kommunikationssysteme als Gestaltungselement Virtueller Unternehmen", Nr. 9/1996, Universitäten Bern, Leipzig, Erlangen-Nürnberg.

Healey, P. (1992): *A Planner's day: Knowledge and Action in Communicative Practise.* In: Journal of the American Planning Association, Band 58 (1992), Heft 2, S. 9-20.

Heckman, R. (1998): *Planning to Solve the "Skills Problem" in the Virtual Information Management Organization*. In: International Journal of Information Management, Band 18 (1998), Heft 1, S. 3-16.

Heinatz, G. (1995): *Computer Supported Cooperative Work (CSCW)*. In: WiSt: Wirtschaftswissenschaftliches Studium, Band 25 (1995), Heft 3, S. 148-150.

Heinecke, A. (1992): *Die Applikationsmöglichkeiten von Expertensystemen in den funktionalen Bereichen der Personalwirtschaft*. Aachen.

Heinrich, L. J. (1996): *Informationsmanagement: Planung, Überwachung und Steuerung der Informationsinfrastruktur, 5. Auflage*. München, Wien.

Helfert, G. (1998): *Teams im Relationship Marketing*. Wiesbaden.

Henry, J. E.; Hartzler, M. (1997): *Virtual Teams-Today's Reality, Today's Challenge*. In: Quality progress, Band 30 (1997), Heft 5, S. 108-109.

Henry, J. E.; Harzler, M. (1998): *Tools for Virtual Teams*. Milwaukee, Wisconsin.

Hentze, J. (1995): *Personalwirtschaftslehre II, 6. Auflage*. Bern, Stuttgart, Wien.

Hentze, J.; Brose, P. (1985): *Studienbibliothek Organisation*. Landsberg/Lech.

Hentze, J.; Brose, P.; Kammel, A. (1993): *Unternehmensplanung, 2. Auflage*. Bern, Stuttgart, Wien.

Hentze, J.; Heinecke, A.; Kammel, A. (2001): *Allgemeine Betriebswirtschaftslehre aus Sicht des Managements*. Bern, Stuttgart, Wien.

Hentze, J.; Kammel, A. (2001): *Personalwirtschaftslehre 1, 7. Auflage*. Bern, Stuttgart, Wien.

Hentze, J.; Kammel, A.; Lindert, K. (1997): *Personalführungslehre, 3. Auflage*. Bern, Stuttgart, Wien.

Herrmann, T. (1991): *Die Bedeutung menschlicher Kommunikation für die Kooperation und für die Gestaltung computerunterstützter Gruppenarbeit*. In: Oberquelle, H. (Hrsg.) (1991): Kooperative Arbeit und Computerunterstützung. Stuttgart. S. 63-78.

Hertog, F. T.; Tolner, T. (1996): *Groups and Teams*. In: Warner, M. (Hrsg.) (1996): International encyclopedia of business and management. Routledge. S. 1705-1715.

Hill, W.; Fehlbaum, R.; Ulrich, P. (1994): *Organisationslehre (2 Bände), 5. Auflage*. Bern, Stuttgart, Wien.

Hirschheim, R.; Newmann, M. (1991): *Symbolism and Information System Development: Myth, Metaphor and Magic*. In: ISR: Information Systems Research, Band 2 (1991), Heft 1, S. 29-62.

Höflich, J. R. (1996): *Technisch vermittelte interpersonale Kommunikation: Grundlagen, organisatorische Medienverwendung, Konstitution elektronischer Gemeinschaften*. Opladen.

Holling, H.; Lammers, F. (1995): *Beeinflussung von Gruppenprozessen als Führungsaufgabe.* In: Kieser, A.; Reber, G.; Wunderer, R. (Hrsg.) (1995): Handwörterbuch der Führung, 2. Auflage. Stuttgart. Sp. 129-137.

Hollingshead, A. B.; McGrath, J. E. (1995): *Computer-Assisted Groups: A Critical Review of the Empirical Research.* In: Guzzo, R. A.; Salas, E. and Assoc. (Hrsg.) (1995): Team effectiveness and decision making in organizations. San Francisco. S. 46-78.

Hopfenbeck, W. (1997): *Allgemeine Betriebswirtschafts-und Managementlehre, 11. Auflage.* Landsberg/Lech.

Horn, P. (1997): *Opportunismus und Koordination in teamorientierten Strukturen.* Wiesbaden.

Huber, G. P.; McDaniel, R. R. (1986): *The decision-making paradigm of organizational design.* In: Management Science, Band 32 (1986), Heft 5, S. 572-589.

Hunzinker, A. (1994): *Groupware unterstützt Arbeitsgruppen und Projekte.* In: io Management Zeitschrift, Band 63 (1994), Heft 11, S. 74-77.

Huth, C.; Nastansky, L. (2000): *GroupProcess: Partizipatives, verteiltes Design und simultane Ausführung von Ad hoc Geschäftsprozessen.* In: Schmidt, H. (Hrsg.) (2000): Modellierung betrieblicher Informationssysteme, Proceedings der MobIS-Fachtagung 2000, Rundbrief der GI-Fachgruppe 5.10, 7. Jahrgang, Heft 1, Universität Siegen, Siegen, Oktober, 2000, S. 107-124.

Hyatt, D. E.; Ruddy, T. M. (1997): *An examination of the relationship between work group characteristics and performace: Once more into the breech.* In: Personnel Psychology, Band 50 (1997), Heft 3, S. 553-585.

Igbaria, M.; Shayo, C.; Olfman, L. (1999): *On becoming virtual: the driving forces and arrangements.* In: Prasad, J. (Hrsg.) (1999): Proceedings of the 1999 Acm Sigcpr Conference. New York. S. 27-41.

Ilgen, D. R.; Hollenbeck, J. R. (1990): *The Structure of Work: Job Design and Roles.* In: Dunette, I.; Hough, M. D. II. (Hrsg.) (1990b): Handbook of industrial and organizational psychology, Vol. 2. Palo Alto. S. 165-207.

Imai, M. (1986): *Kaizen: the key to Japan's competitive success.* New York u.a.

Ishaya, T.; Macaulay, L. (1999): *The role of trust in virtual teams.* In: Sieber, P.; Griese, J. (Hrsg.) (1999): Organizational Virtualness and Electronic Commerce: Proceedings of the 2nd international VoNet-Workshop. Bern. S. 140-157.

Jablonski, S. (1995): *Workflow-Management-Systeme: Motivation, Modellierung, Architektur.* In: Informatik Spektrum, Band 18 (1995), Heft 1, S. 13-24.

Jackson, P.J. (1999): *Organizational change and virtual teams: Strategic and Operational Integration*. In: ISF: Information Systems Journal, Band 9 (1999), Heft 4, S. 313-332.

Jägers, J.; Janser, W.; Steenbakkers, W. (1998): *Characteristics of Virtual Organizations*. In: Sieber, P.; Griese, J. (Hrsg.) (1998): Organizational Virtualness: Proceedings of the international VoNet-Workshop. Bern. S. 65-76.

Jang, C. –Y.; Steinfield, C.; Pfaff, B. (2000): *Supporting Virtual Team Collaboration: The TeamSCOPE System*. CSCW2000 Philadelphia.

Janis, I. L. (1982*): Groupthink: psychological studies of policy decisions and fiascoes, 2. edition.* Boston u.a.

Jaros-Sturhahn, A.; Schachtner, K. (1995): *Computerunterstützte Gruppenarbeit*. In: Personal, Band 47 (1995), Heft 5, S. 224-228.

Jarvenpaa, S. L.; Shaw, T. R. (1998): *Global Virtual Teams: Integrating Models of Trust*. In: Sieber, P.; Griese, J. (Hrsg.) (1998): Organizational Virtualness: Proceedings of the international VoNet-Workshop. Bern. S. 35-52.

Jarvenpaa, S. L.; Blake, I. (1994): *The Global Network Organization of the Future: Information Management Opportunities and Challenges*. In: JMIS: Journal of Management Information Systems, Band 10 (1994), Heft 4, S. 25-57.

Jarvenpaa, S. L.; Knoll, K.; Leidner, D. E. (1998): *Is Anybody Out There? Antecedents of Trust in Global Virtual Teams*. In: JMIS: Journal of Management Information Systems, Band 14 (1998), Heft 4, S.29-64.

Jin, Y.; Levitt, R. E.; Christiansen, T. R. Kunz, J. C. (1995): *The Virtual Design Team: Modelling organizational behavior of concurrent design teams*. In: Artificial Intelligence for Engeneering Design, Analysis and Manufacturing, Band 9 (1995), Heft 2, S. 145-158.

Johannsen, A.; Haake, J. M.; Streitz, N. A. (1998): *Telekooperation in Virtuellen Organisationen-Potentiale verteilter Sitzungsunterstützungssysteme*. In: Wirtschaftsinformatik, Band 40 (1998), Heft 3, S. 214-222.

Johansen, R. (1988): *Groupware: Computer support for business teams*. New York.

Johansen, R. (1992): *An Introduction to Computer-Augumented Teamwork*. In: Bostrom, R. P.; Watson, R. T.; Kinney, S. T. (Hrsg.) (1992): Computer augmented teamwork-a guided tour. New York.

Jörges, K.; Süß, S. (2000): *Das idealtypische Menschenbild virtueller Unternehmen und seine Konsequenzen*. Diskussionsbeiträge aus dem Fachbereich Wirtschaftswissenschaften, Universität-Gesamthochschule – Essen.

Kambil, A.; Short, J. E. (1994): *Electronic Integration and Business Network Redesign: A Roles-Linkage Perspective*. In: JMIS: Journal of Management Information Systems, Band 10 (1994), Heft 4, S. 59-83.

Kammel, A. (1991): *Konzeptionelle Bausteine einer zielgerichteten Unterstützung der betrieblichen Personalwirtschaft durch Personalcontrolling*. Braunschweig, Techn. Univ., Diss.

Karduck, A. (1994): *teamBuilder: A CSCW tool for identifying expertise and team formation*. In: Computer Communications, Band 17 (1994), Heft 11, S. 777-787.

Katzenbach J. R.; Smith, D. K. (1993): *The Discipline of Teams*. In: Harvard Business Review, Band 71 (1993), Heft 3, S. 111-120.

Katzenbach, J. R. (1997): *The Myth of the Top Management Team*. In: Harvard Business Review, Band 75 (1997), Heft 6, S. 82-92.

Kayworth, T.; Leidner, D. (2000): *The global virtual manager: a prescription for success*. In: European management journal, Band 18 (2000), Heft 2, S. 183-194.

Keplinger, W. (1992): *Erfolgsmerkmale im Projektmanagement: Was Sie von erfolgreichen Projekten lernen können*. In: zfo: Zeitschrift Führung + Organisation, Band 61 (1992), Heft 2, S. 99-105.

Kesten, U. (1998): *Informale Organisation und Mitarbeiter-Lebenszyklus*. Wiesbaden.

Khoshafian, S.; Buckiewicz, M. (1995): *Introduction to groupware, workflow & workgroup computing*. New York u.a.

Kieser, A. (1971): *Zur wissenschaftlichen Begründbarkeit von Organisationsstrukturen*. In: zfo: Zeitschrift Führung + Organisation, Band 40 (1971), Heft 5, S. 239-249.

Kieser, A. (1996): *Moden & Mythen des Organisierens*. In: DBW: Die Betriebswirtschaft, Band 56 (1996), Heft 1, S. 21-39.

Kieser, A. (1999): *Human Relations-Bewegung und Organisationspsychologie*. In: Kieser, A. (Hrsg.) (1999): Organisationstheorien, 3. Auflage. Stuttgart, Berlin, Köln. S. 101-131.

Kieser, A. (1999): *Konstruktivistische Ansätze*. In: Kieser, A. (Hrsg.) (1999): Organisationstheorien, 3. Auflage. Stuttgart, Berlin, Köln. S. 287-318.

Kieser, A. (Hrsg.) (1999): *Organisationstheorien, 3. Auflage*. Stuttgart, Berlin, Köln.

Kieser, A.; Hegele, C.; Klimmer, M. (1998): *Kommunikation im organisatorischen Wandel*. Stuttgart.

Kieser, A.; Kubicek, H. (1992): *Organisation, 3. Auflage*. Berlin, New York.

Kieser, A.; Reber, G.; Wunderer, R. (Hrsg.) (1995): *Handwörterbuch der Führung, 2. Auflage*. Stuttgart.

Kirsch, W. (1977): *Die Betriebswirtschaftslehre als Führungslehre.* München.

Kirsch, W. (1997): *Kommunikatives Handeln, Autopoiese, Rationalität, 2. Auflage.* München.

Klein, S. (1994): *Virtuelle Organisation.* In: WiSt: Wirtschaftswissenschaftliches Studium, Band 24 (1994), Heft 6, S. 309-311.

Klüber, R. (1998): *A Framework for Virtual Organizing.* In: Sieber, P.; Griese, J. (Hrsg.) (1998): Organizational Virtualness: Proceedings of the international VoNet-Workshop. Bern. S. 93-106.

Knyphausen-Aufsess, D. zu (1995): *Theorie der strategischen Unternehmensführung.* Wiesbaden.

Kocian, C. (1999): *Virtuelle Kooperationen im Mittelstand.* Wiesbaden.

Kock, N. (2000): *Benefits for Virtual Organizations from distributed Groups.* In: CACM: Communications of the ACM, Band 43 (2000), Heft 11, S. 107-102.

Kock, N.; McQueen, R. J. (1998): *Groupware support as a moderator of interdepartmental knowledge communication in process improvement groups: an action research study.* In: ISF: Information Systems Journal, Band 8 (1998), Heft 3, S. 183-198.

König, R. (1983): *Die Analytisch-Praktische Doppelbedeutunng des Gruppentheorems-Ein Blick in die Hintergründe.* In: KZfSS: Kölner Zeitschrift für Soziologie und Sozialpsychologie-Sonderheft 25 (1983)-Gruppensoziologie, S. 36-64.

Kostner, J. (1998): *König Artus und die virtuelle Tafelrunde.* Wien.

Kramer, R. M.; Tyler, T. R. (Hrsg.) (1996): *Trust in organizations: Frontiers in theory and research.* Thousand Oaks, CA.

Krauss, R. M.; Fussell, S. R. (1990): *Mutual knowledge and communicative effectiveness.* In: Galegher, J.; Kraut, R. E.; Egido, C. (Hrsg.) (1990): Intellectual teamwork: social and technological foundations of cooperative work. Hillsdale, NJ. S. 111-145.

Krcmar, H. (1992): *Computerunterstützung für die Gruppenarbeit-Zum Stand der Computer Supported Cooperative Work Forschung.* In: Wirtschaftsinformatik, Band 34 (1992), Heft 4, S. 425-435.

Krebs, M. (1998): *Organisation von Wissen in Unternehmungen und Netzwerken.* Wiesbaden.

Kristof, A. L.; Brown, K. G.; Sims, H. P. Jr.; Smith, K. A. (1995): *The virtual Team-A Case study and inductive model.* In: Beyerlein, M. M.; Johnson, D. A.; Beyerlein, S. T. (Hrsg.) (1995): Advances in Interdisciplinary Studies of Work Teams-Volume 2. S. 229-253.

Krüger, W. (1993): *Organisation der Unternehmung, 2. Auflage.* Stuttgart, Berlin, Köln.

Krystek, U. (1999): *Beschaffung und Vertrauen.* In: Hahn, D.; Kaufmann, L. (Hrsg.) (1999) Handbuch internationales Beschaffungsmanagement. Wiesbaden. S. 829-846.

Krystek, U.; Redel, W.; Reppegather, S. (1996): *Virtuelle Organisationen: Paradoxien fluider Netzwerkstrukturen*. In: Gablers Magazin, Band 9 (1996), Heft 8, S. 17-21.

Krystek, U.; Redel, W.; Reppegather, S. (1997): *Grundzüge virtueller Organisationen*. Wiesbaden.

Kubicek, H.; Höller, H. (1991): *Das Organisationskonzept teilautonomer Arbeitsgruppen als Leitbild für die Gestaltung von Groupware-Systemen*. In: Oberquelle, H. (Hrsg.) (1991): Kooperative Arbeit und Computerunterstützung. Stuttgart. S. 149-174.

Kubicek, H. (1992): *Informationstechnologie und Organisationsstruktur*. In: Frese, E. (Hrsg.) (1992): Handwörterbuch der Organisation, 3. Auflage. Stuttgart. Sp. 937-958.

Kunow, K.; Schwickert, A. C. (1999): *Intranet-basiertes Workgroup Computing*. Arbeitspapiere WI Nr. 3/1999, Universität Mainz, Lehrstuhl für Allg.BWL und Wirtschaftsinformatik.

Kurbel, K. (1994): *Groupware extension for a software-project management system*. In: International Journal of Project Management, Band 12 (1994), Heft 4, S. 222-229.

Labianca, G.; Brass, D. J.; Gray, B. (1998): *Social networks and perceptions of intergroup conflict*. In: Academy of Management Journal, Band 41 (1998), Heft 1, S. 55-67.

Lang, A.; Pigneur, Y. (1997): *An Electronic Market of Individual Human Competencies for Team Building*. In: Virtual-Organization.net-Newsletter, Band 1 (1997), Heft 3, S. 4-12; http://www.virtual-organization.net.

Langer, S. (1942): *Philosophy in a New Key*. Harvard.

Langer, S. (1953): *Feeling and Form***.** New York.

Lantz, A.; Friedrich, P. (1998): *Führungsstile bei Gruppenarbeit*. In: zfo: Zeitschrift Führung + Organisation, Band 67 (1998), Heft 2, S. 74-78.

Larsen, K. R. T. (1999): *Virtual Organization as an Interorganizational Concept: Ties to Previous Research*. In: Virtual-Organization.net-Newsletter; Band 3 (1999), Heft 1, S. 18-33; http://www.virtual-organization.net.

Laubacher, R. J.; Malone, T. W. (1997): *Two Scenarios for 21st Century Organizations: Shifting Networks of Small Firms or All-Encompassing "Virtual Countries"?* Arbeitspapier No. 21C WP #001, Sloan School of Management, MIT, Massachuttes, auch über http://ccs.mit.edu/21CWP001.htm (17.11.1997), nicht paginiert.

Lauwers, J. C.; Lantz, K. A. (1990): *Collaboration awareness in support of collaboration transparency: requirements for the next generation of shared window systems*. In: Baecker, R. M. (Hrsg.) (1993): Readings in groupware and computer-supported cooperative work assisting human-human collaboration. San Francisco. S. 663-671.

Levine, J. M.; Moreland, R. L. (1990): *Progress in small group research.* In: Annual Review of psychology, Band 41 (1990), S. 585-634.

Lewis, R. (1998): *Membership and management of a "virtual" team: the perspective of a research manager.* In: R&D Management, Band 28 (1998), Heft 1, S. 5-12.

Likert, R. (1961): *New patterns of management.* New York.

Likert, R. (1967): *The Human Organization: Its Management and Value.* New York.

Linke, A.; Nußbaumer, M.; Portmann, P. (1991): *Studienbuch Linguistik.* Tübingen.

Linnenkohl, K. (1998): *Die Virtualisierung der Arbeitsbeziehungen.* In: Der Betriebs-Berater, Band 53 (1998), Heft 1, S. 45-49.

Lipnack, J.; Stamps, J. (1997): *Virtual Teams-Reaching across space, time and organizations with technology.* New York.

Lloys, P. (Hrsg.) (1994): *Groupware in the 21st Century.* London.

Locke, E. A.; Becker, T. E. (1998): *Rebuttal to a Subjectivist Critique of an Objectivist Approach to Integrity in Organizations.* In: Academy of Management Review, Band 23 (1998), Heft 1, S. 170-175.

Loebbecke, C.; Jelassi, T. (1997): *Concepts and Technologies for Virtual Organizing: The Gerling Journey.* In: European Management Journal, Band 15 (1997), Heft 2, S. 138-146.

Lubich, H. P. (1995): *Toward a CSCW Framework for Scientific Cooperation in Europe.* Berlin, Heidelberg, New York.

Lucas H. R. Jr.; Baroudi, J. J. (1994): *The Role of Information Technology in Organization Design.* In: JMIS: Journal of Management Information Systems, Band 10 (1994), Heft 4, S. 9-23.

Luhmann, N. (1996): *Soziale Systeme: Grundriß einer allgemeinen Theorie, 6. Auflage.* Frankfurt/Main.

Maas, S. (1991): *Computergestützte Kommunikation und Kooperation.* In: Oberquelle, H. (Hrsg.) (1991): Kooperative Arbeit und Computerunterstützung. Stuttgart. S. 11-36.

Macharzina, K. (1993): *Unternehmensführung-Das internationale Managementwissen.* Wiesbaden.

Macht, J. (1998): *Virtual You-Time-strapped entrepreneurs are going to class on-line.* In: INC-the magazine for growing companies, Band 20 (1998), 84-86.

Mackenzie, K. D. (1984): *Organizational Structure as the Primal Information System.* In: Chang, S. K. (Hrsg.) (1984): Management of Office Information Systems. New York. S. 27-46.

Manheim, M. L.; Fritz, M. B. (1998): *Information Technology Tool to Support Virtual Organisation Management: A Cognitive Informatics Approach*. In: Sieber, P.; Griese, J. (Hrsg.) (1998): Organizational Virtualness: Proceedings of the international VoNet-Workshop. Bern. S. 137-154.

Marmann, M. (1993): *Datenmodellierungskonzepte für Hypermedia und ihre Abbildung in Datenbanken*. Diss. Fernuni Hagen.

Marsden, J. R.; Mathiyalakan, S. (1998): *A Multi-Session Comparative Study of Group Size and Group Performance in an Electronic Meeting System Environment*. In: IEEE Transactions on Systems, Man, and Cybernetics; Part C: Applications & Reviews, Band 29 (1999), Heft 2, S. 169-185.

Martin, A. (1998): *Teams und ihre Mitglieder*. In: Personal, Band 50 (1998), Heft 11, S. 574-578.

Martin, R. M. (1964): *The Philosophic Import of Virtual Classes*. In: Journal of Philosophy, Band 61 (1964), Heft 13, S. 377-387.

Marx, G. T. (2001): *Identity and Anonymity: Some Conceptual Distinctions and Issues for Research*. In: Caplan, J.; Torpey, J. (Hrsg). (2001): Documenting Individual Identity. Princeton. Auch über: http://web.mit.edu/gtmarx/www/identity.html (25.04.2002).

Maurer, G.; Schramke, A. (1997): *Workflow-Management-Systeme in virtuellen Unternehmen*. Arbeitspapiere WI, Nr. 11/1997 des Lehrstuhls für Allg. BWL und Wirtschaftsinformatik, Johannes Gutenberg-Universität, Mainz.

Mayer, R. C.; Davis, J. H.; Schoorman, F. D. (1995): *An Integrative Model of Organizational Trust*. In: Academy of Management Review, Band 20 (1995), Heft 3, S. 709-734.

McDermont, R. (1995): *Working in public-learning in action*. In: Beyerlein, M. M.; Johnson, D. A.; Beyerlein, S. T. (Hrsg.) (1995): Advances in Interdisciplinary Studies of Work Teams-Volume 2. S. 35.

McGrath, J. E. (1984): *Groups: Interaction and Performance*. Englewood Cliffs.

McGrath, J. E.; Hollingshead, A. B. (1994): *Groups interacting with technology: ideas, evidence, issues and an agenda*. Thousand Oaks, London, New Delhi.

McGuire, T.; Kiesler, S.; Siegel, J. (1987): *Group and computer-mediated discussion effects in risk decision making*. In: Journal of Personality and Social Psychology, Band 52 (1987), Heft 5, S. 917-930.

McIntosh S. S. (1995): *Envisioning the Virtual Training Organization*. In: Training & Development, Band 49 (1995), Heft 5, S. 45-52.

McLuhan, M. (1995): *The global village: der Weg der Mediengesellschaft in das 21. Jahrhundert*. Paderborn.

Mehlmann, O. F. (1993): *Ein aktives computergestütztes Medium zur Verteilten Planung im Unternehmen*. Berlin.

Meier, C. (2000): *Videokonferenzen-Beobachtungen zu Struktur, Dynamik und Folgen einer neuen Kommunikationssituation.* In: Boos, M.; Jonas, K. J.; Sassenberg, K. (Hrsg.) (1999): Computervermittelte Kommunikation in Organisationen. Göttingen u.a. S. 153-164.

Melymuka, K. (1997): *Virtuality doesn't work as a way to pull teams together.* In: Computer world, Band 31 (1997), Heft 17, S. 70-72.

Mennecke; Brian E. (1997): *Using group support systems to discover hidden profiles: an examination of the influence of group size and meeting structures on information sharing and decision quality.* In: International Journal Human-Computer Studies, Heft 47, S. 387-405.

Meyerson, D.; Weick, K. E.; Kramer, R. M. (1996): *Swift Trust and Temporary Groups.* In: Kramer, R. M.; Tyler, T. R. (Hrsg.) (1996): Trust in organizations: Frontiers in theory and research. Thousand Oaks. S. 166-195.

Mintzberg, H. (1979): *The structuring of organizations.* Englewood Cliffs, NJ.

Mohrman, S. A.; Cohen, S. G.; Mohrman, A. M. Jr. (1995): *Designing team-based organizations: new forms for knowledge work.* San Francisco.

Mohrman, S. A.; Galbraith, J. R.; Lawler III E. E. (Hrsg.) (1998): *Tomorrow's Organization.* San Francisco/Ca.

Moller, C. (1997): *The virtual organisation.* In: Automation in Construction, Band 6 (1997), Heft 1, S. 39-44.

Morasch, K. (1999): *Koordinationsprobleme, Kommunikationkosten und Organisationsdesign.* In: WiSt: Wirtschaftswissenschaftliches Studium, Band 28 (1999), Heft 1, S. 9-16.

Motz, O. (1998): *Strategisches Management, Kooperation und der Einfluß von Informations-und Kommunikationstechnologien.* Frankfurt/Main u.a.

Mowshowitz, A. (1994a): *Reply to Walsham's Critique.* In: The Information society, Band 10 (1994), Heft 4, S. 293.

Mowshowitz, A. (1994b): *Virtual Organization: A Vision of Management in the Information Age.* In: The Information society, Band 10 (1994), Heft 4, S. 267-288.

Mowshowitz, A. (1997a): *On the Theory of Virtual Organization.* In: Systems Research, Band 14 (1997), Heft 6, S. 373-384.

Mowshowitz, A. (1997b): *Virtual Organization.* In: CACM: Communications of the ACM, Band 40 (1997), Heft 9, S. 30-37.

Mowshowitz, A. (1999): *The Switching Principle in Virtual Organization.* In: Sieber, P.; Griese, J. (Hrsg.) (1999): Organizational Virtualness and Electronic Commerce: Proceedings of the 2nd international VoNet-Workshop. Bern. S. 6-18.

Mühl, I. (1999): *Mediengestützte Kommunikation in Unternehmen.* In: WiSt: Wirtschaftswissenschaftliches Studium, Band 28 (1999), Heft 4, S. 213-216.

Müller, G. F.; Bierhoff, H. W. (1998): *Unterstützung und Leistung in Projektgruppen: Affektive Prozesse und stimmungsklimatische Einflüsse.* In: Spieß, E.; Nerdinger, F. W. (Hrsg.) (1998): Kooperation in Unternehmen. München, Mering. S. 165-183.

Müller, G.; Kohl, U.; Schoder, D. (1997): *Unternehmenskommunikation: Telematiksysteme für vernetzte Unternehmen.* Bonn u.a.

Müller, K. H. (2000): *Eine virtuelle Werkstatt für internationale Tele-Gruppenarbeit am Beispiel einer Fertigung von Drehteilen.* Düsseldorf.

Müller-Stewens, G. (1997): *Grundzüge der Virtualisierung.* In: Müller-Stewens, G. (Hrsg.) (1997): Virtualisierung von Organisationen. Stuttgart. S. 23-42.

Müller-Stewens, G. (Hrsg.) (1997): *Virtualisierung von Organisationen.* Stuttgart.

Naase, C. (1978): *Konflikte in Organisationen: Ursachen und Reduzierungsmöglichkeiten.* Stuttgart.

Navarro, J. J. (1994): *Computer Supported Self-Managing Teams.* In: Journal of Organizational Computing, Band 4 (1994), Heft 3, S. 317-342.

Neidhard, F. (1979): *Das innere System sozialer Gruppen.* In: KZfSS: Kölner Zeitschrift für Soziologie und Sozialpsychologie, Band 31 (1979), Heft 4, S. 639-660.

Neidhardt, F (1980): *Innere Prozesse und Außenweltbeziehungen sozialer Gruppen.* In: Schäfers, B. (Hrsg.) (1980): Einführung in die Gruppensoziologie. Heidelberg. S. 105-126.

Neuberger, O. (1977): *Organisation und Führung.* Stuttgart u.a.

Neuberger, O. (1984): *Miteinander arbeiten-miteinander reden!* München.

Neuberger, O. (1994): *Führen und geführt werden, 4. Auflage.* Stuttgart.

Neuberger, O. (1995): *Führungstheorien-Rollentheorie.* In: Kieser, A.; Reber, G.; Wunderer, R. (Hrsg.) (1995): Handwörterbuch der Führung, 2. Auflage. Stuttgart. Sp. 979-993.

Ngwenyama, O. K.; Lee, A. S. (1997): *Communication Richness in Electronic Mail: Critical Social Theory and the Contextuality of Meaning.* In: MIS Quarterly, Band 21 (1997), Heft 2, S. 145-167.

Ngwenyama, O. K.; Bryson, N.; Mobolurin, A. (1996): *Supporting facilitation in group support systems: Techniques for analyzing consensus relevant data.* In: Decision Support Systems, Band 16 (1996), S. 155-169.

Ngwenyama, O. K.; Lyytinen, K. J. (1997): *Groupware Environments as Action Constitutive Resources: A Social Action Framework for Analyzing Groupware Technologies.* In: Computer Supported Cooperative Work: The Journal of Collaborative Computing, Band 6 (1997), Heft 1, S. 1-23.

Niedeman, F.; Beise, C. M. (1999): *Defining the "virtualness" of groups, teams, and meetings.* In: Prasad, J. (Hrsg.) (1999): Proceedings of the 1999 Acm Sigcpr Conference. New York. S. 14-18.

Nienhüser, W. (1988): *Probleme der Anwendung von Theorien für personalwirtschaftliche Gestaltungsmaßnahmen.* In: ZfP: Zeitschrift für Personalforschung, Band 2 (1988), Heft 1, S. 3-26.

Nienhüser, W. (1993): *Probleme der Entwicklung organisationstheoretisch begründeter Gestaltungsvorschläge.* In: DBW: Die Betriebswirtschaft, Band 53 (1993), Heft 2, S. 235-252.

Nippa, M. (1988): *Gestaltungsgrundsätze für die Büroorganisation. Konzepte für eine informationsorientierte Unternehmensentwicklung unter Berücksichtigung neuer Bürokommunikationstechniken.* Berlin.

Nohria, N.; Eccles, R. G. (1992): *Face-to-Face: Making Network Organizations Work.* In: Nohria, N.; Eccles, R. G. (Hrsg.) (1992): Networks and Organizations: Structure, Form, and Action. Boston. S. 288-308.

Norton, R. (1972): *What is virtuality?* In: JAAC: The Journal of Aesthetics and Art Criticism, Band 30 (1972), Heft 4, S. 499-505.

Nunamaker, J. F.; Briggs, R.O.; Mittlemann D. D. (1997): *Electronic Meeting Systems: Ten Years of Lessons Learned.* Working Paper-University of Arizona, Center for the Management of Information, Tucson.

Nunamaker, J.F.; Dennis, A.R.; Valacich, J.S.; Vogel, D.R.; George, J.F. (1991): *Electronic Meeting Systems To Support Group Work.* In: CACM: Communications of the ACM, Band 34 (1991), Heft 7, S. 40-61.

Nunes de Abreu, P. (1997): *Groupware in the workplace: New approaches to organisational analysis.* In: Conference Paper-Eighth European Congress on Work and Organisational Psychology, Verona, 1997.

Oberquelle, H. (Hrsg.) (1991): *Kooperative Arbeit und Computerunterstützung.* Stuttgart.

Oberquelle, H. (1991): *Kooperative Arbeit und menschgerechte Groupware als Herausforderung für die Software-Ergonomie.* In: Oberquelle, H. (Hrsg.) (1991): Kooperative Arbeit und Computerunterstützung. Stuttgart. S. 1-10.

Oberquelle, H. (1991): *CSCW-und Groupware-Kritik.* In: Oberquelle, H. (Hrsg.) (1991): Kooperative Arbeit und Computerunterstützung. Stuttgart. S. 37-62.

Oelsnitz, D. von der (1994): *Prophylaktisches Krisenmanagement durch antizipative Unternehmensflexibilisierung: theoretische und konzeptionelle Grundzüge der flexiblen Organisation.* Bergisch Gladbach u.a.

Olbrich, T. J. (1994): *Das Modell der "Virtuellen Unternehmen" als unternehmensinterne Organisations-und unternehmensexterne Kooperationsform.* In: Information Management, Band 9 (1994), Heft 4, S. 28-37.

O'Leary, D. E.; Kuokka, D.; Plant, R. (1997): *Artificial Intelligence and Virtual Organizations.* In: CACM: Communications of the ACM, Band 40 (1997), Heft 9, S. 52-59.

Oravec, J. A. (1996): *Virtual Individuals, Virtual Groups-Human Dimensions of Groupware and Computer Networking.* Cambridge.

Ordelheide, D.; Rudolph, B.; Büsselmann, E. (Hrsg.) (1991): *Betriebswirtschaftslehre und ökonomische Theorie.* Stuttgart.

Orlikowski, W. J. (1992): *Learning from Notes: Organisational Issues in Groupware Implementation.* In: MIT Sloan School Working Paper # 3428-92 = Center for Coordination Science Technical Report #134.

Orlikowski, W.; Yates, J. (1998): *Genre Systems: Structuring Interaction through Communicative Norms.* MIT Sloan School of Management-Working Paper CCS WP #205, Sloan WP #4030, July 1998.

Ortmann, G. (1992): *Handlung, System, Mikropolitik.* In: Küpper, W.; Ortmann, G. (Hrsg.) (1992): Mikropolitik: Rationalität, Macht und Spiele in Organisationen. Opladen. S. 217-225.

Osterloh, M.; Grand, S. (1994): *Modelling oder Mapping: Von Rede-und Schweigeinstrumenten in der betriebswirtschaftlichen Theoriebildung.* In: Die Unternehmung, Band 48 (1994), Heft 4, S. 277-294.

Osterloh, M.; Grand, S. (1995): *Modellbildung versus Frameworking: Die Positionen von Williamson und Porter.* In: Wächter, H. (Hrsg.) (1995): Selbstverständnis betriebswirtschaftlicher Forschung und Lehre: Tagung der Kommission Wissenschaftstheorie. Wiesbaden. S. 3-26.

Ott, M. (1997): *Groupware-Charakterisierung und technologische Perspektive.* In: WiSt: Wirtschaftswissenschaftliches Studium, Band 27 (1997), Heft 2, S. 90-94.

Ott, M. (1998): *Organization Design as a Grouware-supported Team Process.* Diss. Uni Paderborn.

Ott, M. (1996): *Neue Wettbewerbsoptionen durch visionäre Organisation: Virtuelle Unternehmen.* In: Gablers Magazin, Band 9 (1996), Heft 4, S. 18-21.

Ott, M.; Nastansky, L. (1996): *GroupOrga: Organisationsdesign im Team.* Arbeitspapier Universität-GH Paderborn.

Ott, M.; Nastansky, L. (1997): *Modelling Organizational Forms of Virtual Enterprises.* In: Virtual-Organization.net-Newsletter, Band 1 (1997), Heft 4, S. 20-38; http://www.virtual-organization.net.

Padberg, J. (1999): *Anforderungen an integrierte Telekooperationssysteme zur Steigerung der Effektivität und Effizienz verteilter Zusammenarbeit*. Köln.

Palmer, J. W.; Speier, C. (1997): *A Typology of Virtual Organizations: An Empirical Study*. In: Association for Information Systems 1997 Americas Conference, On-line Conference papers, über http://hsb.baylor.edu/ramsower/ais.ac.97/program.html (24.06.1998), nicht paginiert.

Pape, W. R. (1997): *Group Insurance*. In: INC-the magazine for growing companies, Band 19 (1997), Heft 9, S. 29-31.

Papows, J.; Fielding Sr. J. (1994): *The Future of Groupware*. In: Lloys, P. (Hrsg.) (1994): Groupware in the 21st Century. London.

Pastowsky, M. (1997): *Veränderung von Kooperation und Kommunikation bei der Einführung von Gruppenarbeit am Prozeßübergang zwischen Entwicklung und Montage*. Diss. UGHS Kassel, Kassel.

Pawar K. S.; Sharif, S. (1997): *Physical or virtual team collocation: Does it matter?* In: International journal of production economics, Band 52 (1997), Heft 3, S. 283-290.

Pelz, J. (1995): *Gruppenarbeit via Computer*. Frankfurt/Main u.a.

Petrovic, O. (1993): *Workgroup Computing-computergestützte Teamarbeit: informationstechnologische Unterstützung für teambasierte Organisationsformen*. Heidelberg.

Petrovic, O. (1996): *Der Einfluß von Multimedia auf die Wahl der Kommunikationsarten in Unternehmen*. In: Schiestl, J.; Schelle, H. (Hrsg.) (1996): Groupware-Software für die Teamarbeit der Zukunft. Marburg. S. 45-68.

Picot, A. (1991): *Ökonomische Theorien der Organisation-Ein Überblick über neuere Ansätze und deren betriebswirtschaftliches Anwendungspotential*. In: Ordelheide, D.; Rudolph, B.; Büsselmann, E. (Hrsg.) (1991): Betriebswirtschaftslehre und ökonomische Theorie. Stuttgart. S. 143-170.

Picot, A.; Dietl, H.; Franck, E. (1997): *Organisation: eine ökonomische Perspektive*. Stuttgart.

Picot, A.; Reichwald, R. (1985): *Bürokommunikation-Leitsätze für den Anwender*. München.

Picot, A.; Reichwald, R. (1994): *Auflösung der Unternehmung?* In: ZfB: Zeitschrift für Betriebswirtschaft, Band 64 (1994), Heft 5, S. 547-570.

Picot, A.; Reichwald, R.; Wigand, R.T. (1996): *Die grenzenlose Unternehmung, 2. Auflage*. Wiesbaden.

Picot, A.; Reichwald, R.; Wigand, R.T. (1998): *Die grenzenlose Unternehmung, 3. Auflage*. Wiesbaden.

Piepenburg, U. (1991): *Ein Konzept von Kooperation und die technische Unterstützung kooperativer Prozesse*. In: Oberquelle, H. (Hrsg.) (1991): Kooperative Arbeit und Computerunterstützung. Stuttgart. S. 79-98.

Pinsonneault A.; Kraemer, K. L. (1989): *The Impact of Technological Support on Groups: An Assessment of the Empirical Research.* In: Decision Support Systems, Band 5 (1989), S. 197-216.

Polak, T. (1998): *Betriebswirtschaftlich-organisatorische Aspekte der Telearbeit.* Arbeitspapiere WI, Nr. 5/1998 des Lehrstuhls für Allg. BWL und Wirtschaftsinformatik, Johannes Gutenberg-Universität, Mainz.

Porter, M. E. (1991): *Towards a dynamic theory of strategy.* In: Strategic Management Journal, Band 12 (1991), S. 95-117.

Posner, I. R.; Baecker, R. M. (1993): *How People Write Together.* In: Baecker, R. M. (Hrsg.) (1993): Readings in groupware and computer-supported cooperative work assisting human-human collaboration. San Francisco. S. 239-250.

Power, D.J. (1999): *A Brief History of Decision Support Systems.* DSSResources.COM: http://DSSResources.COM/history/dsshistory.html (24.01.2001).

Prasad, J. (Hrsg.) (1999): *Proceedings of the 1999 Acm Sigcpr Conference.* New York.

Probst, G.; Büchel, B. (1994): *Organisationales Lernen, 2. Auflage 1997.* Wiesbaden.

Qureshi, S.; Vogel, D. (1999): *Organisational adaptiveness in virtual teams.* In: Ackermann, F.; de Vreede, G. J. (Hrsg.) (1999): Proceedings of the 1999 EuroGDSS workshop. Delft. S. 33-43.

Raffée, H. (1995): *Grundprobleme der Betriebswirtschaftslehre, 9. Auflage.* Göttingen.

Ratcheva, V; Vyakarnam, S. (2001): *The Challenges of Virtual Partnerships: Critical Sucess Factors in the Formation of Inter-Organisational Teams.* In: AI & Society: The journal of human and machine, Band 15 (2001), Heft 1/2, S. 99-116.

Reichwald, R. (1993): *Kommunikation und Kommunikationsmodelle.* In: Kieser, A.; Reber, G.; Wunderer, R. (Hrsg.) (1995): Handwörterbuch der Führung, 2. Auflage. Stuttgart. Sp. 2194-2188.

Reichwald, R.; Goecke, R. (1995): *Bürokommunikationstechnik und Führung.* In: Kieser, A.; Reber, G.; Wunderer, R. (Hrsg.) (1995): Handwörterbuch der Führung, 2. Auflage. Stuttgart. Sp. 164-182.

Reichwald, R.; Möslein, K.; Sachenbacher, H.; Englberger, H.; Oldenburg, S. (1998): *Telekooperation: Verteilte Arbeits-und Organisationsformen.* Berlin, Heidelberg, NewYork.

Reif-Mosel, A. (2000): *Computergestützte Kooperation im Büro: Gestaltung unter Berücksichtigung der Elemente Aufgabe, Struktur, Technik und Personal.* Frankfurt/M. u.a.

Reinsch, N. L. Jr. (1997): *Relationsships Between Telecommuting Workers and Their Managers: An Exploratory Study.* In: The Journal of Business Communication, Band 34 (1997), Heft 4, S. 343-367.

Reiss, M. (1996): *Virtuelle Unternehmung: Organisatorische und personelle Barrieren*. In: OM: Office-Management 1996, Heft 5, S. 10-13.

Reiss, M. (1996): *Personelle und organisatorische Grenzen der virtuellen Unternehmung*. In: ZWF CIM: Zeitschrift für wirtschaftliche Fertigung und Automatisierung, Band 91 (1996), Heft 6. S. 268-271.

Reiss, M. (1997): *Virtuelle Organisation auf dem Prüfstand*. In: VDI-Z: Zeitschrift für integrierte Produktion, Band 139 (1997), Heft 1/2, S. 24-27.

Reiss, M. (1998): *Mythos Netzwerkorganisation*. In: zfo: Zeitschrift Führung + Organisation, Band 67 (1998), Heft 4, S. 224-229.

Reitz, M. (1996): *Optimale Allokation von Entscheidungsrechten: Eine institutionenökonomische Analyse*. Wiesbaden.

Rheingold, H. (1993): *The Virtual Community: Homesteading on the Electronic Frontier*. Boston. Volltext auch über: http://www.rheingold.com/vc/book/.

Riggs, W. M.; Bellinger, W. H.; Krieger, D. B. (1996): *The Impact of Groupware: Work Process Automation and Organizational Learning*. In: Technology Analysis and Strategic Management, Band 8 (1996), Heft 3, S. 271-282.

Romm, C. T.; Pliskin, N. (1995): *Group development of a computer-mediated community*. Working Paper, University of Wollongong, Wollongong.

Rosenstiel, L. von (1992): *Grundlagen der Organisationspsychologie*. Stuttgart.

Ruhleder, K.; Jordan, B.; Elmes, M. B. (1996): *Wiring the 'New Organisation'*. In: Academy of Management-Conference paper of the 1996 Annual Meeting.

Sandholzer, U. (1990): *Informationstechnik und innerbetriebliche Kooperation: Anforderungen an Informationstechniken aus der Perspektive organisierter innerbetrieblicher Kooperation*. Hummeltal.

Sassenberg, K. (2000): *Räumlich getrennt gemeinsam entscheiden*. In: Boos, M.; Jonas, K. J.; Sassenberg, K. (Hrsg.) (1999): Computervermittelte Kommunikation in Organisationen. Göttingen u.a. S. 103-114.

Sattelberger, T. (1996): *Zehn Thesen zu Human Ressourcen in virtueller werdenden Organisationen*. In: Personalführung, Band 29 (1996), Heft 11, S. 974-984.

Savage, C. M. (1996): *Fifth Generation Management (dt. Übersetzung)*. Zürich.

Schäfers, B. (Hrsg.) (1980): *Einführung in die Gruppensoziologie*. Heidelberg.

Schäffer, U. (1996): *Kontrolle von Teams bei hohen Wissensbeschränkungen der Instanz*. In: ZP: Zeitschrift für Planung, Band 10 (1996), Heft 3, S. 271-286.

Schanz, G. (1988): *Erkennen und Gestalten: Betriebswirtschaftslehre in kritisch-rationaler Absicht*. Stuttgart.

Schanz, G. (1992): *Organisation*. In: Frese, E. (Hrsg.) (1992): Handwörterbuch der Organisation, 3. Auflage. Stuttgart. Sp. 1459-1471.

Schein, E. (1995): *Unternehmenskultur: Ein Handbuch für Führungskräfte*. Frankfurt/New York.

Scherm, E.; Süß, S. (1999): *Personalführung in virtuellen Unternehmen: Eine Analyse diskutierter Instrumente und Substitute der Führung*. Fernuniversität Hagen: Diskussionsbeitrag 269.

Scherm, E.; Süß, S. (2000a): *Personalführung in virtuellen Unternehmen: Eine Analyse diskutierter Instrumente und Substitute der Führung*. In: ZfP: Zeitschrift für Personalforschung, Band 14 (2000), Heft 1, S. 79-103.

Scherm, E.; Süß, S. (2000b): *Die Virtualisierung von Unternehmen: ein konfliktärer Prozess*. Diskussionsbeiträge / Fachbereich Wirtschaftswissenschaft, Fernuniversität Hagen ; Nr. 284.

Schiestl, J. (1997): *Groupware zur Unterstützung von verteilten Kommunikationsprozessen in Entwicklungsprojekten aus der Sicht des Projektmanagements*. Diss. Univ. d. Bundeswehr München, München.

Schiestl, J.; Schelle, H. (Hrsg.) (1996): *Groupware-Software für die Teamarbeit der Zukunft*. Marburg.

Schlichter, J.; Reicwald, R. (Hrsg.) (2000): *Verteiltes Arbeiten-Arbeit der Zukunft, Tagungsband der D-CSCW 2000*. Stuttgart.

Schmid, B. F. (1993): *Elektronische Märkte*. In: Wirtschaftsinformatik, Band 35 (1993), Heft 1, S. 465-480.

Schoberth, T; Schrott, G. (2001): *Virtual Communities*. In: Wirtschaftsinformatik, Band 43 (2001), Heft 5, S. 517-519.

Scholer, S. (1998): *Groupware und Informatikabteilungen: Untersuchung des Einsatzes von Groupware und der damit verbundenen Veränderungen der Aufgaben, Organisation und künftigen Bedeutung von Informatikabteilungen*. Bamberg.

Scholz, C. (1994): *Die virtuelle Organisation als Strukturkonzept der Zukunft?* Diskussionbeitrag Nr. 30 des Lehrstuhls für Betriebswirtschaftslehre, insbesondere Organisations-Personal-und Informationsmanagement, Universität des Saarlandes, Saarbrücken.

Scholz, C. (1995): *Die virtuelle Personalabteilung: Ein Denkmodell für das Jahr 2000?* In: Personalführung, Band 29 (1996), Heft 5, S. 398-403.

Scholz, C. (1996): *Virtuelle Organisation: Konzeption und Realisation*. In: zfo: Zeitschrift Führung + Organisation, Band 65 (1996), Heft 4, S. 204-211.

Scholz, C. (1997): *Strategische Organisation: Prinzipien zur Vitalisierung und Virtualisierung.* Landsberg/Lech.

Scholz, C. (1999): *Die virtuelle Personalabteilung als Zukunftsvision.* In: Christiane Scholz (Hrsg.) (1999): Innovative Personal-Organisation: Center-Modelle für Wertschöpfung, Strategie, Intelligenz und Virtualisierung. Neuwied. S. 232-253.

Scholz, C. (2000): *Redaktionelle Vormerkung zum Rahmenthema Personalführung in virtuellen Unternehmen.* In: ZfP: Zeitschrift für Personalforschung, Band 14 (2000), Heft 1, S. 78.

Scholz, C. (2000b): *Strategische Organisation: Multiperspektivität und Virtualität, 2. Auflage.* Landsberg/Lech.

Scholz, C. (2001): *Virtuelle Teams mit darwiportunistischer Tendenz: Der Dorothy-Effekt.* In: http://www.darwiportunismus.de/texte/dp_virtteams.pdf (06.03.2002) auch erschienen in: Organisationsentwicklung, Band 20 (2001), Heft 4, S. 20-29.

Scholz, C. (2002): *Virtuelle Teams-Neuer Wein in neue Schläuche!* In: zfo: Zeitschrift Führung + Organisation, Band 71 (2002), Heft 1, S. 26-39.

Schräder, A. (1996): *Management virtueller Unternehmungen.* Frankfurt/Main.

Schreyögg, G. (1998): *Organisation, 2. Auflage.* Wiesbaden.

Schulz von Thun, F. (1990): *Miteinander Reden: Störungen und Klärungen.* Hamburg.

Schulz von Thun, F. (1994): *Psychologische Vorgänge in der zwischenmenschlichen Kommunikation.* In: Fittkau, B.; Müller-Wolf, H. M.; Schulz von Thun, F. (Hrsg.) (1994): Kommunizieren lernen (und umlernen), 7. Auflage. Aachen-Hahn. S. 9-100.

Schwabe, G. (1995): *Objekte der Gruppenarbeit.* Wiesbaden.

Schwabe, G.; Krcmar, H. (1996): *CSCW-Werkzeuge.* In: Wirtschaftsinformatik, Band 38 (1996), Heft 2, S. 209-224.

Scott, W. R. (1992): *Organizations: Rational, Natural, and Open Systems.* Englewood Cliffs.

Seidel, E. (1992): *Gremienorganisation.* In: Frese, E. (Hrsg.) (1992): Handwörterbuch der Organisation, 3. Auflage. Stuttgart. Sp. 714-724.

Seiwert, L. J. (1992): *Kommunikaton im Betrieb.* In: Gaugler, E.; Weber, W. (Hrsg.) (1992): Handwörterbuch des Personalwesens, 2. Auflage. Stuttgart. Sp. 1126-1139.

Shaw, M. (1981): *Group dynamics: The psychology of small group behaviour, 3. Auflage.* New York.

Sieber, P. (1997): *Virtuelle Unternehmen in der IT-Branche: Die Wechselwirkung zwischen Internet-Nutzung, Strategie und Organisation.* Diss. Universität Bern, Bern.

Sieber, P. (1999): *Virtualität als Kernkompetenz von Unternehmen.* In: Die Unternehmung, Band 53 (1999), Heft 4, S. 243-266.

Sieber, P.; Griese, J. (Hrsg.) (1998): *Organizational Virtualness: Proceedings of the international VoNet-Workshop.* Bern.

Sieber, P.; Griese, J. (Hrsg.) (1999): *Organizational Virtualness and Electronic Commerce: Proceedings of the 2nd international VoNet-Workshop.* Bern.

Siegel, J.; Dubrovsky, V.; Kiesler, S.; McGuire, T. W. (1986): *Group Processes in Computer-Mediated Communication.* In: Organizational Behavior and Human Decision Processes, Band 37 (1986), S. 157-187.

Sillince, J. A. A. (1999): *Guest Editorial zum Sonderheft "Virtual Teamworking".* In: Information System Journal, Band 9 (1999), Heft 4, S. 245-247.

Simon, H. A. (1957): *Administrative Behavior, 2nd. Ed.* New York.

Simpson, J. A.; Wood, W. (1992): *Introduction: Where is the group in social psychology?* In: Worchel, S.; Wood, W.; Simpson, J. A. (Hrsg.) (1991): Group process and productivity. Newbury Park, London u.a. S. 1-10.

Sinclair, A. (1992): *The Tyranny of a Team Ideology.* In: Organization Studies, Band 12 (1992), Heft 4, S. 611-626.

Sjurts, I. (1998): *Kontrolle ist gut, ist Vertrauen besser?* In: DBW: Die Betriebswirtschaft, Band 58 (1998), Heft 3, S. 283-298.

Skyrme, D. F. (1998): *The Realities of Virtuality.* In: Sieber, P.; Griese, J. (Hrsg.) (1998): Organizational Virtualness: Proceedings of the international VoNet-Workshop. Bern. S. 25-34.

Sole, D.L.; Applegate, L.M. (2000): *Knowledge Sharing Practices and Technology Use Norms in Dispersed Development Teams.* In: Proceedings of 21st International Conference on Information Systems, Brisbane, Australia, December 2000, S. 583ff.

Sotto, R. (1996): *Organizing in cyberspace: The virtual link.* In: Scandinavian Journal of Management, Band 12 (1996), Heft 1, S. 25-40.

Sotto, R. (1997): *The virtual organisation.* In: Accounting, Management and Information Technologies, Band 7 (1997), Heft 1, S. 37-51.

Sperka, M. (1996): *Psychologie der Kommunikation in Organisationen: eine Einführung auf systemtheoretischer Grundlage.* Essen.

Spieß, E.; Nerdinger, F. W. (Hrsg.) (1998): *Kooperation in Unternehmen.* München, Mering.

Staehle, W. H. (1973): *Organisation und Führung sozio-technischer Systeme.* Stuttgart.

Staehle, W. H. (1999): *Management-Eine verhaltenswissenschaftliche Perspektive, 7. Auflage.* München.

Stahlknecht, P.; Hasenkamp, U. (1997): *Einführung in die Wirtschaftsinformatik, 8. Auflage.* Berlin u.a.

Star, S. L. (1996): *Working together: Symbolic interactionism, activity theory, and information systems.* In: Engeström, Y.; Middleton, D. (Hrsg.) (1996): Cognition an communication at work. Cambridge. S. 296-318.

Stegbauer, C. (1998): *Die virtuelle Organisation und die Realität elektronischer Kommunikation.* In: KZfSS: Kölner Zeitschrift für Soziologie und Sozialpsychologie, Band 47 (1995), Heft 3, S. 535-549.

Steyer, R. (1998): *Ökonomische Analyse elektronischer Märkte.* Arbeitspapiere WI, Nr. 1/1998, Lehrstuhl für Allg. BWL und Wirtschaftsinformatik, Universität Mainz.

Stiemerling, O. (1998): *Komponentenbasierte Anpaßbarkeit von Groupware.* In: Herrmann, T.; Just-Hahn, K. (Hrsg.) (1998): Groupware und organisatorische Innovation (D-CSCW'98). Stuttgart. S. 225-236.

Strausak, N. (1998): *Resumée of VoTalk.* In: Sieber, P.; Griese, J. (Hrsg.) (1998): Organizational Virtualness: Proceedings of the international VoNet-Workshop. Bern. S. 9-24.

Stroebe, W. (Hrsg.) (1981): *Sozialpsychologie, Band 2-Gruppenprozesse.* Darmstadt.

Stumpf, S.; Thomas, A. (1999): *Management von Heterogenität und Homogenität in Gruppen.* In: Personalführung, Band 32 (1999), Heft 5, S. 34-45.

Stünzner, L. (1996): *Systemtheorie und betriebswirtschaftliche Organisationsforschung.* Berlin.

Sudweeks, F.; McLaughlin, M.; Rafaeli, S. (Hrsg.) (1998): *Network and netplay: virtual groups on the Internet.* Menlo Park.

Sydow, J. (1993): *Strategische Netzwerke: Evolution und Organisation.* Wiesbaden.

Sydow, J.; Windeler, A.; Krebs, M.; Loose, A.; van Well, B. (1995): *Organisation von Netzwerken.* Opladen.

Symons, F. (1997): *Virtual Departments, Power, and Location in Different Organizational Settings.* In: Economic geography, Band 73 (1997), Heft 4, S. 427-444.

Syring, M. (1992): *Möglichkeiten und Grenzen kommunikationsorientierter Systeme zur Unterstützung arbeitsteiliger Prozesse im Büro.* In: Wirtschaftsinformatik, Band 34 (1992), Heft 4, S. 201-211.

Szyperski, N.; Klein, S. (1993): *Informationslogistik und virtuelle Organisationen-Die Wechselwirkung von Informationslogistik und Netzwerkmodellen der Unternehmung.* In: DBW: Die Betriebswirtschaft, Band 53 (1993), Heft 2, S. 187-208.

Tanenbaum, A. S. (2001): *Modern operating systems, 2. edition.* Upper Saddle River, NJ

Teege, G. (1998): *Flexible Workflows: Mitgestaltung durch die Ausführenden*. Workshop im Rahmen der D-CSCW'98: Flexibilität und Kooperation in Workflow-Management-Systemen, Universität Münster, S. 13-21.

Teng, J. T. C.; Ramamurthy, K. (1993): *Group Decision Support Systems: Clarifying the concept establishing a functional taxonomy*. In: INFOR, Band 31 (1993), Heft 3, S. 166-185.

Teufel, S.; Sauter, C.; Mühlherr, T.; Bauknecht, K. (1995): *Computerunterstützung für die Gruppenarbeit*. Bonn.

Theis, A. M. (1994): *Organisationskommunikation: theoretische Grundlagen und empirische Forschungen*. Opladen.

Theuvsen, L. (1997): *Interne Organisation und Transaktionskostenansatz*. In: ZfB: Zeitschrift für Betriebswirtschaft, Band 67 (1997), Heft 9, S. 971-996.

Thiedeke, U. (2000): *Virtuelle Gruppen-Begriff und Charakteristik*. In: Thiedeke, U. (Hrsg.) (2000): Virtuelle Gruppen: Charakteristika und Problemdimensionen. Opladen. S. 23-73.

Thiedeke, U. (Hrsg.) (2000): *Virtuelle Gruppen: Charakteristika und Problemdimensionen*. Opladen.

Titscher, S. (1992): *Gruppenforschung*. In: Gaugler, E.; Weber, W. (Hrsg.) (1992): Handwörterbuch des Personalwesens, 2. Auflage. Stuttgart. Sp. 1009-1030.

Titscher, S. (1995): *Kommunikation als Führungsinstrument*. In: Kieser, A.; Reber, G.; Wunderer, R. (Hrsg.) (1995): Handwörterbuch der Führung, 2. Auflage. Stuttgart. Sp. 1309-1318.

Townsend, A. M.; DeMarie, S. M.; Hendrickson, A. R. (1996): *Are You Ready For Virtual Teams?* In: HRMagazine, Band 41 (1996), Heft 9, S. 122-127.

Townsend, A. M.; DeMarie, S. M.; Hendrickson, A. R. (2000): *Virtual Teams: Technology and the Workplace of the Future*. In: Institute of Electrical and Electronics Engineers: IEEE engineering, Band 28 (2000), Heft 2, S. 69-80; Nachdruck aus: The Academy of Management Executive, Band 12 (1998), Heft 3.

Tuckman, B. W. (1965): *Developmental Sequence in Small Groups*. In: Psychological Bulletin, Band 63 (1965), Heft 6, S. 384-399.

Tuomela, R. (1997): *Kommunikatives Handeln und kooperative Ziele*. In: Analyse und Kritik – Zeitschrift für Sozialtheorie, Band 19 (1997), Heft 2, S. 153-172.

Turoff, M. (1997): *Virtuality*. In: CACM: Communications of the ACM, Band 40 (1997), Heft 9, S. 38-43.

Tyrell, H. (1983): *Zwischen Interaktion und Organisation I: Gruppe als Systemtyp*. In: KZfSS: Kölner Zeitschrift für Soziologie und Sozialpsychologie-Sonderheft 25 (1983)-Gruppensoziologie, S. 75-87.

Ulrich, H. (1970): *Die Unternehmung als produktives soziales System, 2. Auflage.* Bern.

Urban, J. M.; Bowers, C. A.; Cannon-Bowers, J. A.; Salas, E. (1995): *The importance of team architecture in understanding team processes.* In: Beyerlein, M. M.; Johnson, D. A.; Beyerlein, S. T. (Hrsg.) (1995): Advances in Interdisciplinary Studies of Work Teams-Volume 2. S. 205-228.

Urnes, T.; Nejabi, R. (1994): *Tools for Implementing Groupware: Survey and Evaluation: Technical Report No. CS-94-03, Dep. of computer science, York University.* Ontario.

Utz, S. (2000): *Identifikation mit virtuellen Arbeitsgruppen und Organisationen.* In: Boos, M.; Jonas, K. J.; Sassenberg, K. (Hrsg.) (1999): Computervermittelte Kommunikation in Organisationen. Göttingen u.a. S. 41-56.

Valacich, J. S.; Wheeler, B. C.; Mennecke, B. E.; Wachter, R. (1995): *The Effects of numerical and logical group size on computer-mediated idea generation.* In: Organizational Behavior and Human Decision Processes, Band 62 (1995), Heft 3, S. 318-329.

van Marwyk, K. (1999): *Potentiale von Telekooperationssystemen für schwach strukturierte betriebliche Prozesse.* Köln.

Vandenbosch, B.; Higgins, C. (1995): *Executive support systems and executive preferences: a comparison of information channel selection theories.* In: ISF: Information Systems Journal, Band 5 (1995), Heft 2, S. 105-118.

Venkatraman, N. (1997): *Beyond Outsourcing-Managing IT Resources as a Value Center.* In: Sloan Management Review, Band 38 (1997), Heft 3, S. 51-64.

Venkatraman, N.; Henderson, J. C. (1998): *Real Strategies for Virtual Organizing.* In: Sloan Management Review, Band 40 (1998), Heft 1, S. 33-48.

Vogt Baatiche, G. G. (1998): *Das virtuelle Unternehmen: Anforderungen an die Human Resources.* St. Gallen.

von Bismarck, W.-B.; Held, M.; Maslo, J. (1999): *Anforderungen an ein System zur Unterstützung der informellen Kommunikation.* In: zfa: Zeitschrift für Arbeitswissenschaft, Band 53 (1999), Heft 1, S. 10-17.

Voss, H. (1996): *Virtual Organizations: The Future Is Now.* In: Planning review, Band 24 (1996), Heft 4, S. 12-17.

Wächter, H. (Hrsg.) (1995): *Selbstverständnis betriebswirtschaftlicher Forschung und Lehre: Tagung der Kommission Wissenschaftstheorie.* Wiesbaden.

Wageman, R. (1995): *Interdependence and Group Effectiveness.* In: ASQ: Administrative Science Quarterly, Band 40 (1995), Heft 1, S. 145-180.

Wagner, G. (1999): *Virtualisierung von Organisationen: strategische Relevanz des Einsatzes von Intra-/ Extranet*. Wiesbaden.

Walgenbach, P. (1995b): *Organisationsstrukturen und Führung*. In: Kieser, A.; Reber, G.; Wunderer, R. (Hrsg.) (1995): Handwörterbuch der Führung, 2. Auflage. Stuttgart. Sp. 1682-1688.

Walsham, G. (1994): *Virtual Organization: An Alternative View*. In: The Information society, Band 10 (1994), Heft 4, S. 289-292.

Walter-Busch, E. (1996): *Organisationstheorien von Weber bis Weick*. Amsterdam.

Walther, J. B. (2000): *Die Beziehungsdynamik in virtuellen Teams*. In: Boos, M.; Jonas, K. J.; Sassenberg, K. (Hrsg.) (1999): Computervermittelte Kommunikation in Organisationen. Göttingen u.a. S. 11-26.

Warkentin, M. E.; Sayeed, L.; Hightower, R. (1997): *Virtual Teams versus Face-to-Face Teams: An Exploratory Study of a Web-based Conference System*. In: Decision Sciences, Band 28 (1997), Heft 4, S. 975-996.

Warkentin, M.; Beranek P.M. (1999): *Training to improve virtual team communication*. In: ISF: Information Systems Journal, Band 9 (1999), Heft 4, S. 271-290.

Wassenaar, A. (1999): *Understanding the Designing Virtual Organisation Form*. In: Virtual-Organization.net-Newsletter; Band 3 (1999), Heft 1, S. 6-17; http://www.virtual-organization.net.

Watson Fritz, M. B.; Narasimhan, S.; Rhee, H.-S. (1998): *Communication and Coordination in the Virtual Office*. In: JMIS: Journal of Management Information Systems, Band 14 (1998), Heft 4, S.7-28.

Watson, R. T.; Bostrom, R. P.; Dennis, A. R. (1994): *Fragmentation to Integration*. In: Lloys, P. (Hrsg.) (1994): Groupware in the 21st Century. London.

Watzlawick, P.; Beavin, J.; Jackson, D. (2000): *Menschliche Kommunikation. Formen, Störungen, Paradoxien, 10. unveränderte Auflage*. Bern.

Weber, W. G. (1997): *Analyse von Gruppenarbeit: kollektive Handlungsregulation in soziotechnischen Systemen*. Bern u.a.

Weibler, J.; Deeg, J. (1998): *Virtuelle Unternehmen-Eine kritische Analyse aus strategischer, struktureller und kultureller Perspektive*. In: ZP: Zeitschrift für Planung, Band 12 (1998), Heft 9, S. 107-124.

Weise, P.; Eger, T. (1987): *Das Koordinationsproblem sozialer Gruppen*. In: European Journal of Political Economy, Band 3 (1987), Heft 3, S. 351-367.

Wellmann, B. (2000): *Die elektronische Gruppe als soziales Netzwerk*. In: Thiedeke, U. (Hrsg.) (2000): Virtuelle Gruppen: Charakteristika und Problemdimensionen. Opladen. S. 134-167.

Wenger, E. C.; Snyder, W. (2000): *Communities of Practise-The Organizational Frontier*. In: Harvard Business Review, Band 78 (2000), Heft 1, S. 139-145.

Westera, W.; Sloep, S. B. (1998): *The Virtual Company; Toward a Self-Directed, Competence-Based Learning Environment in Distance Education.* In: Educational technology, Band 38 (1998), Heft 1, S. 32-37.

Westfall, R. D. (1997): *The telecommuting paradox.* In: Information Systems Management, Band 14 (1997), Heft 4, S. 15-20.

Wetzel, J. (1995): *Problemlösen in Gruppen.* Diss. TU Braunschweig, Braunschweig.

WFMC (1999): *Workflow Management Coalition-Terminology & Glossary-Document Number WFMC-TC-1011, Document Status-Issue 3.0.* Hampshire.

Whitlam, P.; Hale, R. (1998): *Viewpoint: The concept of the virtual organization.* In: Technology strategies 1998, Heft 139, S. 3-4.

Wiendieck, G. (1992): *Teamarbeit.* In: Frese, E. (Hrsg.) (1992): Handwörterbuch der Organisation, 3. Auflage. Stuttgart. Sp. 2375-2384.

Williamson, O. E. (1975): *Markets and Hierachies: Analysis and Antitrust Implications: A Study in the Economics of Internal Organization.* New York.

Willke, H. (1978): *Elemente einer Systemtheorie der Gruppe: Umweltbezug und Prozeßsteuerung.* In: Soziale Welt-Zeitschrift für sozialwissenschaftliche Forschung und Praxis, Band 29 (1978), Heft 3, S. 343-357.

Willke, H. (1993): *Systemtheorie, 4. Auflage.* Stuttgart, Jena.

Wilmes, J. (1995): *Entwicklung lern-und innovationsfähiger Organisationen durch groupware-basierte Informationssysteme.* Diss. UGHS Kassel, Kassel.

Winch, G.; Gyllstrom, H.; Sauer, F.; Seror-Märklin, S. (1997): *The Virtual Neural Business System: A vision for IT support for the network form organization.* In: Management Decision, Band 35 (1997), Heft 1, S. 40-48.

Windsperger, J. (1996): *Transaktionskostenansatz der Entstehung der Unternehmensorganisation.* Heidelberg.

Winograd, T. (1988): *Where the Action Is.* In: BYTE, Dez. 1988, S. 256-258.

Wiswede, G. (1991): *Soziologie, 2. Auflage.* Landsberg/Lech.

Wiswede, G. (1992): *Gruppen und Gruppenstrukturen.* In: Frese, E. (Hrsg.) (1992): Handwörterbuch der Organisation, 3. Auflage. Stuttgart. Sp. 735-754.

Wiswede, G. (1995): *Führungsrollen.* In: Kieser, A.; Reber, G.; Wunderer, R. (Hrsg.) (1995): Handwörterbuch der Führung, 2. Auflage. Stuttgart. Sp. 826-839.

Witte, E. H.; Lecher, S. (1998): *Beurteilungskriterien für aufgabenorientierte Gruppen.* In: Gruppendynamik, Band 29 (1998), Heft 3, S. 313-325.

Wollnik, M. (1992): *Telearbeit.* In: Frese, E. (Hrsg.) (1992): Handwörterbuch der Organisation, 3. Auflage. Stuttgart. Sp. 2400-2417.

Wollnik, M. (1992): *Organisationstheorie, interpretative.* In: Frese, E. (Hrsg.) (1992): Handwörterbuch der Organisation, 3. Auflage. Stuttgart. Sp. 1778-1797.

Wölm, J.; Rolf, A. (1991): *Zur Geschichte der Gruppenarbeit.* In: Oberquelle, H. (Hrsg.) (1991): Kooperative Arbeit und Computerunterstützung. Stuttgart. S. 129-148.

Womack, J. P.; Jones, D. T.; Roos, D. (1990): *The machine that changed the world.* Boston.

Worchel, S.; Coutant-Sassic, D.; Grossman, M. (1991): *A Developmental Approach to Group Dynamics: A Model and Illustrative Research.* In: Worchel, S.; Wood, W.; Simpson, J. A. (Hrsg.) (1991): Group process and productivity. Newbury Park, London u.a. S. 181-202.

Worchel, S.; Wood, W.; Simpson, J. A. (Hrsg.) (1991): *Group process and productivity.* Newbury Park, London u.a.

Wüthrich, H. A.; Philipp, A. F. (1998): *Virtualisierung als zukunftsweisende Management-Herausforderung!?* In: Die Unternehmung, Band 52 (1998), Heft 5/6, S. 253-270.

Wüthrich, H. A.; Philipp, A. F. (1998b): *Grenzenlose Chancen durch Virtualisierung!?* In: zfo: Zeitschrift Führung + Organisation, Band 67 (1998), Heft 4, S. 201-206.

Yager, S. E. (1999): *Using information technology in a virtual work world: characteristics of collaborative workers.* In: Prasad, J. (Hrsg.) (1999): Proceedings of the 1999 Acm Sigcpr Conference. New York. S. 73-78.

Yeack, W.; Sayles, L. (1999): *Virtual and Real Organizations: Optimal Pairing.* In: PM network, Band 10 (1996), Heft 8, S. 29-32.

Yeatts, D. E.; Hyten, C. (1998): *High-Performing self-managed work teams-A comparison of theory to practise.* Thousand Oaks, Ca.

Young, R. (1998): *Round-the-clock operations.* In: People management, Band 4 (1998), Heft 3, S. 46-50.

Yukl, G. (1994): *Leadership in Organizations.* Englewood Cliffs.

Zerbe, S. (2000): *Globale Teams: organisatorische und technische Gestaltung kooperativer Arrangements.* Wiesbaden.

Zimmermann, F.-O. (1997): *Structural and managerial Aspects of Virtual Enterprises.* In: Proceedings of IT-Vision-European Conference on Virtual Enterprises an Networked Solutions 1997, Paderborn.

Zimmermann, F.-O. (1999): *Betriebliche Informationssysteme in virtuellen Organisationen.* Wiesbaden.

Zink, K. J. (1992): *Qualitätszirkel und Lernstatt.* In: Frese, E. (Hrsg.) (1992): Handwörterbuch der Organisation, 3. Auflage. Stuttgart. Sp. 2129-2140.

Schriften zum Managementwissen

Herausgegeben von Joachim Hentze und Andreas Kammel

Band 1 Maik Oliver Spohr: Inter- und intraorganisationale Beziehungen in der europäischen Automobilelektronikbranche. Eine ego-zentrierte Analyse. 2002.

Band 2 Jens Kaufmann: Intrapreneuring: Gestaltunganätze von Instrumenten ausgewählter personalwirtschaftlicher Funktionsbereiche. 2002.

Band 3 Oliver Keiser: Virtuelle Teams. Konzeptionelle Annährung, theoretische Grundlagen und kritische Reflexion. 2002.

FSC
www.fsc.org
MIX
Papier | Fördert gute Waldnutzung
FSC® C083411

Kolibri 360 GmbH
Ferdinand-Jühlke-Straße 7
99095 Erfurt, Deutschland
produktsicherheit@kolibri360.de

Druck:
CPI Druckdienstleistungen GmbH
im Auftrag der
Kolibri 360 GmbH
Ferdinand-Jühlke-Str. 7
99095 Erfurt